铁路科技图书出版基金资助出版

轨道交通车辆空气调节
——变频节能技术及其应用

刘宏友　欧阳仲志　王永镖　李　莉　著

中国铁道出版社有限公司

2021年·北　京

内 容 简 介

本书系统介绍了轨道交通车辆空调系统的技术现状和发展趋势，重点论述了变频节能技术以及空调系统的能耗评价方法。全书共八章，主要包括绪论、轨道交通车辆的舒适与健康、车辆结构的传热与热负荷、轨道交通车辆空调的技术特点、轨道交通车辆变频空调的应用、轨道交通车辆空气调节系统的试验、轨道交通车辆空调的能源效率评价以及发展趋势。

本书可供轨道交通车辆运用管理人员、能源管理人员和技术人员，以及从事铁路车辆制造、空调机组生产的设计和技术人员使用，也可供轨道交通有关院校的师生学习参考。

图书在版编目(CIP)数据

轨道交通车辆空气调节：变频节能技术及其应用/刘宏友等著．—北京：中国铁道出版社有限公司，2021.6

ISBN 978-7-113-27918-9

Ⅰ.①轨… Ⅱ.①刘… Ⅲ.①城市铁路-铁路车辆-空气调节系统-节能-研究 Ⅳ.①U270.38

中国版本图书馆CIP数据核字(2021)第075156号

书　　名：轨道交通车辆空气调节——变频节能技术及其应用

作　　者：刘宏友　欧阳仲志　王永镖　李　莉

责任编辑：田　甜　　**编辑部电话：**(010)51873116　　**邮箱：**tdpress@126.com

封面设计：郑春鹏

责任校对：孙　玫

责任印制：高春晓

出版发行：中国铁道出版社有限公司(100054，北京市西城区右安门西街8号)

网　　址：http://www.tdpress.com

印　　刷：天津画中画印刷有限公司

版　　次：2021年6月第1版　2021年6月第1次印刷

开　　本：787 mm×1 092 mm 1/16　**印张：**13.5　**字数：**331千

书　　号：ISBN 978-7-113-27918-9

定　　价：128.00元

第一作者简介

刘宏友，男，1973年出生，江苏连云港人，工学博士，正高级工程师。中国中车首席技术专家，任中国中车试验技术专家组组长。长期从事轨道交通车辆试验验证和仿真分析工作，先后担任青岛理工大学、北京交通大学兼职教授、硕士生导师，担任《铁道车辆》《国外铁道车辆》编委会委员。主持省部级重大课题、重点课题10余项。获火车头奖章，获中国中车科学技术奖特等奖1项，获中国铁道学会科学技术奖一等奖1项。主持和参加制修订国家标准、铁路行业标准10余项。出版专著3部，先后以第一作者身份发表论文50余篇，其中EI检索文章10余篇。

前　言

轨道交通具有输送能力大、速度快、安全性高、能耗低和环境污染小等特点，是交通运输体系中具有可持续性和环境友好性的运输模式。自2003年以来，我国轨道交通运输进入高速发展期，截至2020年底，高速铁路运营里程已达到3.79万km，高速动车组的运营速度达到350 km/h，为社会的发展提供了极大的便利；干线铁路普速列车的运行速度提高至140 km/h或160 km/h；城市轨道交通得到大力发展，截至2020年底，中国内地已有65个城市的轨道交通建设规划获得批复，45个城市建成地铁运输系统并投入运营，运营线路总长度7 969.7 km，位居世界第一；轻轨等轨道交通运输方式也得到进一步发展。

轨道交通在陆路运输中发挥的作用越来越大，尽管轨道交通运输工具在陆路运输工具中的能耗最低，但是随着运营列车数量的增加，能源消耗量不断扩大，能耗指标已经成为评价轨道交通运输效能的重要因素之一。

建设生态文明社会，大力发展铁路运输，关键因素之一是要实现节能减排。在轨道交通运输中，列车运行的能耗包括牵引和辅助用电，牵引用电约占全部能耗的70%，辅助用电约占全部能耗的30%。辅助用电设备包括空调机组、照明、空气压缩、通信信号和开关门等，其中能耗最大的是空调机组，空调机组的能耗约占列车辅助用电的70%。因此，研究空调机组的节能技术，生产节能产品，评价列车空调机组的能耗具有重要的现实意义。对轨道交通运输而言，推广使用变频空调机组技术、智能控制技术，进行车辆空调能源消耗评价，有利于促进车辆技术进步，从而推动轨道交通旅客运输的可持续和绿色发展。

本书内容力求理论与实际相结合，介绍了著者在轨道交通车辆空调系统方面四十余年的行业领先科研成果，围绕"节能"主题展开论述，对影响空调机组能耗的车辆隔热结构、太阳辐射热、车内温度、相对湿度、新风量、车内二氧化碳浓度以及高原客车车内氧浓度等与舒适度相关的参数进行了详细地介绍。针对定频空调机组和变频空调机组，进行空调机组试验台试验、空调机组装车后的整车空调性能试验室试验以及列车在运营线路上的运行试验，通过大量的试验数据对比，得到较为全面的结果，以期使读者对不同空调机组的能耗有比较全面的了解。

国际上正在推行铁路车辆能源效率评价标准，这是我国车辆制造和应用部门面临的紧迫工作，目前国内由中车青岛四方车辆研究所有限公司承担中国中车集团车辆能源评价方面的课题研究，对车辆能源消耗的试验方法、评价指标和评价方法有较为深刻的认识。基于前期的研究成果，本书系统介绍了车辆空调机组能效评价的试验结果、评价方法、评价指标和实施方法等，通过对影响空调机组能源消耗的各种因素进行分析和计算，提出新风量、二氧化碳和高原车内氧浓度等参数的控制指标，并提出车辆能耗评价的设想和建议，对于我国铁路车辆空调能源消耗评价工作的有序展开具有一定的推动作用。

本书共八章，第一章至第四章主要介绍轨道交通车辆空调的发展概况和运用情况，轨道交通车辆空调的舒适与健康指标，车辆结构的传热和热负荷计算，轨道交通车辆空调的技术特点等。第五章至第七章主要介绍轨道交通车辆变频空调的应用情况，轨道交通车辆空调系统的试验标准、试验方法和试验情况，轨道交通车辆空调的能源效率评价方法、能耗评价指标研究、能耗评价的实施方法和研究成果。第八章介绍轨道交通车辆空调的发展趋势，包括节能环保、智能化、健康舒适等。

在本书编写过程中，王彦鲁、刘忠庆、高成林、孙德世、李楠、邓磊、韩冰、吕艳宗、王宏宇参与了部分章节的编写，山东朗进科技股份有限公司李敬恩、马英华、李超、孟建军等为第五章提供了大量资料，还得到了中车青岛四方车辆研究所有限公司领导的大力支持，在此一并表示衷心的感谢。

最后，对所有在本书的写作和出版过程中给予热情帮助和支持的朋友们表示感谢。由于作者水平有限，书中难免有不当之处，敬请同仁和读者不吝赐教、批评指正。

作　者

2021 年 1 月 18 日

目　录

第一章　绪　论

舒适而有益于健康的乘车环境是轨道交通车辆行业的不懈追求，因此，新造的轨道交通工具都配有空气调节设备。轨道交通车辆空气调节的定义是为满足车内乘客的要求，对车内温度、湿度、洁净度、气味和空气的流动进行控制，为旅客提供一个舒适的乘车环境。在寒冷的季节里保持温暖的车内环境，在炎热的季节里保持凉爽的车内环境，都是十分必要的。

空气调节设备的普遍使用带来的问题是用电量大幅提高，空调设备用电量占列车辅助供电量(牵引用电除外)的 70%左右，消耗的这些电能最终会通过能量转化的形式变为热能释放到大气中，使大气的温度升高，对于大城市而言，这可能是形成热岛效应的因素之一。因此，在保证车内适宜温度的同时，减少空调设备的能耗，提高能源利用率，是轨道交通车辆空调设备节能的重要环节。

第一节　空调技术发展概况

人类通过控制其所在的环境使生活变得更加舒适，为此进行了不懈努力。由于自然规律和生存的需要，人类很早就在在采暖方面获得了很大的成功。虽然有证据证明，人类很早就利用蒸发效应和冰块来进行冷却，但直到 19 世纪中叶才制造出实用的制冷机。

19 世纪末，集中采暖的概念已经有了一定的发展，供冷技术则于 20 世纪初才开始，并且各方面的发展都很迅速。其中最大的进步在于从技巧方面的设计变为详细的分析方法，即仿真计算和预测方法，这种分析方法是复杂的车体结构、高昂的车辆造价和能源短缺所必须均衡考虑的。由于轨道客车空调的应用领域广泛，且特点不一，因此，很多轨道车辆空调技术人员对这一领域的发展做出了贡献。

一、我国轨道交通车辆空调发展概况

我国于 1958 年开始运用铁路空调客车，但数量很少。1966 年在 22 型客车的改型客车(18 型、24 型)上小批量采用空气调节技术，供广深铁路和国际联运列车使用。1981 年在上海—北京的 13/14 次列车上采用了青岛四方车辆研究所研制的分体式空调机组，随后在 22 型、25 型客车上进行推广应用。约有 900 辆 22 型车安装了空调机组，80%的 25 型车安装了空调机组，100%的 25T 型车安装了空调机组。

2006 年 7 月 1 日正式运营的青藏铁路客车采用 25T 型车的主体结构，不仅全部安装了空调机组，还装有增氧设备，满足了高原地区的使用要求。

2007 年投入运营的 CRH 系列高速动车组全部采用空气调节技术，空调机组分为分体式、车下悬挂式和车顶单元式。

我国 1990 年以前制造的地铁客车以强制通风为主，安装空调机组的不多，2000 年前后开始批量制造城市轨道交通和地铁(以下简称城轨地铁)空调客车，并且对以前没有空调机组的

地铁客车进行了安装空调机组的改造工作，现在生产的城轨地铁客车几乎全部安装了空调机组。

50 多年来，我国轨道交通车辆空调技术从无到有，现在已经广泛运用于各种铁路普速客车、城轨客车、高速铁路客车。

空气调节技术在轨道交通车辆上的大量应用，使车内温度、相对湿度、空气洁净度等舒适性指标得到大幅提高，旅客的乘车环境得到了较大改善。

二、轨道交通车辆空调技术运用情况

（一）普通空调客车

普通空调客车主要是指 22 型和 25 型客车。22 型客车于 1956—1994 年生产，18 型、24 型空调客车是 22 型客车的派生型号，其通风空调装置采用切入式自然通风器，空调机组有分装式，也有车顶单元式。25 型系列客车包括 25 型、25A 型、25G 型、25B 型、25Z 型、25K 型客车等。

1967 年生产的 25 型客车装有空调机组，列车集中供电，构造速度为 160 km/h；1979—1986 年生产的 25 型客车的车体宽度、车顶距轨面的高度与 22 型客车一致，也装有空调机组，列车为集中供电，构造速度为 140 km/h。

1987—1990 年生产的 25A 型客车装有空调机组，列车集中供电，构造速度为 140 km/h，通过国际招标研制。

1991 年生产的 25G 型客车是集中供电全空调客车，构造速度为 140 km/h。截至 1998 年年底，有软卧车、硬座车、硬卧车、餐车、软座车和行李车共计 6 个车型，且铁路客车生产厂家基本实现了各自配套成列。

1992 年生产的 25B 型客车，部分车带有本车供电空调，大部分车无空调，构造速度为 140 km/h。

1993 年生产的 25Z 型客车是集中供电全空调准高速客车，构造速度为 160 km/h。

1997 年生产的 25K 型客车是集中供电全空调快速客车，构造速度为 160 km/h。

（二）25T 型空调客车

25T 型客车是为满足中国铁路 2004 年 4 月 18 日第 5 次大提速而设计制造的，它吸收了多年来 25 型准高速客车、提速客车的设计制造技术及运用经验，同时采用当时先进的新技术。车辆的设计制造贯彻先进、成熟、经济、适用、可靠的方针，遵循标准化、系列化、模块化、信息化的原则，为集中供电全空调提速客车，构造速度为 180 km/h。

（三）城轨地铁空调客车

1969 年运营的北京地铁客车仅有通风功能，没有制冷和加热设备，2000 年以后全国新造的地铁列车采用了空调设备，同时对旧客车进行改造，加装了空调设备，现在城轨地铁客车几乎都装有空调设备。

从 2002 年开始，具有节能特点的变频空调逐步在城轨地铁客车上使用，由于其全年节能可达到 20%以上，因此，从 2018 年开始，几乎所有的城轨地铁客车都要求装用变频空调。

（四）高速铁路客车

和谐号、复兴号等高速铁路动车组列车都装有空调设备，其中 CRH2 采用变频空调，其他车型则采用定频空调。空调机组的制冷系统能够进行制冷降温，空调机组内装的电加热设备和车厢内布置的电加热设备能够进行采暖加热。

高速铁路动车组列车的密封性较好，车内通风换气完全由空调机组进行，新风量需要得到保证。

第二节　空气调节和环境控制

过去，空气调节往往意味着供冷，也就是说，在每年炎热的季节改善车内环境。而目前，该术语已具有在全年中改善车内环境的含义，空气调节被重新定义为按车内人员的需要对温度、含湿量、洁净度、气味和空气流动进行控制，这个普遍定义导致产生了另外一个名称，环境控制。对车内空间进行全面的空气调节所要求的功能简述如下。

1. 加热

加热是指利用热源与车内空间或空气之间的温差把热能传递给该空间或传递给该空间中的空气。这个过程可以有各种形式，如直接向车内辐射，直接加热循环空气，或把水加热后送至车内，用热水来加热循环空气。这种只出现空气温度升高的传热形式称为显热传递。

铁路客车曾采用过燃煤和燃油锅炉来加热水，通过管道将加热的水送到客室内部的散热管或散热器，以此来加热客室内部的空气。

轨道交通车辆采用空调机组后，在空调机组内部装有一定功率的空气预热器，可以对车外新风进行预热，同时在车内装有一定功率的电加热器，可以对车内空气进行加热。

轨道交通车辆也有采用热泵型空调机组的车型，热泵型空调机组在车外温度不低于 −13 ℃时，能效比大于 1，因此，热泵型空调机组比电加热器更节能。对于在寒冷和温和气候带跨域运行的列车，可以采用配有电加热器的热泵型空调机组，在车外温度不低于 −13 ℃时采用热泵制热，在车外温度低于 −13 ℃时采用电加热器预热和车内电加热器制热。

2. 加湿

加湿是指把水分传递给空气，在传热过程中伴随着传质过程，质量与能量的传递过程都是以湿空气中水分含量的增加为标志。加湿通常是采用喷入水蒸气或把微小水滴喷到循环空气中的方式来实现。

轨道交通车辆至今没有采用加湿设备，其主要原因是没有比较适合轨道交通车辆这种移动设备的加湿设备。

3. 冷却

冷却是指利用冷源与空间或空气之间的温差，从该空间或送入空间的空气中移去热量。冷却一般指显热传递。在一般的冷却过程中，空气流过保持一定低温的表面，此表面可以放在被冷却空间或放在离它稍远的场所，空气通过风管在冷表面和空间中来回循环，通常以水或挥发性制冷剂作为冷媒。

轨道交通车辆空调机组的蒸发器表面在制冷时保持一定的低温，当车内循环空气和新鲜空气混合后，经过蒸发器时会被蒸发器冷却。

4. 减湿

把水蒸气从空气中分离出来叫作减湿，这个过程中也伴随着潜热传递，即从空气中传出热量的结果是湿空气中水的含量降低。减湿过程常常是将空气流过保持足够低温的表面，使水蒸气从混合气体中凝结出来而实现，也可以向气流中喷射冷水来达到减湿的目的。

轨道交通车辆空调机组的蒸发器表面在制冷时保持一定的低温，当蒸发器表面温度低于车内循环空气和新鲜空气的混合空气露点温度时，水蒸气会从混合气体中凝结出来，混合气体的含湿量就会下降，从而实现车内减湿。

5. 净化

空气的净化通常是指过滤掉空气中的固态和气态污染物。滤网过滤通常是靠张力作用过程来完成，在此过程中尘粒被多孔滤料所俘获。静电净化器是专门用于清除微粒的装置，在某些情况下也可以采用喷水来洗涤空气。气味过滤通常是用活性炭吸附或用通风换气等方法来实现。

轨道交通车辆空调机组的新鲜空气要经过 2 次过滤，先通过一层机械过滤器将粗颗粒进行过滤，然后通过金属丝网进行过滤，车内的循环空气经过尼龙丝网进行过滤，再与新鲜空气混合。

6. 空气流动

人体附近的空气应有足够大的流速，以此来排除人体产生的热量，但是又不能使人有明显的吹风感觉，特别是人体要求舒适的地方，空气流动的重要性是不能被低估的。合适的空气流动可以通过合理布置室内送风口和采用各种空气分布装置来实现。轨道交通车辆要求旅客乘坐区域保持一定的空气流动，同时要求为旅客提供新鲜的空气并将部分车内空气排出车外。

以上所述空调系统的功能可能不是常年都起作用，夏季车内需要制冷，冬季车内需要制热，而春秋过渡季节车内主要是通风，车内空气的净化和良好的流动性是常年所必须的。

第三节　轨道交通车辆空调节能的意义

一、轨道交通车辆空调的能源消耗

轨道交通车辆空调的制冷是通过电气控制系统和制冷循环系统的协同工作来实现的，目前主要采用蒸汽压缩型制冷系统，其制冷过程为：电气控制系统将电力传输给制冷压缩机，制冷压缩机将低温低压的气态制冷剂压缩成高温高压的气态制冷剂，并使其流经冷凝器的管道内部进行冷却，冷凝风机强迫车外空气流经冷凝器的管道外部，使冷凝器内的制冷剂冷凝成高温高压的液态制冷剂。高温高压的液态制冷剂流经制冷节流元件（如毛细管、热力膨胀阀、电子膨胀阀等）后，变成低温低压的气液混合态制冷剂，当制冷剂流经蒸发器内部管道时与蒸发器外部的较热空气进行热量交换，使蒸发器管道外部的空气被冷却，冷却的空气再由蒸发风机输送到车内并对车内空气进行降温，从而达到制冷的目的。蒸发器管道内部的气液混合态制冷剂吸热蒸发后变成低温低压的气态制冷剂，并再次被制冷压缩机吸入，这样就完成一个制冷循环。

空调机组的用电部件主要是制冷压缩机、冷凝风机和蒸发风机，制冷过程中首先将电能输送给制冷压缩机、冷凝风机和蒸发风机，然后这三个部件将电能转化成机械能，最后机械能通过冷凝器和蒸发器转化为热能，这样就而实现了对车内空气的制冷降温。

空调机组的能源利用效率(简称能效比)的定义是制冷量除以输入功率。在相同工况和制冷量的条件下，如果输入空调机组的电能越少，则空调机组的能源利用效率就越高。以往空调机组的制冷能效比是用一个额定制冷工况下的试验数据来进行评价，但是，空调机组不仅仅用于额定制冷工况，更多的是用于非额定制冷工况。

铁路空调机组的额定试验工况是在新风口关闭的情况下进行试验的，其室外干球温度为35 ℃，相对湿度为60%，空调机组回风口空气的干球温度为29 ℃，湿球温度为23 ℃。这个试验工况是空调机组为满足大部分使用环境条件而设定的，由于全年室外干球温度超过35 ℃的环境条件情况很少，这样就保证了轨道交通车辆空调机组的正常运行。

一年四季中，高温出现在6月至8月，低温出现在11月至次年3月，4月、5月、9月、10月的温度不高不低，即所谓的过渡季节，此时需要的制冷量低于额定工况的制冷量，空调机组以制冷和通风模式运行为主，制冷时压缩机、冷凝风机和蒸发风机都要运行，虽然需要的制冷量降低了，但能源消耗并没有相应地降低，因此，空调机组的能效比将会进一步下降。

二、轨道交通车辆空调节能的意义

据统计，整列车空调机组消耗的电能约占辅助供电(除牵引外)的70%，是辅助供电所有设备中消耗电能最多的，所以，提高空调机组的能源利用效率，降低空调机组的电能消耗，是列车节能的一项重要工作。

(一)轨道交通车辆空调机组提高能源利用效率的困难

轨道交通车辆属于移动设备，其主要任务是运送旅客，为满足旅客乘坐而必备的供电系统、给水卫生系统、集便系统、照明系统和空调系统等设备都需要占据一定的空间，而旅客乘坐的空间已经占据了整个车辆空间的大部分，因此，其他设备能占用的空间有限。

在轨道交通车辆的空调机组设计中，大部分采用车顶单元式空调机组，即将空调机组制冷通风预热等系统集中在一个箱体内，组成一个单元，安装在车辆的顶部，通过风道与车厢内部的送风道、回风道进行连接，把冷却后的冷风送到车厢内，并对车厢内部进行降温，空调机组的电气控制设备安装在车厢的空调控制柜内，空调控制柜通过电线、电缆与空调机组进行连接。

由于安装空间有限，空调机组的冷凝器、蒸发器都要压缩到较小尺寸。在额定工况和车外温度高于额定工况的情况下，经过冷凝器冷凝的制冷剂基本能够达到液体状态，但是几乎没有过冷度，而经过蒸发器的制冷剂基本能够达到气体状态，但是几乎没有过热度，也就是说，制冷剂在冷凝器中没有得到充分的冷凝，在蒸发器中没有得到充分的蒸发，所以试验时测得的制冷量偏低，由此计算出来的能效比也就偏低，这是无法与不受空间限制的地面空调设备的高能效比相比的。

同时，考虑到轨道交通车辆空调机组的使用安全、可靠性和冗余情况，客车空调机组要用两台压缩机、两台冷凝风机和两台蒸发风机(用一台电机带动)，制冷时采用两套独立的管道系统，当一台压缩机或一台冷凝风机故障时，空调机组还能使用另外一台压缩机和另外一台冷凝风机进行工作，即实现半冷工作，这种设计考虑，也限制了空调机组能效比的提高。

（二）轨道交通车辆空调机组提高能源利用效率的技术

为了提高轨道交通车辆空调机组的能源利用效率，现代轨道交通车辆空调技术人员从不同角度对空调机组零部件和整机进行了改进：压缩机从活塞式、螺杆式变为现在普遍使用的涡旋式，其控制技术也从定频定速向变频变速发展；原来的冷凝器、蒸发器采用铜管铜片，后来发展为铜管铝片，铜管采用内螺纹管（也有采用小管径的铜管），翅片带有波纹或孔等不同形状，翅片表面浸上一层亲水膜以增强换热效果；节流元件由原来采用毛细管发展为现在采用热力膨胀阀、电子膨胀阀等，使节流控制更加准确；冷凝风机和蒸发风机也从原来的定速、2 级变速发展为现在的变频变速。

虽然零部件的改进不同程度地提高了空调机组的性能和能效比，但是，要使空调机组的运行与车辆运行线路变化、车速变化、环境温度变化以及车内旅客数量的变化相匹配，空调机组必须具有智能化控制和运行的能力。

21 世纪初，我国轨道交通车辆空调技术人员就已经开始研究变频技术在轨道交通车辆空调上应用的可能性，其研究模式为：先在某一城市的城轨地铁车辆上装载变频空调机组进行运行试验，取得经验后再逐步向不同城市推广。到目前为止，我国已经有十几个城市的多条城轨地铁线路采用了变频空调机组，通过试验检测单位和使用单位的多次检验和试验，证明了变频空调机组与以往的定频空调机组相比，夏季制冷可节能 20%左右，冬季采用热泵制热时可节能 30%以上。

2012 年开始，干线铁路客车也进行了变频空调机组装车运行试验，通过装用变频空调机组的 2 列车的运行试验测试，结果证明变频空调机组运用效果良好，节能效果十分明显，这表明在我国干线铁路列车上采用变频空调机组将能够节约大量的电能。

最初的变频空调机组只有压缩机是变频的，冷凝风机和蒸发风机是定频的，虽然整机的能源利用效率有所提高，但是提高的幅度不大，后来压缩机、冷凝风机和蒸发风机都采用变频技术，整机的能源利用效率有了较大的提高。

变频空调机组的压缩机、冷凝风机、蒸发风机和电子膨胀阀的运行都可以接受远程监控，空调机组的运行状态、各部件的运行参数也都可以通过网络传输到本车控制器、列车集控中心和地面集控站，这就为今后发展智能化控制技术提供了基础，因此，大力发展变频空调机组，完善变频空调机组的智能化控制技术，提高轨道交通车辆空调机组能源利用效率，是今后要进行的重点工作。

第二章　轨道交通车辆的舒适与健康

在第一章中已经给出轨道交通车辆空气调节的定义，即空气调节是为了满足车内乘客的要求，同时对温度、湿度、洁净度、气味和空气的流动等进行控制。

本章介绍湿空气的基本性质，同时讨论提供舒适环境的实际条件。经验表明，在已给定的空间中，并不能保证每一个人都能对某一组条件感到完全舒适。这是因为影响因素很多，且其中很多因素至今还不能充分解析。因此，在讨论舒适度时，每个人的衣着、年龄、性别及其活动强度都要加以考虑。影响舒适的因素，如按重要性来排列，依次为：温度、湿度、空气的流速和气味、灰尘、细菌等有关空气的组成情况。一个完整的空气调节系统可以同时控制上述所有的因素。然而，在大多数情况下，往往只需控制上述因素中最重要的温度、湿度和空气流速等因素就可以维持一个较好的舒适环境。

我国标准 GB/T 33193.1—2016《铁道车辆空调　第1部分：舒适度参数》对乘车的舒适度和参数进行了定义。

GB/T 18049—2017《热环境的人类工效学　通过计算 PMV 和 PPD 指数与局部热舒适准则对热舒适进行分析测定与解释》等同 ISO 7730：2005，其中 PMV 是预计平均热感觉指数，PPD 是预计不满意率。

GB/T 18049—2017 标准给出了中等热环境中人的整体热感觉和不舒适度程度（热不满意度）的预测方法，给出认为可接受的整体热舒适和局部不舒适的环境条件，通过计算 PMV 和 PPD 指数，以及局部热舒适准则，对热舒适性进行分析测定和解析。

对于轨道交通车辆空调而言，研究 PMV 和 PPD 指数，提高旅客乘车舒适性，减少不满意率，是今后一段时间轨道交通车辆空调系统要研究的问题。

第一节　湿空气的基本性质

一、湿空气的组成和物理性质

环绕地球周围的空气层称为大气。从通风空调技术的角度看，大气是由干空气和水蒸气两部分组成的。其中，干空气是由氮、氧、氩、二氧化碳、氖和其他一些微量气体所组成的混合气体。各组成气体按容积百分比计算时，其含量见表 2-1。

空气中除了干空气之外，还包含有水蒸气，所以，通常将干空气和水蒸气的混合气体称为湿空气。湿空气中的水蒸气含量很少，它来源于江河、湖泊、滩涂和海洋等表面的水分蒸发，各种生物（人和动植物等）的生理过程以及生产工艺过程。在空气中，水蒸气所占的百分比是不稳定的，会随着季节、气候、湿源、下雨等各种条件的变化而改变。

湿空气中水蒸气的含量不多，但其变化会引起湿空气干、湿程度的改变，湿空气中水蒸气含量少时，表明该空气干燥；而水蒸气含量多时则表明该空气潮湿。当湿空气中的水蒸气含量超出正常范围时，会对人体的感觉和舒适度、工业生产的产品质量、加工的工艺过程和设备维护等有直接影响，这是空气调节工程中需要特别重视的。同时，空气中水蒸气含量的变化又会使湿空气的物理性质随之改变，所以本节将着重讨论有关这方面的参数。

表 2-1　干空气的组成成分

组成气体	百分比(按容积计算)
氮	78.084%
氧	20.946%
氩	0.934%
二氧化碳	0.033%
氖	0.001 8%

大气中干空气的组成比例虽然基本不变，但在局部范围内，可能因某种气体的混入而影响到空气组成比例的改变。如室内空气由于人的呼吸作用而使氧气的含量减少，二氧化碳气体的含量增加，当空气中二氧化碳气体含量达到一定程度时，就会影响人体的健康。

干空气组成比例的变化是与空气调节工程的任务密切相关的，轨道交通车辆空气调节就是要通过对空气的过滤、制冷降温或加热等技术来保持所控制车辆环境的参数指标符合技术要求，减少和消除有害成分的影响。但是，这种局部空气成分的微量变化，对空气的热工性质影响极小，可以认为对于干空气的热工计算没有任何影响。所以，在研究空气物理性质时，允许将干空气作为一个整体来考虑。

此外，大气中还悬浮有花絮、雾霾、灰尘、烟雾、微生物(细菌、病毒)等，它们将影响空气的清洁度。

二、湿空气的状态参数

凡是含有水蒸气的空气就叫作湿空气。因为大气中永远包含一定量的水蒸气，所以在自然界不存在绝对干的空气，在分析研究湿空气时，是把干空气和水蒸气作为一个整体，它的组成在表 2-1 中已经有所表述，主要是由 5 种气体成分组成，当然还有其他微量的成分，因此，探讨湿空气时一般认为是由干空气和水蒸气组成的，即：湿空气＝干空气＋水蒸气。

在工程热力学中研究气体物理性质时，将干空气视为理想气体。在湿空气中水蒸气的分压力很低，一般不超过几百帕，但是比容却很大，因此在工程计算中将其作为理想气体来处理有足够的准确性。这样，就可以认为湿空气是混合气体的一种实际例子，且遵循理想气体的规律，其状态参数之间的关系，可以用理想气体状态方程式来描述，即

$$Pv=RT \quad 或 \quad PV=GRT \tag{2-1}$$

式中　P——气体的压力，kg/m^2；

v——气体的比容，m^3/kg；

T——气体的绝对温度，K；

G——气体的质量，kg；

V——气体的容积，m^3；

R——气体常数，与气体的性质有关，对于干空气，$R_g=287$ J/(kg·K)；对于水蒸气，$R_q=461$ J/(kg·K)。

轨道交通车辆空气调节的任务就是把经过过滤、除尘、降温或升温处理之后的空气，通过送风道和送风口送入车内，使车内空气的温度、相对湿度、气流速度和洁净度等控制在标准规定或适当的范围内。

湿空气是空气调节的对象，为此，需要研究湿空气的基本性质。在空气调节中常用湿空气的物理参数，如压力、温度、湿度、焓值、密度和比容等来描述它的性质，下文将分别介绍。

(一)压　　力

1. 大气压力

地球表面的空气层在单位面积上所形成的压力称为大气压力，它的单位以帕(Pa)或千帕(kPa)表示，$1\ Pa=1\ N/m^2$。除此以外，大气压力还有多种使用单位，如气象上习惯以巴(bar)或毫巴(mbar)表示，物理上习惯以标准大气压或物理大气压(atm)表示，上述各单位的关系见表 2-2。

表 2-2　大气压力单位换算表

帕(Pa)	千帕(kPa)	巴(bar)	毫巴(mbar)	物理大气压(atm)	毫米汞柱(mmHg)
1	10^{-3}	10^{-5}	10^{-2}	$9.869\ 23\times10^{-6}$	$7.500\ 62\times10^{-3}$
10^3	1	10^{-2}	10	$9.869\ 23\times10^{-3}$	7.500 62
10^5	10^2	1	10^3	$9.869\ 23\times10^{1}$	$7.500\ 62\times10^{2}$
10^2	10^{-1}	10^{-3}	1	$9.869\ 23\times10^{-4}$	$0.750\ 062\times10^{-1}$
101 325	101.325	1.013 25	1 013.25	1	760
133.332	0.133 332	$1.333\ 32\times10^{-3}$	1.333 32	$1.315\ 79\times10^{-3}$	1

大气压力不是一个定值，它随着各个地区海拔高度的不同而存在差异，还随着季节、天气的变化而稍有高低。大气压力不同，空气的状态参数也要发生变化，因此，在设计和运行中使用的一些空气参数，如果不考虑当地的气压大小和变化，就会造成一定的误差，如果是在高原地区大气压力较低时，造成的误差可能很大。

大气的压力随着海拔高度的变化而变化，我国将青岛靠近海平面的一个地点定为 0 海拔高度，以这个 0 海拔高度为基准来计算不同地区的海拔高度，大气压力和组成的空气质量会随着海拔高度变化，海拔高度越高，空气越稀薄，空气质量也随之降低，但是组成空气的气体成分百分比几乎没有大的变化，也就是说随着海拔高度的增加，人们呼吸所需的氧气质量在减少。

海拔高度超过 3 000 m 以上一般称为高原地区，海拔高度为 3 000 m 时大气中的氧气质量仅为 0 海拔地区的 75%以下，当海拔高度为 5 000 m 时，大气中的氧气质量仅为 0 海拔地区的 55%以下，人们在高海拔地区工作、生活或旅行，就会有缺氧反应，俗称高原反应。因此，铁路列车通过海拔高度 3 000 m 以上，且通过时间较长时(比如超过 2 h)，就要考虑为旅客提供一定量的富氧，缓解缺氧给旅客带来的身体不适。

我国 2006 年 7 月 1 日正式开通的青藏铁路旅客列车，车内就配有供氧设备，车内氧浓度

(按容积计算)可达到23.5%左右，比同海拔地区大气的氧浓度(21%)提高了2.5%，为旅客通过高原地区旅行提供了保障。

我国已经建成青藏铁路，正在建设川藏铁路，这两条铁路都要经过高海拔地区，在设计高原铁路用空调设备时，必须考虑大气压力变化对设备的影响。对空调机组而言，影响最大的是空气密度下降后，用于冷凝器冷却的空气质量下降，冷凝效果不佳。对于电加热器而言，热量可能会散不出来，电加热器表面温度会增加。

2. 水蒸气分压力

由于湿空气是由干空气和水蒸气所组成的混合气体，湿空气的总压力可按道尔顿定律来计算。道尔顿定律指出：混合气体总压力等于各组成气体分压力之和。因此，湿空气的总压力等于干空气的分压力与水蒸气的分压力之和，即

$$P=P_g+P_q \tag{2-2}$$

式中 P——湿空气压力，即大气压力，Pa；

P_g——干空气的分压力，Pa；

P_q——水蒸气的分压力，Pa。

因为在轨道交通车辆空气调节工程中所处理的湿空气就是大气，所以湿空气的压力 P 就是当地的大气压力 B，即

$$B=P_g+P_q$$

大气压力随海拔高度、地理纬度的不同和季节、天气的晴雨变化而有差异。通常以纬度45°处海平面上的常年平均气压作为一个“标准大气压”或“物理大气压”。一般用Pa(帕斯卡)表示，一个“标准大气压”相当于101 325 Pa。由于任何流体的静压是随流体的高度而改变的，因此，海拔高度的变化对大气压力影响较大，故除了纬度之外，不同地区因海拔不同，大气压力也不同，其具体数值可以从气象资料查得。

为了对湿空气的压力，特别是对其中水蒸气的分压力有进一步的认识，必须建立饱和空气和未饱和空气的概念。

在一定的大气压力和温度条件下，空气中水蒸气的分子含量越多，水蒸气的分压力就越大。如果空气中水蒸气的含量超过某一含量时，空气中就有水分析出。这说明，在一定温度条件下，湿空气中容纳水蒸气的数量是有一个最大限量的，即湿空气中水蒸气分压力有一个最大值，这个最大值就称为该温度时的饱和水蒸气分压力 $P_{q\cdot b}$。

在空气调节的湿空气中，如果从水蒸发为汽的数量与从空气中水蒸气凝结为水的数量相等，此时气体中所含的水蒸气数量达到了最大限度，即水蒸气处于饱和状态。这种湿空气就是干空气和饱和水蒸气的混合物，称为饱和空气。若湿空气中水蒸气的分压力低于其对应温度下的饱和分压力，水蒸气处于过热状态(即未饱和状态)，这种湿空气就是干空气和过热水蒸气的混合物，称为未饱和空气。可见，在一定温度条件下，湿空气中水蒸气分压力的大小，是衡量水蒸气含量，即湿空气相对干燥或潮湿的基本指标。温度越高，水蒸气的饱和分压力就越大。

(二)温　　度

温度是分子运动动能的宏观结果，为了度量温度的高低，需要一个公认的标尺，简称“温标”。工程上应用较多的两种温标分别是开尔文温标(简称开氏温标)和摄氏温标。

开氏温标符号为 T，单位为 K。它是以气体分子热运动平均动能趋于零的温度为起点，定义为 0 K，以水的三相点温度为基点，定义为 273.16 K，1 K 即为水三相点热力学温度的$\frac{1}{273.16}$。

摄氏温标符号为 t，单位为℃，摄氏温标每 1 ℃和开氏温标每 1 K 的间隔是相等的，两者的关系为：$t=T-273.16\ \text{K}\approx T-273\ \text{K}$，即 $T=t+273\ \text{K}$，其中 273.16 K 是冰点的热力学温度。

温度是衡量空气热还是冷的一个重要指标，当空气受热后其内部分子动能增大，表现为温度升高，当空气温度高时，人就会感觉热，当空气温度低时，人就会感觉冷。

对于空气来说，既然湿空气是干空气和水蒸气的混合物，由于空气中的分子时刻处于热运动状态，湿空气和干空气就完全处于均匀混合状态，所以湿空气的温度就是干空气的温度，也就是水蒸气的温度，即 $T=T_g=T_q$。

（三）湿　度

湿度的大小表示了空气中所含水蒸气量的多少。根据实际用途和场合的不同，湿度有以下几种表示方法。

1. 含湿量

湿空气是由干空气和水蒸气组成，其中每公斤干空气中所含的水蒸气量称为含湿量 d，即

$$d=\frac{G_q}{G_g} \tag{2-3}$$

式中　d——含湿量，$\text{kg/kg}_{干空气}$；

G_g——湿空气中干空气的质量，kg；

G_q——湿空气中水蒸气的质量，kg。

若湿空气中含有 1 kg 干空气和 d kg 水蒸气，则湿空气的质量为$(1+d)$ kg。

由于干空气和水蒸气在常温常压下都可以当作理想气体来对待，因此可以分别应用理想气体状态方程式来表达。

对于水蒸气为

$$P_qV_q=G_qR_qT_q \tag{2-4}$$

对于干空气为

$$P_gV_g=G_gR_gT_g \tag{2-5}$$

由于空气中气体分子的质量很小、自由度很大，湿空气中干空气和水蒸气是均匀混合的，两者具有相同的温度和容积，即 $T_g=T_q$、$V_g=V_q$；由于空气的气体常数 $R_q=461$ J/(kg·K)、$R_g=287$ J/(kg·K)。将这些关系代入式(2-3)～式(2-5)中，经整理后得

$$d=\frac{R_gP_q}{R_qP_g}=0.622\frac{P_q}{P_g} \tag{2-6}$$

或

$$d=0.622\frac{P_q}{B-P_q} \tag{2-7}$$

由于湿空气中水蒸气的含量较少，因此 d 的单位也可以用 $\text{g/kg}_{干空气}$ 来表示，则式(2-7)可变为 $d=622\frac{P_q}{B-P_q}$。

可以看出，当大气压力一定时，水蒸气分压力和含湿量近似为直线关系。水蒸气分压力越大，含湿量也就越大。如果含湿量不变，水蒸气分压力将随着大气压力的变化而变化。

空气湿度的表示方法，除含湿量以外，还可用绝对湿度，即每立方米空气中所含有的水蒸气量（kg/m^3）来表示，但绝对湿度使用起来不方便，因为在水分蒸发和凝结时，湿空气中的水蒸气质量是变化的，且湿空气的容积还随温度变化。因此，即使水蒸气质量不变，由于湿空气容积的改变，绝对湿度亦将相应地变化，因而绝对湿度不能确切地反映空气中水蒸气量的多少。

绝对湿度只能说明湿空气在某一温度下实际所含水蒸气的质量，但还不能由它直接说明湿空气的干、湿程度。例如，当空气的绝对湿度为0.014 7 kg/m^3，判断这种空气是干燥还是潮湿，还要看空气的温度。如果空气温度为20 ℃，那么0.014 7 kg/m^3的水蒸气含量就已经达到最大值，即已是饱和空气。

但是，如果空气的绝对湿度为0.014 7 kg/m^3，当温度为26 ℃时，饱和空气中水蒸气的饱和含量为0.021 4 kg/m^3，还有吸收部分水分的能力，因此这种空气的含湿量还没有达到饱和。由此可见，绝对湿度相同的两种空气，其干、湿程度要结合温度来判断，只有在相同温度下才能判定，这就给应用带来不方便。因此，在空气调节工程中常采用相对湿度来表示湿空气的干湿状态。

2. 相对湿度

在一定的温度下，湿空气所含的水蒸气量有一个最大限度，超过这一限度，多余的水蒸气就会从湿空气中凝结出来。这种含有最大限度水蒸气量的空气称为饱和空气。饱和空气所具有的水蒸气分压力和含湿量，称为该温度下湿空气的饱和水蒸气分压力和饱和含湿量。如果温度发生变化，它们也将相应地随之变化，见表2-3。

表2-3　空气温度与饱和空气密度、饱和水蒸气分压力、饱和含湿量的关系

空气温度（℃）	饱和空气密度 ρ_b（kg/m^3）	饱和水蒸气分压力 $P_{q·b}$（Pa）	饱和含湿量（$B=101\ 325$ Pa）d（$g/kg_{干空气}$）
10	1.242	1 225	7.63
20	1.195	2 331	14.70
30	1.146	4 331	27.20
40	1.097	7 530	48.8

相对湿度是空气中水蒸气分压力和同温度下饱和水蒸气分压力之比为

$$\varphi=\frac{P_q}{P_{q·b}}\times 100\% \tag{2-8}$$

式中　φ——相对湿度；

P_q——空气的水蒸气分压力，Pa；

$P_{q·b}$——同温度下空气的饱和水蒸气分压力，Pa。

由式(2-8)可知，相对湿度体现空气接近饱和的程度。φ值小，说明空气中含湿量小，吸收水气的能力强；φ值大，说明空气中含湿量大，吸收水气的能力弱。当φ为100%时，空气中不能再吸收水分，称为饱和空气；当φ为0时，空气中没有水分，称为干空气。

相对湿度φ和前面所讲的含湿量d都是表示空气湿度的参数，但意义却有不同。φ能够表示空气的饱和程度，但不能表示水蒸气的含量；而 d 能表示水蒸气的含量，却不能表示湿空气的饱和程度。

湿空气的饱和水蒸气分压力 $P_{q\cdot b}$是一个随温度变化的值。道尔顿定律指出：混合气体中各组成气体的分压力与其他气体的存在无关，是单独占据混合气体体积时的压力。这样，湿空气中的水蒸气既然是处于其自身的压力作用之下，那么水蒸气的饱和压力与温度之间的对应关系也同样适用于湿空气中的水蒸气。因此，湿空气的饱和水蒸气分压力 $P_{q\cdot b}$值，可由有关水蒸气的饱和压力和温度关系表查得，也可通过有关计算软件算得。

相对湿度还可用另外的形式来表达，按式(2-7)，对于湿空气，$d=0.622\ P_q/(B-P_q)$，对于饱和空气，$d_b=0.622\ P_{q\cdot b}/(B-P_{q\cdot b})$，$d_b$ 为空气的饱和含湿量，$kg/kg_{干空气}$。

饱和含湿量 d_b 是随温度变化的，当温度变高时，饱和含湿量 d_b 相应变大，反之变小。当温度为某一固定值时，饱和含湿量 d_b 一定。因此温度和 d_b 也是两个相互关联的参数。

由 d 和 d_b 相比可得

$$\frac{d}{d_b}=\frac{P_q}{P_{q\cdot b}}\cdot\frac{B-P_{q\cdot b}}{B-P_q}=\varphi\frac{B-P_{q\cdot b}}{B-P_q}\times100\% \tag{2-9}$$

$$\varphi=\frac{d}{d_b}\cdot\frac{B-P_q}{B-P_{q\cdot b}}\times100\% \tag{2-10}$$

其中大气压力 B 比 P_q 和 $P_{q\cdot b}$大得多，如果把$\frac{B-P_q}{B-P_{q\cdot b}}$看作 1，只会造成 2%～3%的误差，因此相对湿度又可以近似地表达为

$$\varphi\approx\frac{d}{d_b}\times100\% \tag{2-11}$$

式中　$\frac{d}{d_b}$——湿空气的饱和湿度比。

将 $P_q=\varphi P_{q\cdot b}$代入式(2-7)中，可得含湿量的另一个表达式为

$$d=0.622\ \frac{\varphi P_{q\cdot b}}{B-\varphi P_{q\cdot b}} \tag{2-12}$$

（四）焓

在空气调节中，湿空气的状态经常发生变化，需要确定此状态变化过程中热量的交换量。对空气进行加热或冷却时，需要确定空气所吸收或放出的热量。由热力工程基础知识可知，在压力不变的情况下，焓差值等于热交换量，而在空调的空气处理过程中，湿空气的状态变化过程可以看成是在定压下进行的，所以可以用湿空气状态变化前后的焓差值来计算空气得到或失去的热量。

1 kg 干空气的焓和 d kg 水蒸气的焓的总和，称为$(1+d)$ kg 湿空气的焓。如果取0 ℃干空气和 0 ℃水的焓值为 0，则湿空气的焓表示为

$$i=i_g+d\cdot i_q \tag{2-13}$$

式中　i——对应于 1 kg 干空气的湿空气的焓，$kJ/kg_{干空气}$；

i_g、i_q——分别对应 1 kg 干空气和 1 kg 水蒸气的焓，kJ/kg。

$$\begin{cases} i_g=c_{p\cdot g}\cdot t \\ i_q=2\ 500+c_{p\cdot q}\cdot t \end{cases} \tag{2-14}$$

式中　$c_{p\cdot g}$——干空气的定压比热，在常温下 $c_{p\cdot g}=1.005\approx1.01$ kJ/(kg・℃)；

$c_{p\cdot q}$——水蒸气的定压比热，在常温下 $c_{p\cdot q}=1.84$ kJ/(kg・℃)；

2 500——0 ℃时水的汽化潜热，kJ/kg。

将比热值代入，得到湿空气焓计算式为

$$i=1.01t+d(2\,500+1.84t)\text{或}\ i=(1.01+1.84d)\,t+2\,500d \tag{2-15}$$

由式(2-15)可以看出，$(1.01+1.84d)\,t$ 是随温度变化的热量，一般称之为“显热”。而 $2\,500d$ 是 0 ℃时 d kg 水的汽化热，它仅随含湿量变化，而与温度无关，一般称为“潜热”。由此可见，湿空气的焓将随着温度和含湿量的升高而变大，随温度和含湿量的降低而减小。

在轨道交通车辆空气调节中，对空气的加热或冷却都是在大气压力相对稳定的定压条件下进行的。定压过程中热量的交换，可用该过程前后的焓差 Δi 来计算，其焓差为

$$\Delta i=i_2-i_1 \tag{2-16}$$

式中　Δi——空气处理前后的焓差值，$\text{kJ/kg}_{\text{干空气}}$；

i_2——空气处理前的焓值，$\text{kJ/kg}_{\text{干空气}}$；

i_1——空气处理后的焓值，$\text{kJ/kg}_{\text{干空气}}$。

由式(2-16)计算的焓差 Δi 为正值时，是制冷降温过程，反之为加热升温过程。

(五)密度和比容

单位容积空气所具有的质量称为空气的密度 ρ，而单位质量的空气所占有的容积称为空气的比容 υ。两者互为倒数，因此只能视为一个状态参数，其表达式为

$$\rho=\frac{G}{V}=\frac{P}{RT} \tag{2-17}$$

$$\upsilon=\frac{1}{\rho}=\frac{V}{G}=\frac{RT}{P} \tag{2-18}$$

式中　ρ——空气密度，kg/m³；

G——空气的总质量，kg；

V——空气的总容积，m³；

υ——空气的比容，m³/kg。

由前述已知，湿空气为干空气与水蒸气的混合物，两者混合均匀并占有相同的容积。因此湿空气的密度 ρ 为干空气密度 ρ_g 与水蒸气密度 ρ_q 之和，即

$$\rho=\rho_g+\rho_q=\frac{P_g}{R_gT}+\frac{P_q}{R_qT} \tag{2-19}$$

将 $P_g=B-P_q$、$P_q=\varphi P_{q\cdot b}$、R_g、R_q 代入式(2-19)，经整理得

$$\rho=0.003\,49\,\frac{B}{T}-0.001\,34\,\frac{\varphi P_{q\cdot b}}{T} \tag{2-20}$$

综上所述，干空气、水蒸气和湿空气三者之间的关系为：温度，$T_g=T_q=T$；容积，$V_g=V_q=V$；质量，$G_g+G_q=G$；密度，$\rho_g+\rho_q=\rho$；压力，$P_g+P_q=P(B)$；焓，$i_g+d\cdot i_q=i$。

以上简要介绍了和空气调节有关的湿空气的主要参数。式(2-12)和式(2-15)可以表明 t、i、d、φ、B 和 $P_{q\cdot b}$ 6 个参数间的关系，而 $P_{q\cdot b}$ 仅取决于温度 t，即对应一个温度 t 值，就有一个饱和压力 $P_{q\cdot b}$ 值。当大气压力 B 为一定时，i、d、t(或 $P_{q\cdot b}$)、φ 4 个参数中，只要知道其中任意 2 个，就可根据这式(2-12)、式(2-15)计算出其余的参数。也就是说，这 4 个参数中知道任意

2 个，就可以完全确定某一空气的状态。

湿空气的部分状态参数可查阅附录 2，也可通过公式计算得出，现有很多计算软件（如焓湿图查询计算软件）都可以快捷地对湿空气的部分状态参数进行计算。利用计算软件进行计算可以对空气的物理性质及各状态参数间的关系有透彻的了解，便于工程应用。

第二节　生理学方面的依据

人体是一个复杂的温度调节系统，通常人体的温度大约维持在 36.5 ℃。如果环境温度维持在一个使人感觉舒适的条件时，人体就容易保持热平衡，同时会产生舒适感。当环境条件过冷使人体散热迅速，或环境条件过热使人体散热困难时，就会产生不舒适感。显然，如果环境条件已经到达极端值，致使人体的调节系统不能维持正常温度，便会产生不舒适和不健康的状况。

人体内存在 2 个调节体温的机理，第 1 个是人体内部通过饮食产生能量的增加或减少，以使体温维持稳定或微量地上升或下降，这种在体内发生的过程一般称为新陈代谢。第 2 个是由改变人体表皮血液循环率（靠近皮肤表面的血液循环）而控制散热率，通常是衣着的加减，使人体散热量得以增减，维持人体温度的稳定。

传热和传质的所有形式对于维持人体温度都是很重要的。人体表面的散热或得热主要靠对流及传导来进行，因此，直接靠近人体的空气流动是一个非常重要的因素。另外，如果人体周围物体的表面温度与空气温度不同，那么人体与周围物体表面之间就会产生辐射热交换，辐射热交换在造成人体舒适感方面就可能成为一个决定性的因素。

人体另一个重要的调节功能是出汗。在非常热的条件下，人体能散出大量水分，从而帮助自身冷却，达到调节体温的目的。

新陈代谢率取决于人体的活动强度，如休息、工作或运动。人体为了保持能量平衡，需要进行新陈代谢，新陈代谢率越高，人体向周围环境散热率也越高。有关能量消耗的一般知识对于工程设计而言是有用的。

每个人对高温高湿的忍受程度取决于其在该恶劣环境下的散热能力。在高温环境下，人们就会大量出汗，因为出汗意味着散热的同时散失水分，因此连续出汗的时间有一定的限制。人体脱水会导致出汗减少，进而使得体温上升，其最终结果是引起中暑。一个普通男人的最大出汗率约为 0.5 g/s，最大冷却能力约为 675 W/m^2。更切合实际的冷却极限约为 350 W/m^2，这一数值相当于普通男人平均出汗率约为 0.28 g/s。

人们在严寒环境中的生存取决于其维持热量平衡的能力。在这种情况下，应尽量减少人体的热量损失率，或是使人体产热率与散热率相等。人们通常以穿着足够的衣服来保持热平衡。如以人们对寒冷的适应能力为例，据报道，当人体比正常热平衡时多数 87 W 的热量，相当于人体皮肤温度平均下降 2.8 ℃时，睡眠的人便会冻醒。实际上，对普通的室外活动而言，衣着充分的人所能忍受的极限温度约是－34 ℃。

有关人们典型的不同活动类型的新陈代谢率可参见有关标准或设计手册。

第三节　环 境 指 标

在描绘环境的舒适性方面有许多指标，这些指标一般可分成直接、合理导出和经验三组。

并非所有指标都直接应用于工程师的设计研究工作中，其中很多是出于研究目的而进行的。

一、直接指标

环境空气的直接指标有干球温度和相对湿度，是空调工程设计中最常用的指标，它把干球温度看作有关舒适的一个独立的最重要的指标。当相对湿度在40%～60%时人体感觉较为舒适，这是相当重要的。干球温度对于衡量寒冷地区的舒适性方面显得特别重要，干球温度越低人体感觉越不舒服。在高温高湿环境中，当相对湿度高的时候，人体的汗液难以排出，人们也会感觉不舒服。

(1)露点温度是空气开始结露的温度，是环境湿度的一个良好的单独度量标准，它直接与饱和空气中的水蒸气压力有关。轨道交通车辆空调送风口的出风温度一般不允许低于露点温度，低于露点温度就会在送风口结露，然后变成水滴掉下来，因此在设计轨道交通车辆空调送风温度时要特别注意不要低于露点温度。

(2)湿球温度使用温度来表征空气中的含湿量，用于描述一定温度和湿度范围内的舒适条件，在相同干球温度下，湿球温度越高空气中的含湿量就越大。举例来说，对于正常衣着的普通人，在风速约为0.25～0.38 m/s时，可忍受的湿球温度上限是30 ℃。

(3)相对湿度是衡量空气中含湿量的一个指标，在同样的干球温度下，相对湿度越大表明空气中所含的水蒸气越多，可作为一个直接指标，但要同时知道干球温度值，从舒适角度来看，只有相对湿度没有干球温度是没有实际意义的。在轨道交通车辆的车内环境中，一般要求相对湿度在30%～70%，相对湿度过高时人体的汗液难以排出，相对湿度过低时人们会感到特别干燥，因此过高或过低的相对湿度通常总是令人感到不舒适。

(4)空气的流速是直接指标，它是所有直接指标中最难以讨论的一个。人体的对流散热取决于人体表面的空气流动速度。如果在温暖潮湿的环境中，风速高，人们就感到舒适。但是，如果在低温环境中，风速过高，人们就感到不舒适。一般来讲，在单个人体周围空气流速为0.25 m/s时，普通的人是感到舒适的。因此，轨道交通车辆对空气流速的规定是冬季不大于0.25 m/s，夏季不大于0.6 m/s。

二、合理导出指标

合理导出指标很少直接应用于设计中，但尽管如此，这些指标仍可作为导出有关舒适条件中各种结论的基础。

(1)平均辐射温度：是指某一包围人体的假想围挡物的均匀一致的表面温度，在此，假定被包围的人体也是黑色的，他与围挡物表面之间的辐射热交换量与真实环境中人与围护结构表面之间的辐射热交换量相等。当周围环境的表面温度与人体表面温度不同时，就会产生辐射换热，这一参数也是很重要的。

(2)计算温度：是指假想围挡物的均匀温度，在该环境中的人通过对流和辐射方式所放出的热量与其在真实环境中所放出的热量相等。这一指标试图同时考虑辐射和对流产生的热效应。

(3)湿计算温度：是指假想围挡物内均匀的环境温度，该环境中空气的相对湿度为100%，该环境中的人从皮肤表面通过辐射、对流、衣服的传导及蒸发所放出的热量与其在真实环境中所放出的热量相等。

上述 3 个温度恰好是根据具体情况依次引入冷却或加热人体的辐射、对流及质交换效应的结果。湿计算温度特别重要，因为它考虑了使人体保持常温所需要的所有 3 个热交换机理。湿计算温度也包含了皮肤的湿润度，皮肤湿润度与出汗有关，它是生理学上的变量，也是环境的变量。

热强度指标是人体热平衡所要求的总蒸发热损失与人体向周围环境散发的最大可能蒸发热损失之比。与其紧密相连的是皮肤的湿润度，它是所观测的皮肤出汗率与该环境下最大可能皮肤出汗率之比。皮肤湿润度取决于皮肤温度、空气温度、空气湿度、空气流速和衣着的多少。以往的研究已经表明，皮肤湿润度在描述不舒服及不愉快感觉方面是一个比较常用的说明温度感觉的参数。

三、经验指标

经验指标是试图采用一个特殊的参数来综合考量有关影响舒适度环境的所有效应。其中第一个是有效温度 ET。有效温度试图结合干球温度、湿球温度和空气流速的效应来反映热和冷的同等感觉。换句话说，为给出同样舒适的感觉，湿球温度越高，干球温度就需要越低，而湿球温度越低，则干球温度就需要越高。然而，由于有效温度过分地强调了在较冷区域中空气的湿度效应和忽视温暖条件下空气的湿度效应，且没有充分考虑热湿条件下空气的流速，故原有的有效温度概念正逐渐被取代。目前，它的应用仅局限于静坐的条件下。

黑球温度是六英寸直径黑球的均衡温度，它是一个用于描述综合干球温度、空气流速的物理效应和接受由各种不同围护结构表面的辐射能量的独立温度指标。

修正有效温度是一种黑球温度，它用以取代原有的有效温度尺度中的干球温度，以使该温度包含周围环境任何强度辐射热源的效应。该温度主要用于由辐射热来维持舒适的场合。

湿黑球温度是干球温度、自然对流湿球温度和黑球温度的加权平均温度，该温度按式(2-21)确定。

$$WBGT = 0.7t_{wb} + 0.2t_{g} + 0.1t_{db} \tag{2-21}$$

式中　t_{wb}——自然对流湿球温度；

t_{g}——黑球温度；

t_{db}——干球温度。

这一指标包含了低温辐射热、太阳辐射和空气流速的综合效应。

黑球温度计对空气温度、平均辐射温度以及空气流动做出反应，而自然通风湿球温度计对空气湿度、空气流动、辐射温度以及空气温度作出反应。因此，湿黑球温度 $WBGT$ 为所有影响人类环境热应力的 4 项环境因素的函数。

第四节　舒 适 条 件

一、轻 活 动

大约在 1947 年就已经发现了原有的有效温度的不足之处，如它过分夸大在较低温度下湿度的作用，以及在较高温度下又低估了湿度的作用。热舒适标准温度已由 1900 年的大约 21 ℃干球温度变为 1960 年的 26 ℃。这种温度上升的倾向，可以由无论男性或女性都已习惯穿着比较轻薄的衣服来解析,它也与生活方式、饮食的改变及期望舒适有关。

现代人们的体力劳动强度都不同程度地降低,较重的体力劳动交由机械来完成,人们更多的是脑力劳动,因此轻活动较为普遍。

人们乘坐干线铁路车辆,大部分时间是坐在座椅上,属于轻活动,有关轻活动时热环境对不舒适的影响、舒适图、舒适线、干球温度与湿球温度、平均辐射温度和空气流速的关系等,可参见有关标准。

二、车内压力和压力波

高速铁路列车在高速运行时,车内压力和压力波的控制是影响旅客乘车舒适度的一个重要指标,因为车内压力的大幅度且快速波动会刺激人们的耳朵,使人感到很不舒适,因此高速铁路列车需要控制车内压力的波动幅度和频率。

有关标准规定:时速达到 200 km 以上的车辆,静止状态下,车辆所有对外的孔洞处于正常状态,所有与空调通风、废排相关的通风机全部启动,车内应保持在正压 10 Pa 以上。

当要求有压力波保护时,车辆和空调装置应保证车内不会发生急剧的压力变化。车辆内部应满足以下条件或由供需双方协商确定。

(1)$\Delta P/\Delta T \leqslant 500$ Pa/s,其中 $\Delta P/\Delta T$ 为单位时间的压力变化;

(2)$\Delta P \leqslant 800$ Pa,其中 ΔP 为 3 s 内的最大压力变化;

(3)$\Delta P \leqslant 1\ 000$ Pa,其中 ΔP 为 10 s 内的最大压力变化;

(4)$\Delta P \leqslant 2\ 000$ Pa,其中 ΔP 为超过 60 s 内的最大压力变化。

三、高原车内供氧

我国已经建成青藏铁路,即将修建川藏铁路,这两条铁路线经过的最高点是海波5 072 m的唐古拉山垭口,青藏铁路机车车辆运行在高海拔地区,与平原的机车车辆有很大的不同,现有机车车辆的空调参数是根据平原地区大气压力为 101 325 Pa 确定。青藏和川藏铁路沿线的大气压力低,空气的含氧量也低;高原地区阳光辐射强,日温差大,大风大雪日多,这些特点都与平原地区的参数不同。需根据青藏线和川藏线的运用条件,制定高原铁路机车车辆供氧方案和主要技术参数。

高原铁路机车车辆的运用舒适条件,首先要解决的是高原缺氧问题,由于沿线海拔高度很高,大气压力大大低于平原地区,大气中的含氧量也随着海拔高度的升高而降低,在青藏铁路海拔高度 4 000 m 的 960 km 沿线中,大气中的含氧量只相当于平原地区的约 60%,海拔高度在 5 000 m 的区段,大气中的含氧量约相当于平原地区的 54%。旅客列车通过如此高海拔地区时会出现缺氧现象,列车乘务人员和旅客会有高原反应,给旅行安全带来问题,为此,要考虑给旅客列车供氧,提高车内氧气含量。

第五节 气 味 控 制

气味在人们的生活中起重要作用。借助于气味,可以检查危险品、食物以及与安全和健康有关的其他工作。但是,在已经给定的空间中,即使令人感到愉快的气味,当它的浓度达到过分的程度时,也会使人讨厌。直至最近,对于气味的控制,除了发现某一场所的气味特别浓,需要进行控制外，一般还是无计划进行的。

由于以前对氧气的需要量及二氧化碳的控制了解得很不够，在干线铁路车辆上对气味的控制仅停留在将车内的厕所和厨房的空气直接排出车外。车内空气分为再循环和废排两部分：再循环部分在空调机组内部与新风混合，经过蒸发器处理后送入车内；废排部分通过废排风机或自然通风器排出车外。

目前，由于轨道交通车辆制造中采用的复合材料、装饰材料和电气设备的增加，这些材料都会散发气味，特别是新造车的车内气味较大，因此排除新造车因材料引起的气味尤为重要。

大部分旧型干线铁路车辆气密性不好，存在一定的空气渗透，为了排除车内的气味，仍然采用过量的车外空气，即采用大量新风来置换车内空气，大量新风会增加空调机组的热负荷，对空调机组的容量和供电带来问题。

目前，速度低于 160 km/h 的干线铁路车辆，车体的气密性能比以前有所提高，但是还不能做到完全的气密车体，车门车窗会有空气的渗透，车外空气的气味会对车内环境有所影响。

高速铁路车辆几乎已经消除了车外空气对车内的渗透，车内的气味主要是车体材料本身扩散产生。因为目前车外空气质量较差，不宜过量采用车外新风来消除车内气味，并且过量的车外空气又会使制冷及采暖负荷大大增加，所以大幅度降低车外空气量在能源缺乏的现代是一件很重要的事情。

为了消除或减少气味，以使它不致被人们察觉出来，就必须消除有害气体，或是稀释空气直至它达到允许浓度为止。气味的来源很多。近年来，汽车大量普及，车外空气中含有比例很高的从汽车尾气、高炉烟气和其他工业排气中产生的污染物，因而，车外空气作为气味的一个来源越发明显，这也是我国积极推进使用清洁能源，节能减排，建设生态文明的重要原因。

在轨道交通车辆中，气味可由如油漆、涂料、合成产品、塑料和橡胶制品等散发出来。讨厌的气味主要是由人体散发出来的臭气及烟草雾所组成。烟草中含有多种刺激物，其中许多刺激物具有明显的害处。其他的来源还有诸如室内装饰品、窗帘布、地毯、食品、食物半成品等。空气调节设备本身也可能产生某些气味，如蒸发器下的托水盘所集浮的污垢及脏物均可被凝结水所湿润，进而导致散发不愉快的气味。

湿度对于气味有一定影响。研究表明，在一定的干球温度下增加湿度，具有降低烟雾强度和净化烟蒸气的同等效应。这种效应对于不同的气味有一定的选择性。干球温度对气味上也有某些影响。例如，在相对湿度恒定的情况下增加温度，也可以稍为降低一些烟气味水平。研究还表明，如被调节室内空气的相对湿度为 45%～60%时，则气味感觉及其危害性可降至最低。

气味可以通过物理及化学方法予以除去。其基本方法包括通风、空气净化、冷凝、吸附、化学反应和气味限制。另一些方法是化学吸收、氧化、蒸气中和以及燃烧。通风、吸附、化学反应和气味限制是空气调节应用中最为有效的方法。如果气味是气体或蒸气，如氨，那么除去这种气味最实用的方法便是用水喷雾，但是轨道交通车辆不可能安装喷雾设备，必须考虑使用其他去除气味的方法。

与通风法紧密相关的是隔绝或排风。这种方法一般用于厨房和休息室中。在这些地方空气直接从室内排至室外，它要求引入作为补充空气的车外空气。在长途旅行的铁路车辆中，要求将厕所的空气直接排出到车外，厨房烹调产生的污染空气也不能漂移到旅客乘坐的车厢内，要直接排出车外。下面，讨论轨道交通车辆气味控制的主要方法——通风。

通风是指送入被调节车内空气的总量。它包括室外空气和再循环空气两部分。室外空气的主要作用是控制气味和降低车内二氧化碳的含量，在轨道交通车辆中，一般总是需要一些室外空气对车内的空气进行置换。最新研究表明，所需的室外空气完全取决于气味的产生量和最大允许的气味浓度以及空调机组的能量。对这些因素的误解，已在以往的室外空气需要量方面引起了很大的混乱。在绝大多数情况下，以往的轨道交通车辆取用的车外新风量都比实际所需量大。

GB/T 33193.1—2016《铁通车辆空调　第 1 部分:舒适度参数》附录 F 的表 F.1 和表 F.2 规定了铁路车辆的新风通风量，设计的新风通风能力应满足最大新风量的要求，即人均新风量 20 m^3/h。同时，规定了随外部温度 T_e变化的新鲜空气量，这是从节能角度出发的规定。对于司机室空调，由于司机处于工作状态，供给司机的人均新风量应增加。

在建筑设计上，普通的经验方法是取每人的新风量为 17 m^3/h。这是一个较为合适的一般原则，但在特殊情况下，也可改变这一原则，增加或减少人均新风量。例如，餐车的餐厅的厨房就需要按每人 30 m^3/h 新风量来考虑。这对于排除餐车气味及余热是必需的。此外，为了隔绝气味，厨房内的压力应低于周围环境，以使气味不致进入周围空间内。

表 2-4 给出了工作场所有害因素职业接触限值的化学有害因素(摘自 GBZ 2.1—2019《工作场作有害因素职业接触限值　第一部分:化学有害因素》)，表 2-5 给出了目前用于建筑的某些典型房间所建议的通风设计标准(摘自文献[23])。

表 2-4　工作场所有害因素职业接触限值的化学有害因素

序号	中文名	英文名	化学文摘号 CAS 号	OEL_s (mg/m^3)			临界不良健康效应	备注
				MAC	*PC-TWA*	*PC-STEL*		
1	氮氧化物(一氧化氮和、二氧化氮)	Nitrogen oxides (Nitric oxide, Nitrogen dioxide)	10102-43-9 10102-44-0	—	5	10	呼吸道刺激	—
2	二氧化硫	Sulfur dioxide	7446-09-5	—	5	10	呼吸道刺激	—
3	二氧化碳	Carbon dioxide	124-38-9	—	9 000	18 000	呼吸中枢、中枢神经系统作用:窒息	—
4	甲醛	Formaldehyde	50-00-0	0.5	—	—	上呼吸道和眼刺激	敏,G1

(1)OLE_S——职业接触限值，即劳动者在职业活动过程中长期反复接触某种或多种职业性有害物质，不会引起绝大多数接触者产生不良健康效应的容许接触水平。化学有害因素的职业接触限值分为时间加权平均容许浓度、短时间接触容许浓度和最高容许浓度三类。

(2)*PC-TWA*——时间加权平均容许浓度，以时间为权数规定的 8 h 工作日、40 h 工作周的平均容许接触浓度。

(3)*PC-STEL*——短时间接触容许浓度，在遵守 *PC-TWA* 前提下容许短时间(15 min)接触的加权平均浓度。

(4)*MAC*——最高容许浓度，工作地点、在一个工作日内、任何时间有毒化学物质均不应超过的浓度。

（5）标有"敏"的物质是指已被人或动物资料证实该物质可能有致敏作用。G1 为确认人类致癌物。

表 2-5　通风需要量

空　间	每 100 m 地板面积所估计的人数（这一规定仅适用于设计时居住人数不明）	每个居住者所要求的通风空气量（m^3/h）	
		最　低	推　荐
住宅（私人居住，单独成复合单元）			
单独单元住宅			
普通起居室、卧室	5	8.64	11.88～16.92
厨房	—	33.84	61.2～100.8①
浴室、厕所间	—	33.84	61.2～100.8①
地下室、公用间	—	8.64	8.64
复合单元住宅			
普通起居室、卧室	7	8.64	11.88～16.92
厨房	—	33.84①	51.12～100.8①
浴室、厕所间	—	33.84①	51.12～100.8①
地下室、公用间	—	8.64	11.88～16.92
汽车间	—	27.13②	34.88～54.25
活动房间	7	8.64	11.88～16.92
商用建筑			
一般要求商业（适用所有形式，除非特殊说明）			
销售部和陈列室——地下室和铺面层	30	11.88	17.28～25.56
销售部和陈列室——上层	20	11.88	17.28～25.56
储藏区——服务销售部和储藏室	5	8.64	11.88～16.92
时装室	—	11.88	17.28～25.56
遮阳廊和拱廊	40	11.88	17.28～25.56
装货及收货处	10	25.56	30.6～33.84
仓库	5	11.88	17.28～25.56
电梯间	—	11.88	17.28～25.56
剧场			
售票室	—	8.64	11.88～16.92
门厅前室（休息室）	100	33.84	42.48～51.12
大会堂（旋转舞台剧场，正规剧场，演讲、音乐会、不吸烟歌剧会场）	150	8.64	8.64～17.28
公共休息室	100	25.56	33.84～42.48
体育馆和舞台			
比赛场（小型的或没有休息室）	70	33.84	33.84～42.48
衣帽间	20	51.12③	68.04～84.96③

续上表

空　　间	每 100 m 地板面积所估计的人数（这一规定仅适用于设计时居住人数不明）	每个居住者所要求的通风空气量（m^3/h）	
		最　　低	推　　荐
观众区	150	33.84	33.84～42.48
斜披屋，休息室，前室	150	16.92	30.6～33.84
网球、橡皮球、手球场（室内）	—	33.84	42.48～61.2
游泳池（室内）	25	25.56	33.84～42.48
办公室			
普通办公室	10	25.56	25.56～42.48
会议室	60	42.48	51.12～68.04
制图室、美术室	20	11.88	16.92～25.56
医师诊室	—	16.92	25.56～33.84
候诊室（医生、职员等）	30	16.92④	25.56～33.84④
学校和医院等			
学校			
教室	50	16.92	16.92～25.56
音乐、排练间	70	16.92	25.56～33.84
大礼堂	150	8.64	8.64～12.6
体育馆	70	33.84	42.48～51.12
盥洗室	100	25.56	33.84～42.48
衣帽间	20	51.12③	68.04～84.9
食堂、餐厅	100	16.92	25.56～33.84
走廊	50	25.56	33.84～42.48
医院、疗养院			
休息室	50	33.84	42.48～51.12
回廊	50	33.84	42.48～51.12
单、双人卧室	15	16.92	25.56～33.84
病室	20	16.92	25.56～33.84
食品供应站	20	59.4	59.4
手术室、供应室	—	33.84⑤	—

注：①是指间断使用；②是指每平方米地板面积所需之风量，m^3/h；③是指每个衣柜所需风量，m^3；④该设备必须与正压排风和避免污染物（或其他物质）的控制要求相结合；⑤需要特殊的通风系统。

表 2-4 给出的所需通风量是 100%的室外空气，且该室外空气应符合表 2-3 的规定。如果系统除了具有过滤装置以使送风污染浓度不超过表 2-3 的规定外，还具备足够的温度控制，那么室外空气量可以降低至规定通风量的 33%。如进一步具有除去气味及除去有害气体的设

备，则室外空气量还可以降至规定通风量的 15%。但是，室外空气量不应低于每人 8.64 m^3/h。在某些地点，具体的规范可不受上述限制。为了节省能量，有关标准或文件在“新建筑设计中之节能”提出应该采用表 2-4 中所允许的最低值，通风空气中的室外空气比例应按如上述讨论降低。

对高原铁路车辆而言，当使用制氧机向车内供氧气时，应降低室外空气量，以维持车内的供氧浓度，因为送入车内的车外空气量与排出车外的车内空气量容积相等，因此送入车内的车外空气量越大，排出的空气量也越大，从而降低了车内空气的氧浓度，需要配备更大的制氧设备，对于环保和节能都是不利的。

第六节　空 气 净 化

一、空气净化的基本要求

由于人类活动增加、地面植被破坏等，导致大气中灰尘含量增加。大气灰尘是悬浮在空气中的烟雾、雾、烟、干燥的粒子和纤维的复杂混合物。除此以外，空气中还包含有具有生命的组织，如典型的孢芽、细菌以及花粉，它们可以引起疾病及变态性反应。大气尘的粒子范围，就尺寸而言，从小于 10 μm(10^{-6}m)到大约昆虫和树叶那样大小。尘粒的大小及形状是各式各样的，一般情况下，不可能设计一个对所有的场合都是最理想的空气净化器。

不同用途要求不同等级的空气洁净度。例如，在工业通风中可能只需除去粗粒子以使建筑物相对干净些，使机械设备得到保护。而在空气净化室、高精度加工车间、微电子加工车间等应用场合，即使是大气尘中最小的粒子，假如不予除去的话，也会使产品表面发生污染，从而影响产品的性能。因此，在这种情况下，需要采用静电空气净化器或高效干式过滤器。

影响过滤器性能的所有特性中，最重要的是粒子的尺寸，然而，空气流速也会对过滤器的净化效率产生一定程度的影响。空气过滤器的设计及选择主要取决于所要求的空气洁净度。一般来讲，如需除去的粒子尺寸减小，过滤器及过滤器系统的造价就会增高，相应地，其维护费用也会增高。

鉴别各种类型空气净化器工作特性的主要参数有 3 个，即效率、气流阻力和容尘量。当然，对于轨道交通车辆空调而言，尺寸和质量也是相当重要的，因为空调机组的空间有限，大尺寸的空气净化器难以安装。

可以用效率来度量空气净化器从空气中除去粒状物质的能力，对大多数使用情况而言，最有意义地是过滤器整个使用期间的平均效率。气流阻力是指给定通风空气量的情况下，空气通过整个过滤器时的全压损失，阻力越大需要的空气动力越大，即需要通风机的压头越大。容尘量的定义是当在给定的空气流量情况下，气流阻力达到最大值时，空气净化器所容纳的给定类型的灰尘量。有时，也可以认为在过滤器效率严重下降以前，过滤器所容纳的灰尘量即为容尘量。因此，为了完整地鉴定一个空气净化器，应同时具备净化器在效率、气流阻力和容尘量几方面的参数，综合评判空气净化器的效果。

过滤器所捕获的灰尘质量与提供给过滤器的灰尘总质量之比，即为过滤器的计重效率。容尘量精确地给出了过滤器容纳的灰尘质量的绝对值。这一数值给出了过滤器需隔多长时间予以更换的指标。它在很大程度上也取决于实际使用的具体情况。气流阻力或压力降是所有测试中较简单的两个指标。一般来说，测试气流阻力是针对干净的过滤器而言的，气流阻力是送入过滤器灰尘质量的函数。实际上，如果空气的含灰尘量变大，致使过滤器负荷变大，则空气经过过滤器的压力降会增大。压力降或气流阻力是与空气流速的平方成正比的，这从气流的动压计算公式可以看出。

二、空气净化器的选择和维护

选择适用于轨道交通车辆空调应用场合的过滤器，有 4 个主要因素应予以认真考虑：所要求的空气洁净度；对从空气中除去的灰尘处理；需要过滤空气中灰尘的数量和类型；外形尺寸大小。

这些因素决定了初投资、运行费用及需要维护的程度。比如某型轨道交通车辆的空调机组冷凝进风过滤网采用无纺布，以保证吹向冷凝器的空气洁净，由于我国春季花絮很多，列车运行 1～2 天过滤网就被堵上了，致使冷凝器的工作效率下降，不得不频繁更换过滤网；从列车上更换下来的过滤网有很多灰尘，一般进行清洗、烘干处理，然后再次使用，但是过滤网的寿命是有限的，一般清洗 7 次以后就要更换新的过滤网。为此，加厚了过滤网的尺寸，使过滤面积增大，以延长更换过滤网的时间。

轨道交通车辆空调使用的过滤器一般是过滤中粗颗粒灰尘，由于安装空间和尺寸有限，不可能使用大尺寸过滤器，因此，很难实现细小灰尘的过滤。

有关部门一直在研究在轨道交通车辆上采用空气净化过滤器的可能性，比如有的单位曾试验过紫外线＋二氧化钛空气净化器，也有的单位研究提出采用高压静电空气净化器、光等离子空气净化装置和恒效等离子空气净化装置等。光等离子空气净化装置，采用双极屏蔽电离技术，通过高压放电，产生高氧化性的氧原子团，破坏细菌的细胞壁、病毒的蛋白质，使细菌、病毒丧失活性，实现消毒灭菌。恒效等离子空气净化装置，利用高压电离技术在发生极产生等离子体，释放大量高能量的自由电子，激发态分子及正负离子，破坏细菌的细胞壁、病毒的蛋白质，使细菌、病毒丧失活性，并在电场作用下被收集在收集极。但是，由于轨道交通车辆的空间有限，高压静电容易产生不安全因素，目前还没有安装这种空气净化器。

轨道交通车辆作为人员密集的流动场所，当产生流行病时，乘车人员极容易感染病毒，对人们的身体健康造成不利影响，因此，研究在轨道交通车辆上适用的空气净化过滤装置是今后的一项重要工作。

三、有关标准

2016 年国际标准化组织 ISO 发布了有关“全面通风用空气过滤器的标准”ISO 16890：2016，该标准由 3 部分组成：

(1) ISO 16890-1：2016《Air filters for general ventilation—Part 1：Technical specifications, requirements and classification system based upon particulate matter efficiency(EPM)》

ISO 16890-1：2016《全面通风用空气过滤器　第 1 部分：基于颗粒物效率(EPM)的技术规格，要求和分类体系》

(2) ISO　16890-2：2016《Air filters for general ventilation—Part 2：Measurement of fractional efficiency and air flow resistance》

ISO 16890-2:2016《全面通风用空气过滤器 第 2 部分:分级效率和空气流动阻力测量》

(3)ISO 16890-3:2016《Air filters for general ventilation—Part 3:Determination of the gravimetric efficiency and the air flow resistance versus the mass of test dust captured》

ISO 16890-3:2016《全面通风用空气过滤器 第 3 部分:质量效率和空气流动阻力对比试验用捕获粉尘质量的测定》

该标准是推荐性标准,主要用于建筑物的空气过滤,对于轨道交通车辆空调机组的空气过滤,可以参考使用。

四、轨道交通车辆内部空气净化措施

轨道交通车辆空调机组的过滤器受空间尺寸的限制,不可能像建筑物那样有较大的空间,高效过滤器、袋式过滤器等尺寸较大、阻力较大的过滤器都难以装在轨道交通车辆的空调机组内部,也难以实现对细颗粒灰尘的过滤。

现有轨道交通车辆空调机组都在新风口安装有 2 级过滤器,第一级是机械过滤器,将车外的粗颗粒灰尘过滤掉;第二级是多层网状尼龙丝或其他材料做成的细过滤器,可以过滤掉中小颗粒的灰尘;在空调机组的回风口装有与新风口第二级一样材料的过滤器,对车内回风进行过滤。

所以,轨道交通车辆的空气净化,除了空调机组的新风进口和回风口装有过滤网,对较粗和中等颗粒的灰尘进行过滤外,车内空气的清洁工作也尤为重要,因为车辆内部空间小,旅客密集,如果车内有细颗粒灰尘,旅客走动就会将灰尘带起,因此,对于长途铁路旅客列车,随车乘务员应经常用湿拖把将车辆中间的走廊和通过台地面等附着在地板面上的浮尘清理掉,保持人员经常走动的地面干净,减少灰尘的飞扬,可大大提高车内空气的洁净度。

对于城市铁路交通或市郊铁路交通车辆,因为列车运行时间短,车内人员密集,只能在列车到达终点站或入库时进行车内地面清洁,如果每天能打扫多次,保持车内卫生,车内空气就会保持清洁干净,满足旅客乘车的卫生要求。

目前,高速铁路车辆空气的净化主要是在空调机组上设置空气过滤器,车顶式空调机组的新风口设置在车外侧顶,采用 2 级过滤措施,第一级采用不锈钢迷宫加过滤网对粉尘进行初级过滤;第二级采用粗效 G3 级无纺布混合风滤网,用于过滤新风及回风汇总的粉粒,可保证室内粉尘浓度不大于 0.5 mg/m^3。如果增加过滤器的效率,势必会增加空气阻力,带来的问题是增加空调通风机的功率和噪声,影响旅客的乘车舒适性。因此,研究轨道交通车辆空气净化技术,使其既能净化空气又安全可靠,至关重要。

第七节 轨道交通车辆空调新风的控制

前面所讲的通风主要是为了控制气味和净化空气,保持车内空气清新,轨道交通车辆空调通风的一项更重要的作用是为旅客提供车外含有足够氧气的新鲜空气,也称为新风,将车内含有二氧化碳浓度较高的空气排到车外,保证车内空气满足旅客呼吸氧气的要求。

一、轨道交通车辆空调新风量分析

轨道交通车辆一般根据运输距离分为长途车辆和短途车辆,长途车辆的旅客乘坐时间超

过 1 h，两站之间的列车运行时间超过 10 min；短途车辆的旅客乘坐时间一般不超过 1 h，两站之间的列车运行时间一般不超过 10 min。因为长途车辆的车门关闭时间长，车内换气只依靠空调系统的新风和废排系统，通过开关车门的换气效果有限，因此相关标准对新风量的要求较高，而短途车辆的车门关闭时间短，中途到站开关车门次数多，开关车门也能起到一定的换气作用，对新风量的要求较低。

但是，也有人提出为了旅客的舒适度，短途车辆的新风量应与长途车辆一样，这就给标准制定、车辆设计和制造提出了新的问题。因为短途车辆（城轨地铁车辆）的载客量大，一般情况下是长途车辆的 1.5 倍以上，如果考虑上下班高峰期乘客超载严重，其乘客量则是长途车辆的 2 倍以上，如果按照满定员情况下短途车辆人均新风量与长途车辆的一样，除了空调系统的新风量将大幅度增加以外，空调机组的制冷（热）量都要相应增加，同时地铁线路的供电量也要增加，将会给电力配置带来新的问题。因此，研究分析轨道交通车辆空调新风量指标具有现实意义。

（一）现有标准对轨道交通车辆空调新风量的规定

1. 国内外有关标准对轨道交通车辆空调新风量的规定

国内外有关标准对轨道交通车辆空调新风量的规定见表 2-6。

表 2-6　国内外有关标准对轨道交通车辆空调新风量的规定

标　　准	标准条款	新风量规定	适用车辆
GB 37488—2019	4.2.1	人均新风量不应小于 20 m^3/h	旅客列车车厢
GB/T 33193.1—2016	附录 F 表 F.1	$T_e \leqslant -20$ ℃时，每座位（卧铺）人均新风量为 10 m^3/h； -20 ℃$<T_e \leqslant -5$ ℃时，每座位（卧铺）人均新风量为 15 m^3/h； -5 ℃$<T_e \leqslant 26$ ℃时，每座位（卧铺）人均新风量为 20 m^3/h； 26 ℃$<T_e \leqslant 40$ ℃时，每座位（卧铺）人均新风量为 15 m^3/h； $T_e>40$ ℃时，每座位（卧铺）人均新风量为 10 m^3/h	长途车辆
GB/T 12817—2021	表 5	夏季人均新风量为 20～25 m^3/h，冬季人均新风量为 15～20 m^3/h（车外空气计算温度 -14 ℃）和 10 m^3/h（车外空气计算温度 -35 ℃）	长途车辆
EN 13129:2016	表 11	$T_e<-15$ ℃时，每座位（卧铺）人均新风量为 10 m^3/h； -15 ℃$\leqslant T_e \leqslant -5$ ℃时，每座位（卧铺）人均新风量为 15 m^3/h； -5 ℃$<T_e \leqslant 26$ ℃时，每座位（卧铺）人均新风量为 20 m^3/h； $T_e>26$ ℃时，每座位（卧铺）人均新风量为 15 m^3/h	长途车辆
UIC 553:2004	附录 H	$T_e \leqslant -20$ ℃时，每座位（卧铺）人均新风量为 10 m^3/h； -20 ℃$<T_e \leqslant -5$ ℃时，每座位（卧铺）人均新风量为 15 m^3/h； -5 ℃$<T_e \leqslant 26$ ℃时，每座位（卧铺）人均新风量为 20 m^3/h； $T_e \geqslant 26$ ℃时，每座位（卧铺）人均新风量为 15 m^3/h	长途车辆
GB/T 7928—2003	12.5	空调车人均新风量不应少于 10 m^3/h，仅通风车人均新风量不应少于 20 m^3/h	地铁车辆
GB 50157—2013	13.2.8	当采用空调系统时，每个乘客每小时需供应的新鲜空气量不应少于 12.6 m^3，且系统的新风量不应少于总送风量的 10%	地铁车辆
GB/T 14894—2005	5.13.2 a)	新风量符合 GB/T 7928—2003 的规定	地铁车辆
EN 14750-1:2006	附录 G	A 类车的正常人均新风量$\geqslant$15 m^3/h，最低人均新风量为 10 m^3/h； B 类车的正常人均新风量$\geqslant$12 m^3/h，最低人均新风量为 8 m^3/h	地铁车辆

注：表中的 T_e 为车外温度（外温）。

表 2-5 中 EN 14750-1:2006 规定：

(1)在未规定正常载客情况下乘客的数量时，应视 A 类车和 B 类车中的座位为满员，合同技术规范中应明确规定所有站立区按 2 人/m^2 考虑计算。

(2)EN 14750-1:2006 对 A 类车、B 类车的车辆分类规定见表 2-7。

表 2-7　EN 14750-1:2006 中车辆分类规定

项　　目	A 类车	B 类车
站立的乘客(人/m^2)	<4	≥ 4
乘客行程时间平均值(min)	>20	≤ 20
两站间平均运行时间(min)	>3	≤ 3

由表 2-5 可见，长途车辆空调夏季最大人均新风量为 25 m^3/h，最小人均新风量为 10 m^3/h；冬季最大人均新风量为 20 m^3/h，最小人均新风量为 10 m^3/h。新风量可以根据车外温度的变化调节。地铁车辆空调最大人均新风量$\geq$15 m^3/h，最小人均新风量为 8 m^3/h。若没有规定新风量，则新风量可根据外温变化调节。

2. 对于轨道交通车辆空调系统设计新风量的建议

对于长途车辆和地铁车辆，都有一个最小新风量的要求，从旅客舒适度方面考虑，新风量越大，车内换气越多，车内二氧化碳浓度越低，旅客就越舒适。但是，增大新风量会使车内热负荷增加，导致空调机组的制冷量、耗电量增加，供电电网的负荷增加，以及能源消耗增加等一系列问题。

建议在对轨道交通车辆空调系统设计时，按照轨道交通车辆空调最大新风量要求设计，在实际运用时，应按照车外温度和实际乘车人数的变化对新风量进行调节，做到既满足旅客舒适度的要求，又满足供电电网对轨道交通车辆空调系统用电负荷的要求。

(二)从卫生角度对轨道交通车辆空调新风量的分析

1. 车内二氧化碳浓度允许值和新风量

(1)车内二氧化碳浓度允许值

向车内送入新风、排出废气的目的是使车厢内的空气清新，而衡量车厢内空气清新程度的主要指标是二氧化碳浓度。在一个满员、密封的车厢内，如果不送入新风，车厢内氧气的浓度就会越来越低，二氧化碳的浓度会越来越高，旅客就会处于发困、瞌睡、疲劳、提不起精神的状态，当氧气浓度过低时将危及旅客生命安全。所以应向车厢内送入一定量的新风，使车厢内的空气保持清新，提高旅客舒适度和卫生条件。

新风量的大小主要与 2 个因素有关：车内二氧化碳允许浓度和人体二氧化碳排出量。新风量的大小主要取决于车内二氧化碳的体积分数，现有国内的相关标准规定见表 2-8。

表 2-8　车内二氧化碳允许浓度的标准规定

标　　准	GB/T 12817—2021	GB 37488—2019
车内二氧化碳体积分数	不大于 0.15%	不大于 0.15%
应用场所	铁道车辆	交通工具

(2)满足车内二氧化碳允许浓度的新风量

根据人体生理测试数据，人体在不同状态下二氧化碳的排出量见表 2-9。

表 2-9　人体在不同状态下二氧化碳的排出量

人体状态和活动强度	人均二氧化碳排出量(m^3/h)
睡眠或安静	0.013
轻度活动	0.022
轻作业	0.030
中等作业	0.046
重作业	0.074

旅客乘车一般处于轻度活动状态，人均二氧化碳排出量可取 0.022 m^3/h，如果不考虑车厢容积的影响，仅考虑车内二氧化碳允许浓度≤0.15%，新风的二氧化碳浓度为 0.03%，人均新风量 V_H的计算公式为

$$V_H=\frac{V_1}{V_S-V_2} \tag{2-22}$$

式中　V_H——人均所需新风量，m^3/h；

V_1——人均二氧化碳排出量，m^3/h；

V_S——车内二氧化碳允许浓度；

V_2——新风的二氧化碳浓度。

根据式(2-22)，可以计算出 V_H为 18.33 m^3/h。

美国采暖通风工程师协会标准 ASHRAE 62.1:2016《通风应达到的室内空气质量》在表 6.2.2.1 中规定，礼堂满座时呼吸区计算的最小人均新风量为 14.4 m^3/h(4 L/s)。由于轨道交通车辆空调送风是部分新风(约占 1/3)和部分回风(约占 2/3)混合后送到车厢内，因此按照 ASHRAE 62.1:2016 标准的 6.2.5.2 中对新风量的建议，计算的新风量应除以一个通风率系数 E_v(E_v=0.8)，从而得出人均新风量为 18.0 m^3/h，与二氧化碳浓度维持在 0.15%计算得出的人均新风量(18.33 m^3/h)相近。

对照表 2-5 中 EN 13129:2016 和 UIC 553:2004 这 2 个标准对新风量的规定，可以看出大部分情况下要求的人均新风量为 15 m^3/h 和 20 m^3/h，只有在外温低于−15 ℃和−20 ℃时，人均新风量为 10 m^3/h。由此可见，美国标准和欧洲标准所规定的新风量标准基本上是一致的，我国标准 GB 37488—2019 要求较高。

由式(2-22)的计算结果也可以看出，一些标准中规定的人均新风量为 10 m^3/h 和 15 m^3/h 均不能满足车内二氧化碳浓度≤0.15%的要求。对于长途车辆，主要在极端低温或极端高温时为保证车内温度，才允许人均新风量为 10 m^3/h；对于地铁车辆，主要考虑旅客都是短途旅行，途中频繁开关车门也能起到一定的换气作用，且旅客流量有明显的高低峰，除在上下班高峰期旅客流量出现超员，车内二氧化碳浓度会超标，其他时间段旅客流量在每车厢 110 人左右，人均新风量能达到 18.33 m^3/h，车内二氧化碳浓度可满足≤0.15%的要求。

2. 旅客行程时间

EN 14750-1:2006 第 4 章中有一段描述：当 A 类车中旅客行程时间的平均值超过 1 h 时，

可能需要应用干线车辆标准(参见 EN 13129:2016)。从该描述可以看出,旅客行程时间不超过 1 h 时,可以应用城市和市郊轨道交通车辆用空调标准 EN 14750-1:2016,而超过 1 h 时,需要应用干线轨道交通车辆用空调标准 EN 13129:2016。欧洲标准对旅客行程时间的划分考虑了旅客乘车舒适性,对于短途旅客而言,因为乘车时间短,站间距短,到站开关车门有车内外空气的交换,若车内短时间二氧化碳浓度超标,对旅客乘车舒适性影响不大;而对于长途旅客,因为乘车时间长,站间距长,到站开关车门时间有限,基本上靠空调系统通风解决新风换气问题,因此长途车辆空调的新风量应满足旅客呼吸换气的要求(车内二氧化碳允许浓度≤0.15%)。

我国轨道交通车辆空调也应按照旅客行程时间的平均值是否超过 1 h 来区分,行程时间超过 1 h 可认为是长途旅行,新风量可按照 GB 37488—2019、GB/T 12817—2021 和 GB/T 33193.1—2016 的规定执行。如果行程时间不超过 1 h 可认为是短途旅行,新风量可按照 GB/T 7928—2003 规定执行。

3. 车辆内部装饰材料散发有害物质的排除

为使车内视觉美观、旅客乘坐舒适,轨道交通车辆在生产中使用了大量的装饰材料。生产装饰材料时要使用密封胶粘合,密封胶所含的气味需要一段时间才能从装饰材料中散发出来,所以新造轨道交通车辆内的气味一般较大,需要通过空调通风系统将这些有害气体排出车外。

建议新造轨道交通车辆组装完成,具备空调系统通电条件后,应每天打开车门、车窗,开启空调系统通风,将车内装饰材料产生的气味尽快排出车外。同时可在车内喷洒含二氧化钛等可去除和分解污染物的材料,尽快消除车内污染物的影响。对于轨道交通车辆运用部门,接到新车后,当列车停在站场时,应打开车门、车窗通风。每天在列车出库投入运行前,即打开车门,开启空调系统通风,等旅客上车投入运用后,再恢复到运用状态。

4. 新风量增加对列车供电能力的影响

轨道交通车辆运用中主要用电设备包括牵引、制动、控制、空调、照明、电热水器和通信信号等设备,其中牵引设备用电是主要用电部分,其他设备用电为辅助用电。据有关运用部门统计,辅助用电约占列车全部用电的 30%,而空调系统用电占辅助用电的 70%以上,即空调能耗占列车总能耗的 21%以上。

在空调机组热负荷计算中,当设计工况外温为 35 ℃、相对湿度为 60%时,按照人均新风量 15 m^3/h 计算,新风热负荷占全车热负荷的 33%。如果将人均新风量提高到 20 m^3/h,新风热负荷将增加 33%,空调机组用电量增加 11%左右,列车总耗电量将增加 2.6%。

对于在干线铁路运输的长途车辆而言,电网供电分区进行,在 1 个供电区内一般只有一列车运行,因此,当人均新风量增加到 20 m^3/h 时列车总耗电增加 2.6%,不会对线路供电电网产生太大影响。如果是内燃机车供电,总耗电量增加会对内燃机车产生一定影响。

5. 既有长途铁路车辆空调系统新风量分析

长途铁路车辆一般不考虑超员的情况,如 25T 型硬座车设计座席 118 个,配备 2 台 KLD29 型空调机组,每台空调机组的总送风量为 4 500 m^3/h,其中新风量为 1 350 m^3/h,每辆车可送入新风 2 700 m^3/h,如果按照定员 118 人计算,人均新风量为 22.9 m^3/h。如果出现 10%的超员,达到 130 人,人均新风量为 20.8 m^3/h,仍满足 GB 37488—2019、GB/T 12817—2021 和 GB/T 33193.1—2016 标准的要求。

二、地铁车站和车辆空调新风量分析

(一)地铁车辆空调新风量

随着地铁运输在我国大城市普及,地铁出行已经成为城市公共交通的主要方式之一,一般城市建设地铁都有几条线路,有的大型城市建设了 20 多条线路,通过换乘可以到达城市的不同区域。地铁线路多、线路长给交通出行带来了方便,同时也增加了旅客乘车时间,原来认为地铁交通是短途旅行,一般不超过 1 h,现在很多旅客在地铁乘车时要换乘 2 次或以上,旅行时间超过 1 h,甚至达到 2 h 以上,这就给定位地铁运输是短途还是长途带来新的问题。

地铁车辆大多数时间运行在地下隧道中,地铁车站和隧道的空气环境对于车辆而言就是外界空气,地铁车辆通风引入的新风就是隧道内的空气,因此,隧道内的空气质量直接影响到地铁车辆内部的空气质量。如果隧道内的空气质量接近大气的空气质量,以往相关地铁标准规定的车辆新风量也只能满足短途旅客的需求。如果隧道内的空气质量比大气的空气质量差,以往相关地铁标准规定的车辆新风量就不能满足短途旅行的要求,更无法满足长途旅行的要求。

这里面临 2 个问题:一是隧道内的空气质量问题;二是地铁车辆空调新风量需要多少的问题。如果隧道内的空气质量要达到接近大气,可能需要大量通风换气,如果地铁车辆新风量增加,这不仅仅是增加新风量的问题,空调机组的制冷(热)量也要相应增加,同时地铁线路的供电量也要增加,会给电力配置带来新的问题。因此,研究分析地铁车站通风和车辆空调新风量指标,具有现实意义。

(二)国内外有关标准对地铁隧道和地铁车辆空调新风量的规定

1. 我国的地铁设计规范 GB 50157—2003 的规定

GB 50157—2013 地铁设计规范中对隧道通风有明确的规定,其中第 13. 2. 17 条规定:当通风系统采用开式运行时,每个乘客每小时需供应的新鲜空气量不应小于 30 m^3;当采用闭式运行时,其新鲜空气量不应少于 12. 6 m^3,且系统的新风量不应少于总送风量的 10%;第 13. 2. 8 条规定:当采用空调系统时,每个乘客每小时需供应的新鲜空气量不应少于 12. 6 m^3,且系统的新风量不应少于总送风量的 10%。第 13. 2. 19 条规定:地下车站内空气的二氧化碳浓度应小于 1. 5‰。

2. 对地铁设计规范有关条文的分析

在 GB 50157—2013 标准的有关条文说明中描述如下。

(1)第 13. 2. 17 条,根据对我国现有的及正在设计的地铁车站统计,每位乘客所占有容积都在 10 m^3左右,恰与我国《工业企业设计卫生标准》的规定一致,因此本条款采用了每人需供给的新鲜空气量不少于 30 m^3/h。采用闭式运行时,应尽量减少室外空气对地铁的影响,故采用最少新风量,考虑到设计的方便,取其值与空调系统推荐的新风量一致。

(2)第 13. 2. 18 条“地铁车站的空调系统属舒适性空调,新风量的确定基于稀释人体所散发的二氧化碳浓度,并在满足卫生要求的前提下尽量节能的原则。”因此地铁空调新风量的下限可定为 8 m^3/h,但考虑到地铁车站受活塞风影响等不利因素,部分新鲜空气有时得不到充分利用,此值应比最少新风量稍放大些,故采用每人的新风量为 12. 6 m^3/h 是适宜的。

从 GB 50157—2013 标准的规定以及条文说明中可以看到，这些规定都是针对地铁车站设计的，并没有考虑地铁列车的车内环境是否存在二氧化碳浓度超标的问题。

3. 国内外有关标准对城轨地铁车辆新风量的规定

(1)适用于城轨地铁和市郊轨道交通车辆的标准

国内外适用于地铁车站、城轨地铁和市郊轨道交通车辆的 3 个标准和对新风量的要求见表 2-10。

表 2-10　适用于地铁车站、城轨地铁和市郊轨道交通车辆的 3 个标准和对新风量的要求

序号	标准号	标准条款	新风量规定	备　注
1	GB 50157—2013	13.2.18	当采用空调系统时，每个乘客每小时需供应的新鲜空气量不应少于 12.6 m^3，且系统的新风量不应少于总送风量的 10%	地铁车站
2	GB/T 7928—2003	12.5	空调车人均新风量不应少于 10 m^3/h； 仅通风车人均新风量不应少于 20 m^3/h；	地铁车辆
3	EN 14750-1:2006	附录 G	A 类车：正常人均新风量≥15 m^3/h； 最低人均新风量=10 m^3/h； B 类车：正常人均新风量≥12 m^3/h； 最低人均新风量=8 m^3/h	城轨地铁车辆

(2)美国采暖通风工程师协会标准

参考 ASHRAE 62.1:2016 标准《通风应达到的室内空气质量》。该标准的目的是规定最小通风率及其他为给人类居民提供合格的室内空气质量的措施，并将不利于健康的因素最小化。该标准列出了各种居住类型呼吸区最小通风率的要求，没有针对运输工具的具体要求和运输工具可借鉴。

4. 国内外有关标准对职业安全与卫生的规定

我国标准 GBZ 2.1—2019《工作场所有害因素职业接触限值　第一部分：化学有害因素》规定二氧化碳的时间加权平均容许浓度 *PC-TWA* 为 9 000 mg/m^3，和美国职业安全和卫生管理局 OSHA(Ref. B-5)、美国职业安全与卫生研究所 NIOSH(Ref. B-13)、美国政府及工业卫生协会 ACGIH(Ref. B-1)有关标准和文件的规定相当，换算成百万分之一计量方式为 $5\,000\times10^{-6}$。

从职业安全与卫生方面制定的二氧化碳限值标准是 $5\,000\times10^{-6}$，也就是说地铁车站和地铁车辆内空气中的二氧化碳限值应不超过 $5\,000\times10^{-6}$。由于地铁车站和地铁车辆都在地下隧道内，实际设计时应远低于该标准限值，以防运营过程中出现通风机、空调机组故障、停电等突发情况，引起隧道通风不畅，地铁车站和地铁车辆内二氧化碳浓度突然升高，造成对人员的伤害。

(三)从卫生角度对地铁空调新风量的分析

1. 地铁车站和车厢内二氧化碳浓度允许值

向车站和车厢内送入新风，排出废气，目的是使车站和车厢内的空气清新，衡量车站和车厢内空气清新程度的主要指标是二氧化碳的浓度。

关于新风量的大小，主要与两个因数有关：车站和车厢内二氧化碳的允许浓度；人体的二氧化碳排出量。

新风量的大小主要取决于车站和车厢内二氧化碳的允许浓度(体积比)，现有国内标准GB 37488—2019《公共场所卫生指标及限值要求》和 GB/T 12817—2021《铁路客车通用技术条件》对交通工具内二氧化碳允许浓度的规定见前述表 2-7。

旅客乘车一般处于“轻度活动”状态，人均二氧化碳排出量可取 0.022 m^3/h，如果不考虑车站和车厢容积的影响，仅考虑车站和车厢内二氧化碳浓度小于等于 0.15%，计算每人需要的新风量 V_H：

采用式(2-22)计算可知，满足车站和车辆内二氧化碳浓度≤0.15%的人均新风量是 18.33 m^3/h，GB 50157—2013 第 13.2.17 条规定：当通风系统采用开式运行时，每个乘客每小时需供应的新鲜空气量不应小于 30 m^3，按照人均新风量 30 m^3/h 计算，车站内的二氧化碳浓度为0.103%，能满足≤0.15%的标准要求；而按照采用空调系统时，每个乘客每小时需供应的新鲜空气量不应少于 12.6 m^3计算，车站内的二氧化碳浓度为 0.205%，不能满足≤0.15%的标准要求。

2. 满足地铁车站和车辆内二氧化碳浓度的新风量

由于地铁列车空调的新风就是地铁车站和隧道内的空气，而不是地面上的空气，因此，计算地铁车辆内二氧化碳浓度应以车站内空气中二氧化碳浓度为依据。依据 GB 37488—2019 和 GB 50157—2013 有关条文规定，按照供给不同新风量计算的地铁车站和车辆内二氧化碳浓度见表 2-11。

表 2-11　地铁车站和车辆不同空调新风量对应车辆内二氧化碳浓度的计算

序号	车站人均新风量(m^3/h)	车站内二氧化碳浓度	车内人均新风量(m^3/h)	车内二氧化碳浓度
1	12.6	0.205%	8	0.48%
			10	0.425%
			12.6	0.38%
			15	0.352%
			20	0.315%
2	18.33	0.15%	8	0.425%
			10	0.37%
			12.6	0.325%
			15	0.30%
			20	0.26%
3	30	0.103%	8	0.378%
			10	0.323%
			12.6	0.278%
			15	0.25%
			20	0.213%
			46.8	0.15%

由表 2-10 可见，当车站人均新风量按照 12.6 m^3/h，车辆人均新风量按照 10 m^3/h 计算时，车内二氧化碳浓度为 0.425%，超过了 0.15%的要求。

当车站人均新风量按照 18.33 m^3/h，车辆人均新风量按照 10 m^3/h 计算时，车内二氧化碳浓度为 0.37%，也超过了 0.15%的要求。

当车站人均新风量按照 30 m^3/h，车辆人均新风量按照 10 m^3/h 计算时，车内二氧化碳浓度为 0.323%，也超过了 0.15%的要求。

如果要使车内二氧化碳浓度满足≤0.15%，需要的人均新风量为 46.8 m^3/h。

比如某城市地铁车辆的内长 18.8 m，内宽 2.46 m，其中座席数 44 个，站立面积 35.7 m^2，如果按照每平方米站立 2 人计算，站立人数为 71 人，加上座席人数共 115 人；如果该车站立人数按照每平方米站立 4 人计算，站立人数为 143 人，加上座席人数共 187 人；如果该车站立人数按照每平方米站立 6 人计算，站立人数为 214 人，加上座席人数共 258 人。该车空调新风量按照 258 人，根据 GB/T 7928—2003 规定的每人每小时新风量不少于 10 m^3/h 计算，新风量不少于 2 580 m^3/h，空调机组按照新风量 2 600 m^3/h 设计。如果按照满足车内二氧化碳浓度≤0.15%，人均新风量需 46.8 m^3/h，计算 258 人时需要的新风量为 12 074 m^3/h。

现有地铁车辆一般采用 2 台空调机组，1 台空调机组的送风量在 5 000～6 000 m^3/h，其中每台空调机组的新风量在 1 300 m^3/h 左右。如果按照前面计算的最大要求新风量 12 074 m^3/h 供风，需要空调机组全新风供风才能满足要求。

3. 地铁车站和车辆新风量供给存在的问题

从以上讨论可以看到，现有地铁线路车站人均新风量为 30 m^3/h 时，车站内二氧化碳浓度为 0.103%，要保证地铁车辆内二氧化碳浓度为 0.15%，需要向车辆送入的人均新风量为 46.8 m^3/h。也就是说只有线路和车辆满足以上条件时，才能保证车站和车辆内的二氧化碳浓度符合国家标准 GB 37488—2019 的要求。

我国已经建成或在建的地铁线路大多数是考虑按照有空调进行设计的，车站人均新风量按照 12.6 m^3/h 计算，从表 2-10 可见，车站内的二氧化碳浓度将会达到 0.205%，已经超出二氧化碳浓度 0.15%的要求，在这种情况下，即使车辆空调机组采用全部新风，车内的二氧化碳浓度也不可能低于车站的二氧化碳浓度 0.205%，因此，需要考虑以下问题：

(1)在现有国标规定的情况下，如何对现有地铁车站和车辆空调系统进行改造，使地铁车站和车辆内的二氧化碳浓度降低。

(2)加大地铁车站新风量对地铁供电网的影响。

如果地铁车站新风负荷按照地铁车辆的新风负荷占总负荷的 33%计算，地铁车站人均新风量从 12.6 m^3/h 加大到 30 m^3/h，新风量增加 1.38 倍，热负荷将增加 45.5%，地铁车站的空调机组制冷能力要增加 45.5%以上才能满足要求，相应地供电网的能力也要增加才能保证供电。

(3)加大地铁车辆新风量对列车供电网的影响。

据有关运用部门统计，地铁列车辅助用电约占列车全部用电的 30%，而空调系统用电占辅助用电的 80%以上，即空调能耗占列车总能耗的 24%以上。

在空调机组热负荷计算中，如设计工况外温 35 ℃，相对湿度 60%时，按照人均新风量 15 m^3/h 计算，新风热负荷占全车热负荷的 33%，如果提高新风量到 20 $m^3/(h·人)$，新风热负荷将增加 33%，空调机组用电量增加 11%左右，列车总耗电将增加 2.6%。

对于地铁列车而言，如果一条线路长 30 km，设列车全程运行时间 30 min，早晚高峰发车间隔时间 2 min，线路上将同时有 15 列车运行，如果每列车总耗电增加 2.6%，线路负荷将增加 39%，对电网供电的稳定性会产生较大影响。因此，增加新风量不单纯是空调系统的问题，对列车和线路电网供电都会产生影响，在地铁线路设计时就应留有充分的供电余量，否则，在既有线上很难实现。

(四)降低地铁车站和车辆内二氧化碳浓度的应对措施

由以上分析知，现有地铁车站和地铁车辆的设计，基本上不能满足 GB 37488 和 GB 50157 对车站内二氧化碳浓度≤0.15%的要求，但是并没有超过 GBZ 2.1—2019 规定的最大允许值 0.5%，因此，对地铁车站和地铁车辆内二氧化碳的允许浓度，要经过研究给出一个合适的指标。

1. 地铁车站内二氧化碳浓度指标和控制

对现有地铁车站内二氧化碳浓度给出一个内控指标，比如地铁车站内二氧化碳浓度如控制在≤0.15%，由式(2-22)计算的人均新风量是 18.33 m^3/h，比 GB 50157 规定的 12.6 m^3/h 增加 5.73 m^3/h，新风量增加 45.5%，如果按新风负荷占总热负荷的 33%计算，总热负荷将增加 15%，空调设备的供电和制冷能力相应地要增加 15%以上才能满足要求。

对于设计供电能力有富余的一些地铁线路，可增加地铁车站的新风量和空调设备的制冷能力，而大多数地铁车站，可能没有很大的供电富余量，无法增加空调设备的制冷能力，此时应采用蓄冷技术，在夜间用电低峰期，利用低峰期的低电费开动空调机组对地铁隧道降温，同时将制冷量蓄在蓄冷设备中，在早高峰时将所蓄的冷量释放出来，从而保证地铁车站新风量。

过了早高峰后，旅客流量可能下降 50%，向地铁车站送入的总新风量可以下调 50%，由新风带给空调设备的热负荷下降 16.5%，原设计配备的空调机组可满足使用要求，此时空调机组的工作又可以向蓄冷设备充冷，以备下班晚高峰时使用。

这样，在保证人均新风量 18.33 m^3/h 时，就可保证地铁车站内的二氧化碳浓度≤0.15%的要求。

2. 地铁车辆内二氧化碳浓度指标和控制

对现有地铁车辆内二氧化碳浓度给出一个内控指标，比如地铁车辆内二氧化碳浓度如控制在≤0.30%，由式(2-22)计算得人均新风量为 15 m^3/h，比 GB/T 7928—2003 规定的 10 m^3/h 增加 5 m^3/h，新风量增加 50%，如果按新风负荷占总热负荷的 33%计算，总热负荷将增加 16.5%，空调设备的供电和制冷能力相应地要增加 16.5%才能满足要求。

对于设计供电能力有富余的一些地铁线路和车辆，增加地铁车辆的空调新风量和空调设备的制冷能力即可，而大多数地铁车辆，可能没有很大的供电富余量，无法增加车辆空调设备的制冷能力，此时应采用蓄冷技术，在早晨列车开始供电时即开动空调机组对地铁车辆降温，同时将制冷量蓄在蓄冷设备中，在早高峰时将所蓄的冷量释放出来，从而保证地铁车辆的空调新风量。

过了早高峰后，旅客流量可能下降 50%，向地铁车辆送入的总新风量可以下调 50%，由新风带给空调设备的热负荷下降 16.5%，原设计配备的空调机组可满足使用要求，此时空调机组又可以向蓄冷设备充冷，以备下班晚高峰时使用。

这样，在保证车辆人均新风量 15 m^3/h 时，就可保证地铁车辆内的二氧化碳浓度≤0.30%的要求。

第八节　铁路车辆高原运行的空调和供氧

一、概　况

我国修建的第 1 条高原铁路是青藏铁路，青藏铁路于 2002 年开始修建，2006 年 7 月 1 日正式开通运行，至今已经运行 15 年。在修建青藏铁路初期，考虑到沿线最高点唐古拉山垭口的海拔高度为 5 072 m，当地大气压力为 54.4 kPa，空气中的氧气质量仅为 0 海拔地区的 54%，旅客列车通过如此高海拔时，列车乘务人员和旅客会出现缺氧现象，会导致高原反应，给旅行安全带来问题，为此，要考虑给旅客列车供氧，提高车内氧气含量。

我国修建的第 2 条高原铁路是川藏铁路，2020 年 11 月 8 日已经正式开工建设，川藏铁路最高海拔高度接近 5 000 m，也需要考虑给旅客列车供氧。

二、青藏铁路车辆空调

(一)青藏铁路的基本情况

青藏铁路格尔木至拉萨段全长 1 118 km，海拔高度 4 000 m 以上线路长约 960 km，占总长度的 86%，最高的唐古拉山垭口海拔高度为 5 072 m，沿线平均海拔高度为 4 500 m。由于大气压力随海拔高度增加而减少，青藏铁路格拉段的大气压力远低于平原地区，海拔最高的唐古拉山垭口的大气压力仅为 54.4 kPa。低气压对人体的主要影响是缺氧，要保证旅客的旅行安全，首先要解决供氧问题。由于车辆内旅客较多，旅客呼吸排出的二氧化碳要排到车外，以保证旅客居留区内的二氧化碳不超标准，需向车内送入新风，排出废气。青藏铁路的车辆大都连接北京、上海、西宁、成都等城市，所以应该使用空调车辆，但由于青藏铁路格拉段的年平均气温较低，需制冷的时间不多，需加热的时间较多，因此，在考虑空调新风量参数时应重点考虑加热问题。

由于青藏铁路车辆既要有空调、通风设备，又要有制氧设备，设备的配置和耗功率需要全面考虑，要尽量使列车用电负荷均衡，与列车的供电能力相匹配，所配的空调机组新风量参数应该适应机车车辆的运用条件。

(二)青藏铁路车辆空调新风量

关于新风量的大小，有人提出青藏铁路处于高海拔地区，空气稀薄，应加大新风量，达到 30 $m^3/(h\cdot 人)$以上，才能保证车内旅客的旅行需要；也有人提出，新风量的大小应该仍按照 GB/T 12817—2004 的规定选取；还有人提出，由于青藏高原常年气温偏低，新风量过大时，需要较大的新风预热功率，给车辆配电带来了新的问题。另外，当需要供氧时，新风量过大，需要的供氧量也变大，要求制氧能力加大。

这些问题都要求确定一个合理的新风量参数，现对此参数讨论如下。

1. 新风量的确定

向车内送入新风，排出废气，目的是使车厢内的空气清新，衡量车厢内空气清新程度的主要指标是二氧化碳浓度，二氧化碳是人们吸入空气中的氧气，经过肺部的转化作用，呼出的一种气体，二氧化碳无毒，对人体无害，但是空气中二氧化碳的浓度太高时，人易发困、打瞌睡、疲劳、提不起精神。

在一个满员、密封的车厢内，如果不送入新风，旅客不断地吸入空气中的氧气，吐出二氧化碳，车厢内氧的浓度就会越来越低，二氧化碳的浓度会越来越高，二氧化碳的浓度升高后，不会造成旅客中毒，也不会危及旅客的生命。但是，为了使旅客旅途愉快，应该向车厢内送入一定量的新风，使车厢内的空气清新，旅客旅行舒适。

关于青藏铁路车辆新风量的大小，要考虑以下几个因素：车内二氧化碳含量的允许浓度；人体的二氧化碳排出量；高原低气压对人体二氧化碳排出量的影响；向车内供氧时应保证车内氧浓度；新风对预热功率的需求。以保证车辆采暖时供热设备正常工作，车辆供电满足使用要求。

2. 二氧化碳的允许浓度

新风量的大小主要取决于车内二氧化碳含量的允许浓度（体积比），现有国内外的一些标准规定见表 2-12。

表 2-12　二氧化碳允许浓度的有关标准

标　　准	GB/T 12817—2021	GB 37488—2019	GBZ 2.1—2019	ASHARE 62.1—2016
二氧化碳允许浓度	不大于 0.15%	不应大于 0.15%	<0.5%	<0.5%
应用场所	铁道车辆	交通工具	工作场所	室内
标准制定单位	国家铁路局	国家卫生健康委员会	国家卫生健康委员会	（美国）ASHARE

一些资料介绍，车外新鲜空气中二氧化碳的浓度为 0.03%，其浓度基本上不随海拔高度变化而变化。空气中二氧化碳浓度和含量的计算见式(2-23)。

$$q=\rho_a \cdot \frac{Yf_i}{f} \tag{2-23}$$

式中　q——二氧化碳含量，g/m³；

ρ_a——空气密度（海平面处且温度为 20 ℃时为 1 205 g/m³）；

Y——二氧化碳容积成分或浓度；

f_i——二氧化碳分子量，$f_i=44$；

f——空气的分子量，$f=28.97$。

由式(2-23)可以计算出在海平面处，温度为 20 ℃时大气中的二氧化碳含量 $q=0.549$ g/m³。

3. 人体的二氧化碳排出量

人体的二氧化碳排出量与人的活动状态有关，人睡眠时的排出量最少，而从事体力劳动时排出量最大，人体在不同状态下二氧化碳的排出量可参见表 2-8。

4. 高原低气压对人体二氧化碳排出量的影响

低气压对人体二氧化碳排出量的影响非常复杂，气压低了，为了保证向体内供氧，人的呼吸通气量会增加。有研究指出，在海拔高度为 3 000 m 时，肺的换气量约增加 5%～10%；海拔为 5 000 m 时，肺的换气量约增加 20%～25%；人的呼吸频率也会变化，参见表 2-13。

表 2-13 安静时人的呼吸与海拔高度的关系

指 标	平原	海拔 3 658 m	海拔 5 486 m	海拔 6 706 m
通气量(L/min)	8.85	9.71	11.06	15.31
呼吸频率(次/min)	12	13	14	15

但是，气压降低时，人体排出二氧化碳的分压力也会降低(可由肺泡二氧化碳分压得知)，这意味着人呼出的气体中二氧化碳含量降低了。表 2-14 为肺泡二氧化碳分压与海拔高度的关系。

表 2-14 肺泡二氧化碳分压与海拔高度的关系

海拔高度(m)	0	1 000	2 000	3 000	4 000	5 000
肺泡二氧化碳分压(mmHg)	39～41	39～40	37	36	35	32

当海拔高度增加时，人体在单位时间内排出的二氧化碳质量是变化的，由于可吸入的氧气含量下降，所以，人体在单位时间内排出的二氧化碳质量是在减少的。但是，这个量值很难计算出来，据了解目前国内还没有相关资料。因此，在研究青藏铁路车辆内旅客二氧化碳排除量时，应考虑旅客的活动量降低，排出的二氧化碳量减少。

青藏铁路车辆在高海拔地区(格拉段)运行时，旅客应该是坐着或躺着，以减少耗氧量，同时呼出的二氧化碳量也是较少的，在此以 18 L/(h·人)作为计算值，比平原计算采用 22 L/(h·人)时少 4 L/(h·人)。

5. 青藏铁路车辆空调新风量的计算

新风量的计算见式(2-24)，式(2-24)与式(2-22)的不同之处，是式(2-22)按照二氧化碳的体积比来计算人均所需的新风量，式(2-24)是按照二氧化碳的质量来计算人均所需的新风量，因为随着海拔升高，大气中二氧化碳的体积比并没有大的变化，但是质量却在变化，因此在高海拔地区使用二氧化碳的质量来计算人均所需新风量。式(2-25)是人体的二氧化碳排出量。

$$V=\frac{k}{q_1-q_0} \tag{2-24}$$

$$k=\rho_c . R_c \tag{2-25}$$

式中 V——人均新风量，$m^3/(h·人)$；

k——人体的二氧化碳排出量，g/h；

q_1——车厢内允许的二氧化碳含量，g/m^3；

q_0——新风的二氧化碳含量，g/m^3；

ρ_c——二氧化碳密度，g/m^3，海拔高度为 0 m 且温度为 20 ℃时，$\rho_c=1\ 781\ g/m^3$；相当于 37 ℃的人体温度时，人呼吸吐出的二氧化碳密度为 $\rho_c=1\ 684\ g/m^3$；

R_c——人体每小时排出二氧化碳容积，$m^3/(h·人)$，按 0.018 $m^3/(h·人)$计算，在海平面处人均排出二氧化碳为 30.31 g/(h·人)。

车内外温度均为 20 ℃时，人均所需新风量的计算结果见表 2-15。

表 2-15　车内外温度均为 20 ℃时人均所需新风量

	站点	海平面	格尔木	拉萨	沱沱河	安多	唐古拉山
车外	海拔高度(m)	0	2 808	3 647	4 533	4 800	5 072
	平均气压(kPa)	101.3	72.5	65.2	58.5	57.4	54.4
	二氧化碳分压(kP_a)	0.030 39	0.021 75	0.019 56	0.017 55	0,017 22	0.016 32
	$q(g/m^3)$	0.549 0	0.392 9	0.353 4	0.317 0	0.311 1	0.294 8
车内	空气密度(g/m^3)	1 205	862.4	775.6	695.9	682.8	647.1
	$q_{115}(g/m^3)$	2.745	1.065	1.767	1.585	1.556	1.474
	$q_{120}(g/m^3)$	3.660	2.620	2.356	2.114	2.074	1.966
	$q_{125}(g/m^3)$	4.575	3.275	2.945	2.642	2.593	2.457
	$V_{15}[m^3/(h\cdot 人)]$	13.8	19.3	21.4	23.9	24.6	25.7
	$V_{20}[m^3/(h\cdot 人)]$	9.8	13.6	15.2	16.9	17.4	18.2
	$V_{25}[m^3/(h\cdot 人)]$	7.5	9.0	11.7	13.0	13.4	14.0

注：表中 q_1 和 V 的下标 15 表示按国家标准 GB/T 12817—2021，二氧化碳浓度上限为 0.15%；下标 20 表示二氧化碳浓度上限为 0.20%；下标 25 表示二氧化碳浓度上限为 0.25%。

由表 2-14 可见，当执行 GB/T 12817 时，二氧化碳浓度上限为 0.15%时，在海平面处新风量为 13.8 $m^3/(h\cdot 人)$，唐古拉山口处新风量为 25.7 $m^3/(h\cdot 人)$；当按照二氧化碳浓度为 0.25%时，海平面处新风量为 7.5 $m^3/(h\cdot 人)$，在唐古拉山口处新风量为 14 $m^3/(h\cdot 人)$。而且从表 2-14 也可以看出，新风量是随着海拔高度升高而增加的，以 V_{25} 为例，在海平面处新风量为 7.5 $m^3/(h\cdot 人)$，到拉萨时新风量为 11.7 $m^3/(h\cdot 人)$，而在海拔最高的唐古拉山口，需新风量 14 $m^3/(h\cdot 人)$。因此设计的新风量应以唐古拉山口的需求量为最大值，而以海平面为最小值。

对同一气体，当压力不变时，其密度与温度的关系为

$$\rho_1 \cdot T_1 = \rho_2 \cdot T_2 \tag{2-26}$$

当压力不变时，气体的比容与密度的关系为 $\rho=\dfrac{1}{\upsilon}$，因此有

$$\upsilon_2 \cdot T_1 = \upsilon_1 \cdot T_2 \tag{2-27}$$

式中　ρ——气体密度，g/m^3；

T——气体温度，K；

υ——气体比容，m^3/g。

由于车外大气的比容随着气温的降低而减少，因此在外温较低时，保证车内二氧化碳浓度的新风量的容积可以变少，现将不同外温条件下唐古拉山口的新风量计算出来，见表 2-16。

表 2-16　在不同外温条件下于唐古拉山口处人均所需的新风量

温度(℃)	20	0	−10	−20	−30	−40	−45
换算系数	1.0	0.93	0.90	0.86	0.83	0.80	0.78
$V_{15}[m^3/(h\cdot 人)]$	25.7	23.9	23.1	22.1	21.3	20.6	20.0
$V_{20}[m^3/(h\cdot 人)]$	18.2	16.9	16.4	15.7	15.1	14.6	14.2
$V_{25}[m^3/(h\cdot 人)]$	14.0	13.0	12.6	12.0	11.6	11.2	10.9

由表 2-16 可见，车外气温越低，保证车内二氧化碳含量在允许范围所需的新风量越少，这也说明为什么冬季新风量可以比夏季少。

唐古拉山垭口是青藏铁路海拔最高处，在车内外温度 20 ℃、车内二氧化碳含量为 0.15% 时，最大需求新风量为 25.7 $m^3/(h \cdot 人)$，在车外温度最低、车内二氧化碳含量为 0.25%时，最少需求新风量为 10.9 $m^3/(h \cdot 人)$。

（三）新风量与车内制氧供氧的关系

青藏铁路格拉段海拔高、线路长，采用制氧机供氧已形成共识。关于供氧量的大小，要考虑人体的耗氧量、车外大气的含氧量、车内空气的含氧量、车内温度以及新风量的大小等因素。

人体的耗氧量为 18.31 L/h（休息状态时），车外大气的含氧量为 20.95%（体积比），车内空气允许的含氧量≤23%[按 GB/T 3863—2008《工业氧》的安全警示：富氧环境（氧含量大于等于 23%）使用明火有引发火灾危险]，车内温度的高低影响到空气的密度，温度高时空气密度低，温度低则空气密度高。

已知大气中含氧量的比例为 20.95%（体积比），这一比例不随海拔高度的变化而变化。但是，空气的密度随着海拔高度的增加、大气压力的下降而变小，空气密度变小后，单位体积空气中的质量下降，含氧的质量也下降，呼吸所吸入肺部的空气含氧量也下降。因此，为了保证人体呼吸的需要，需制氧供氧，增加车内空气的含氧质量。

当向车内供氧，而不向车内供新风、排废气时，车内的氧浓度会越来越高，逐步达到 23% 的上限值。由于新风的含氧浓度为 20.95%，低于车内空气的氧浓度 23%，所以，向车内供给新风、排出废气后，车内空气的氧浓度下降，逐步趋向新风的氧浓度 20.95%，向车内供给新风，起到了稀释氧浓度的作用。

新风量越大，车内空气的氧浓度就越快地趋向新风的氧浓度。因此，新风量的大小是影响车内氧浓度的重要因素。新风量的大小应以保证车内空气含氧量在 21.5%～23%为宜。这样，要求新风量根据车内空气氧浓度自动调节，在供氧期间，保证车内氧浓度比保证二氧化碳浓度更重要。

（四）新风预热问题

由表 2-15 可以看到，夏季外温较高时，要求新风量较多，冬季温度较低时，要求新风量较少，唐古拉山垭口是青藏线海拔最高的站点，气压最低，空气中二氧化碳和氧的含量最低，因此，可以认为空调通风系统的新风量满足唐古拉山垭口的要求，也就满足了格拉段的全部要求。

当车外空气温度低于 10 ℃时，需对新风预热后送到车内，使送风的温度略高于车内空气温度，对新风预热的电加热功率与新风的温度和新风量有关，车外温度越低，新风量越大，需要的预热功率越大。

电加热功率为

$$P = V \cdot \rho_a \cdot C_p (t_B - t_A) \tag{2-28}$$

式中 P——电加热功率，W/(h · 人)；

C_p——空气的定压比热容，kJ/(kg · ℃)；

t_B——车内空气平均温度,℃;

t_A——车外空气平均温度,℃。

现将在唐古拉山垭口处于较低温度−45 ℃、−35 ℃,供给每位旅客3种不同新风量时,所需的电加热功率计算出来,列在表2-17中。

表2-17　外温较低时供给每位旅客3种不同新风量所需的电加热功率

海拔高度(m)	气压(kPa)	车外		车内		不同新风量所需加热功率		
		计算温度(℃)	空气密度(g/m³)	计算温度(℃)	空气密度(g/m³)	10 m³/(h·人)电加热功率(W)	15 m³/(h·人)电加热功率(W)	20 m³/(h·人)电加热功率(W)
5 072	54.4	−45	831	20	647	150.7	226.1	301.5
		−35	796			121.6	182.4	243.2

不同车型、不同定员对一辆车的新风预热功率要求是不一样的,现将软卧车(定员36人)、硬卧车(定员60人)、软座车(定员72人)、硬座车(定员118人)在唐古拉山垭口处于最低温度−45 ℃和−35 ℃时,采用3种不同新风量情况下的整车预热功率计算出来,列在表2-18、表2-19中。

表2-18　在外温−45 ℃条件下新风需要的预热功率

新风量[m³/(h·人)]	软卧车定员36人预热功率(W)	硬卧车定员60人预热功率(W)	软座车定员72人预热功率(W)	硬座车定员118人预热功率(W)
10	5 425	9 042	10 850	17 783
15	8 140	13 566	16 279	26 680
20	10 854	18 090	21 708	35 577

表2-19　在外温−35 ℃条件下新风需要的预热功率

新风量[m³/(h·人)]	软卧车定员36人预热功率(W)	硬卧车定员60人预热功率(W)	软座车定员72人预热功率(W)	硬座车定员118人预热功率(W)
10	4 278	7 296	8 755	14 349
15	6 566	10 944	13 133	21 523
20	8 755	14 592	17 510	28 698

现有制冷量29 kW的空调机组,配备新风预热功率为6 kW、制冷量40 kW的空调机组,新风预热功率为9 kW。由表2-17和表2-18可见,当新风量为15 m³/(h·人)以上时,所需的电加热功率都超过现有空调机组配备的新风预热功率,而增加空调机组的预热功率给空调机组的制造和发电车上的柴油机组提出了增容问题。因此,在最寒冷的天气条件下,新风量取10 m³/(h·人)左右是比较可取的。当外温升高时,新风量可相应增大。

冬季最小新风量取10 m³/(h·人)左右,能满足GB/T 33193.1—2016标准和国外有关标准,却不能满足我国原卫生部和原铁道部制定的标准。对于这一问题,空调机组的新风量供给能力应在0～25 m³/(h·人)之间可调,当始发站无乘客时,应能关闭新风口,对车内进行预热。

当在青藏高原格拉段需供氧且外温最低时,新风量为10 m³/(h·人)左右,当外温高于

0 ℃时，新风量可调大到 15 m^3/(h·人)左右，如果各方面条件允许，新风量还可以调大到 25 m^3/(h·人)。

在平原地区，夏季的供给新风量可以在 20～25 m^3/(h·人)，冬季的供给新风量可以在 15～20 m^3/(h·人)。由于在平原地区和在高原地区对新风量的要求不一样，因此，新风量应可根据要求进行自动调节。

(五)对青藏铁路车辆空调的小结

1. 车内二氧化碳的允许浓度，考虑到高原环境和铁路客车的特殊情况，设计允许车内二氧化碳含量≤0.25%。

2. 为了保证车内空气的清新，使车内二氧化碳含量不超过 0.25%，运行在青藏线的车辆，在外温较高的夏季，新风量应在 15 m^3/(h·人)左右。在外温较低的冬季，新风量应在 10 m^3/(h·人)左右。新风量应可根据要求进行自动调节。

3. 在平原地区，夏季供给新风量可在 20～25 m^3/(h·人)，冬季可在 15～20 m^3/(h·人)。

4. 当列车运行在青藏高原，制氧机供氧时，新风量的供给应考虑保证车内氧浓度，在保证车内氧浓度的基础上，进行新风量的调节，即要求新风量可根据车内氧浓度进行自动调节。

5. 车上设备耗功率最大的工况是冬季采暖，此时，新风预热、采暖、制氧、通风换气等设备同时工作。因此，冬季供给车内的新风量应控制在 10～15 m^3/(h·人)左右，以减少车辆消耗功率。

三、青藏铁路车辆供氧

(一)概　　况

青藏铁路机车车辆运行在高海拔地区，与其他机车车辆有很大的不同，其他机车车辆参数是根据平原地区、大气压力为 101 325 Pa 来确定的。青藏铁路沿线的大气压力约为 60 000 Pa，相当于平原地区的 60%，含氧量也相当于 60%；高原地区阳光辐射强，日温差大，大风大雪日多，这些特点都与平原地区参数有很大不同。需根据青藏线的运用条件，制定青藏铁路机车车辆的供氧方案和主要技术参数。

青藏铁路机车车辆的运用，首先要解决的是高原缺氧问题，由于沿线海拔高度很高，大气压力大大低于一般的平原地区，大气中的含氧量也随着海拔的升高而降低，在青藏铁路海拔 4 000 m 的沿线中，大气中的含氧量只相当于平原地区的约 60%，海拔 5 000 m 的区段，大气中的含氧量约相当于平原地区的 53%。在青藏铁路上运行的旅客列车必须具备供氧功能。平原地区使用的机车、空调车辆不具备这种功能，若要具备这种功能，必须配备供氧设备，且必须适应机车车辆的运用条件，需专门设计。

(二)高原缺氧对人体的影响

1. 海拔高度变化引起的气管气体和肺泡气体氧分压变化

随着海拔的增加，大气的密度降低，大气中各种气体的分压按照原来的比例相应降低，但是，气管气体和肺泡气体里面的水蒸气分压是恒定的，不管在什么高度总是保持在 47 mmHg。这样，在大气总密度降低的情况下，气管气体和肺泡气体里面的氧气分压降低的比例超过大气密度降低的比例，见表 2-20。

表 2-20 海拔高度变化引起的气管气体和肺泡气体氧分压变化

高度(m)	海平面	海拔 1 500	海拔 3 000	海拔 4 000
大气中的氧分压(mmHg)	160	132	110	98
气管气体氧分压(mmHg)	149	122	100	84
肺泡气体氧分压(mmHg)	105	82	62	50

一般来说，习惯生活在低海拔地区的人，进入海拔 1 500 m 左右的地带时，能够感觉到缺氧，在光线较弱时视力降低。在海拔 2 000 m 左右的地带，红血球运载氧气的能力下降。经过数日至两周的适应之后，一些轻微缺氧症状可以逐渐消失。在海拔 3 000 m 的地带，缺氧症状明显，包括耳鸣、感觉迟钝、视力下降和夜盲症，可能出现思维紊乱和判断能力减弱。如果肺泡空气的氧分压降到 30 mmHg，人体组织特别是脑组织所获得的氧供应不足以保持知觉。

2. 高山反应

海拔 3 000 m 以上的地区称为高原地区，这些地区空气稀薄，气压低，氧分压也低，容易引起人体缺氧。然而，登山运动员、游客、高原建设者、边防战士等又经常要到高原区。这些人员如果没有经过适应性训练，容易引起身体不适，会有各种不同的生理反应。在平原地区生活习惯的人初入高原地区时，对高度差会有不同的反应，如头痛、头昏、失眠、乏力、四肢麻木、眼花、耳鸣等，重一些的可能发生食欲不振、恶心、呕吐、胸闷、心慌、呼吸困难等症状。在医学上，这些统称为高山反应。如果出现了以上症状，又未能采取吸氧措施，这些症状进一步加剧，引起一系列高原缺氧疾病，医学上统称为高山病。

人在攀登高山或进入高海拔地区时，会产生不同程度的高原反应，这是因为气压低，空气相对稀薄，氧含量减少，人体内的氧分压相应降低，人体缺氧的症状也愈明显，而人们对高海拔地区的适应要有一个过程。最初几天，通过呼吸加深加快，增加肺的通气量，吸入更多的氧气，提高肺泡的弥散功能，使进入肺泡壁毛细血管的氧气增加。我国健康成人静息时氧的弥散量为 33 mL/(mmHg/min)，每分钟约有 250 mL 的氧弥散到血液中，供组织新陈代谢的需要。缺氧时呼吸加强，参与气体交换的肺泡数增多，肺泡容量增加，同时开放的肺毛细管数也增多，加之毛细管呈扩张状态，就使毛细血管膜弥散增加，血液能从肺泡中摄取较多的氧气，这时，会出现心率加快，心脏血液输出量增多，以增加对组织的氧供应，使人体逐渐适应高原环境。有些人由于自身的原因，这种代偿能力较弱，海拔较高时，会一时难以适应，就出现各种高山反应。

对于初从内地进入高原地区工作的人，应当实行“阶梯上升”的锻炼，使机体逐渐适应高原环境。由于高原地区就医条件、急救条件受到自然条件限制，所以不论是初次进入高原地区还是长期在高原地区工作，都应配备简易制氧设备，以备随时急救。对于初次进入高原地区的内地人，在刚刚入高原时应先补充氧气，每天吸 1～2 h 氧气。在逐渐适应后，可改为每 2 天吸氧一次或每 3 天吸氧一次，直至完全适应。

一些有高山反应的病人没有及时补充氧气，头痛、心慌、乏力、心悸等症状也没及时得到治疗，则会出现手足麻木、口唇轻度发紫等症状，如果继续缺氧，可能导致肺小血管收缩，从而增加肺动脉压力，增加毛细管渗透，脑部小血管也会痉挛，在高山反应的基础上发生急性高山病。

3. 急性高山病

急性高山病主要有高原性肺水肿和高原昏迷两种类型。

(1)高原肺水肿。当初入高原的内地人进入海拔 3 000 m 以上的高原区，除了会产生各种高原反应以外，还有人会口唇发紫，面部浮肿，有人会兴奋异常，语言增多，步态不稳，咽喉干燥，手足寒冷，称为高原生理反应。在高原生理反应的基础上，如果再进入到海拔 4 000 m 的高原地区时，则会有胸闷、胸痛、咳嗽、呼吸困难、不能平卧等症状加剧的反应，严重者可有少尿，咯血性泡沫痰，甚至神志不清。因为进一步缺氧，可使肺毛细血管壁的通透性增加，血管内液体从血管溢出，注入肺细胞间形成肺水肿。

在治疗方面，氧疗是第一需要。氧疗的时间和流量要大于常规病人。要让病人绝对卧床休息，以减少消耗，同时服用镇静、利尿等药，如安莱碱、呋塞米等。如出现呼吸、循环衰竭时，可以给以呼吸兴奋剂(如钢洛酮)、强心剂(如西地兰)。如果病情得到控制，尽量将病人转移到海拔较低的地区，再以适当氧疗辅助治疗。

(2)高山昏迷。此类昏迷多为脑水肿引起，医生多以利尿药物来减轻脑水肿，常用的药物如甘露醇、山梨醇等。病人应吸入较大流量的新鲜氧气。待病情稳定以后，尽可能将病人转入海拔较低的地区进一步治疗。

4. 慢性高山病

此外，还有一类高山病是由于一些原本生活在平原地区的人长期在高原地区工作，逐渐造成心、脑血管系统慢性病态，统称为慢性高山病，主要有以下几种：

(1)高原心脏病人由平原到高原地区居住 3～6 个月以后，少数人(特别是儿童)可有紫绀、气急、咳嗽、浮肿、精神萎靡等症状，少数患者可有心律失常、肝大、腹水和颈静脉怒张，同时心脏会出现各种类型的病变，不少患者可出现心脏结构改变，如心肌肥厚，心脏体积增大。

(2)高原高血压症病人进入高原后容易有各种不同的高原反应，当度过适应期后仍有头昏、恶心、心悸等症状，血压在 140/90 mmHg 以上，但返回平原地区又恢复正常，称为高原高血压。发病是因为高原缺氧，使小血管收缩、痉挛，血管变细，心率加速，因而血压升高。此外，由于缺氧，引起细胞增多，血液变得黏稠，对高血压的形成有一定影响。

(3)高原低血压症病人血压在 90/50 mmHg 以下，伴有头痛、眩晕、疲倦、失眠等症状。发病是由于长期缺氧，人体内一些使血管收缩的物质减少导致血压下降。此症在我国发病率不高。

(4)高原红细胞增多症病人久居高原，红细胞与血红蛋白增多是一种代偿机能。在正常情况下，海拔越高，居留时间越久，红细胞也越多。当红细胞超过 700 万个/μL、血红蛋白超过 17 g/dL 时，就会出现紫绀、头痛、头晕、呼吸困难、周身乏力等症状，少数患者出现视力模糊、出血倾向等。

高山病发生的主要原因是缺氧，由于高原空气稀薄，气压降低，氧分压下降，因此人体处于缺氧状态，致使体内新陈代谢发生障碍，产生的能量不足以维持人体的需要，使脏器的功能发生紊乱，从而引起一系列的症状。

对于各类慢性高山病均以防治为主。对在高原生活了一段时间的人员进行体检，并定期观察，普及制氧设备，使在高原地区工作特别是从事体力劳动的工人每天能吸一定流量的纯氧，这对于提高血氧浓度，保持心、肺等脏器的正常代偿是很有必要的。对于各种高山病原则上是采用对症疗法，如果效果不明显，应考虑离开高原地区。

对于初次进入高原地区的旅行者，车内应配置制氧设备，在进入高原后，由制氧设备向车内供氧，使旅行者逐步适应高原的缺氧条件，由于在青藏线旅行的最终目的地是拉萨，所以车内以拉萨地区含氧量为设计标准，以安多地区海拔高度的车内含氧量达到拉萨地区为宜。并配备一定量的氧气袋，在经过海拔 5 072 m 的唐古拉山垭口时，如果有不适者，可通过氧气袋吸氧补氧，配备的氧气袋还可以随时对突发病人急救。

（三）高原供氧的浓度限值

关于高原供氧的浓度限值，2006 年 7 月 1 日青藏铁路开通之前并没有国家标准，可依据的标准都是从平原用氧安全考虑的，比如 GB/T 3863《工业氧》、GB 8982《医用及航空呼吸用氧》和 YY/T 0187《医用中心供氧系统通用技术条件》等，这些标准都规定用氧环境的室内氧气浓度应小于 23%，当氧气浓度大于 23%时，会有火灾的危险。

所以，在青藏铁路车辆供氧系统设计时，考虑平原试验时车内的氧浓度不大于 23%，在高原运行时车内的氧浓度控制在 23.5%左右。

2017 年国家颁布了标准 GB/T 35414—2017《高原地区室内空间弥散供氧（氧调）要求》，该标准适用于高原地区室（舱）内空间弥散供氧系统设计与效果评价，主要是针对地面建筑制定的。该标准将高原地区弥散供氧空间氧气调节分为 A 级、B 级和 C 级，不同级别高原弥散供氧空间的氧浓度（体积分数）见表 2-21。

表 2-21　不同级别高原弥散供氧空间的氧浓度要求

海拔（m）	大气压力		A 级		B 级		C 级	
	（mmHg）	（kPa）	氧气浓度	生理等效高度（m）	氧气浓度	生理等效高度（m）	氧气浓度	生理等效高度（m）
3 000	525.8	70.1	>24.3%	<1 800	23.2%～24.3%	1 800～2 200	22.3%～23.2%	2 200～2 500
3 500	493.2	65.8	>24.7%	<2 200	23.4%～24.7%	2 200～2 600	22.3%～23.4%	2 600～3 000
4 000	462.2	61.6	>25.0%	<2 600	23.6%～25.0%	2 600～3 100	22.3%～23.6%	3 100～3 500
4 500	432.9	57.7	>25.3%	<3 000	23.8%～25.3%	3 000～3 500	22.4%～23.8%	3 500～4 000
5 000	405.2	54.0	>25.5%	<3 500	23.9%～25.5%	3 500～4 000	22.4%～23.9%	4 000～4 500
5 500	378.7	50.5	>27.3%	<3 500	25.5%～27.3%	3 500～4 000	23.9%～25.5%	4 000～4 500

对于高原氧调供氧等级的选择（A、B、C 级别的选用），GB/T 35414—2017 标准规定如下。

（1）对于急进高原的人员，高原弥散供氧空间氧调宜采用 A 级。

（2）对于短居高原的人员，高原弥散供氧空间氧调宜采用 A 级，或者 B 级。

（3）对于久居高原的人员，高原弥散供氧空间氧调的级别可按下列要求确定。

①宿舍等休息及恢复环境，宜采用 B 级。

②办公室等工作环境，宜采用 B 级；难以实现时，可采用 C 级。

③进行体育活动等较大劳动强度的环境（短时间），宜采用 A 级，难以实现时，可采用 B 级。

对于表 2-20 中 GB/T 35414—2017 标准的规定，用在地面建筑是可行的，一方面地面有充足的电力供制氧设备使用，也有足够的空间来安放制氧机；另一方面，万一制氧设备出现高浓度氧气泄漏，地面人员也可以及时撤离出来，不会造成大的安全隐患。

对于高原铁路车辆而言可能存在以下问题。

(1)供电能力问题，青藏铁路旅客列车的发电车是全国铁路发电车中发电量最大的，轴重也是最大的，已经不可能增加发电量。

(2)高原旅客列车是人员密集场所，一旦制氧设备出现高浓度氧的泄漏，车内氧浓度严重超标会带来安全隐患，在高原运行时也没法将旅客撤出车外，因为车外严重缺氧，并且可能会给旅客带来伤害。

(3)高原铁路车辆是移动设备，空间有限，要安装更大的制氧机，也是困难的。

高原铁路车辆不可能像地面设备那样可以不受空间、动力的限制，从青藏铁路正式开通至今 15 年的运行情况看，没有出现严重的缺氧问题，也没有因为车内氧浓度过高带来的安全隐患。所以，高原铁路车辆车内供氧浓度指标维持在 23.5%是适宜的，如果有新型的制氧设备，可以增加供氧能力，而制氧设备的用电量、体积、质量都不增加，也可以将列车在高原运行时的车内氧浓度提高到不大于 25%。因此，需要开发制氧能力更大，用电效率更高，自重和体积不增加的新型高原铁路车辆用制氧机组。

(四)青藏铁路机车车辆供氧方式的比选

在参考文献[12]中，提出青藏铁路车辆上采用膜制氧，但是也有人提出采用分子筛制氧方法。下面分别叙述这两种制氧方法的优缺点，并进行比较。

1. 膜制氧方法

(1)膜制氧方法原理

膜制氧方法以中空纤维膜的方式分离空气中的氮气和氧气，每个分离器由成千上万根中空纤维组成，使膜组件在一个紧凑的空间里提供最大的分离面积，且易于搬运和安装。丝的两端由管板黏结，类似于套管式换热器。中空纤维膜分离器具有较高的分离系数和渗透速度，空气经中空纤维膜分离器，能经济性地得到富氧浓度为 30%～50%，气量为 0.5～1 200 Nm^3/hr 的富氧空气。

①原理

两种或两种以上的气体混合物通过高分子膜材料时，由于不同的气体在膜中的溶解度和扩散系数的差异，导致不同的气体在膜中的相对渗透速度不同。根据这一特性，将空气中的各种气体分为快气和慢气。快气如水蒸气、氧气，慢气如氩气、氮气。

当混合气体在膜两侧压力差的作用下，渗透速度相对快的气体如水蒸气和氧气等，快速地透过纤维膜壁，在膜的渗透侧被富集，而渗透速度相对慢的气体如氮气和氩气，则在膜的滞留侧被富集，从而得到富氧空气。

②工艺过程

压缩空气进入串联的两个联合过滤器中，脱除空气中夹带的液体和可能存在的微粒物质，净化后的空气在一定的操作温度(20～50 ℃)下，在中空纤维膜分离器的纤维管程进料，其分离推动力就是气体各组分的分压在中空纤维内腔原料侧与外腔(渗透侧)所形成的分压差，当气流沿中空纤维内腔表面流动时，各组分在其分压差的推动下，渗透到丝外。快气(如氧气)迅速渗透，被收集，所以丝外(渗透)气流量为富集氧气，压力为 1 个大气压。而那氮气、氩气的溶解扩散速度较低，决定了它们通过膜的渗透速度较慢，因此管程(非渗透侧)气流为富集氮气。

上述工艺过程如图 2-1 所示。

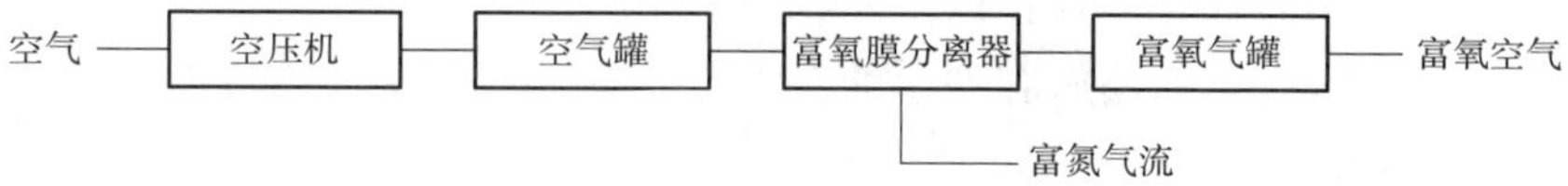

图 2-1　膜制氧工艺过程方框图

(2)膜制氧方法的优缺点

膜制氧方法的优点：

①增容方便，通过增加膜组件可以很容易地扩大系统的产氧量。

②无须操作人员特别照管。

③甚少保养，与变压吸附法不同，由于阀门少，所以不需定期更换移动组件。

④质量轻、结构紧凑、节省空间，适用于车载移动式。

⑤易于安装和启动，启动时间不超过 10 min。

⑥富氧膜分离器具有较高的分离系数和渗透速度，氧气/氮气分离系数为 5～7。

⑦无负压和变压过程。

⑧要求产氧量降低时，由于具有全调节功能，具有节能优势。

⑨中空纤维膜的使用寿命通常超过 10 年。

⑩开车、停车方便迅速。

膜制氧方法的缺点：

①中空纤维膜需进口，目前国内还不能制造。

②制氧的浓度在 30%～50%，可直接供旅客使用，但是如果用来充灌氧气袋，氧气袋内的氧气质量比使用 90%浓度的氧气少。

2. PSA 分子筛制氧方法

(1)PSA 分子筛制氧方法是一种变压吸附制氧设备，主要是由空气净化系统，PSA 氧氮分离系统，氧气缓冲、检测系统等组成。

①空气净化系统

由空气压缩机、冷冻干燥机、过滤器、空气缓冲罐和阀门组成。从空气压缩机输出的压缩空气经冷冻干燥机强制冷却到 5 ℃左右，空气中的水气凝结成液态水，通过分水过滤器分离并过滤，由排污阀排出，使压缩空气露点达到－20 ℃后，经两级过滤器过滤、活性炭过滤器除油，得到干燥的压缩空气，通过空气缓冲罐提供给 PSA 氧氮分离系统使用。

②PSA 氧氮分离系统

由吸附塔(PSA 氧氮分离系统必须有 A 或 B 两个以上的吸附塔)、消声器、气动阀、压力表等组成。干燥的压缩空气经调压阀、球阀，通过气动阀的开启，以一定的压力和时间间隔，交替进入吸附塔 A(或 B)内，其中带极性的氮分子被沸石分子筛优先吸附，而氧分子则通过吸附塔流出，经过单向阀、节流阀输出。当一个吸附塔处于进气吸附产氧过程时，另一个吸附塔则处于排气解吸再生过程。所谓排气解吸再生过程就是通过气动阀的开启，将沸石分子筛所吸附的富氮气体通过消声器迅速排入大气中，使沸石分子筛获得再生。这样，两个吸附塔在不断交替吸附与解吸过程中输出氧气。为了提高氧气回收率，在吸附和再生之间，有一个短暂的均压过程，就是通过开启气动阀，使两个吸附塔压力均衡。

③氧气缓冲、检测系统

由缓冲罐、调压阀、节流阀、流量计、氧气分析仪和压力表等组成。缓冲罐有两个作用：一是使产品气中氧含量波动平滑；二是使产品气流量较为平稳。

吸附塔内产生的氧气首先储存在缓冲罐内，由调压阀按需要调节压力，由节流阀结合氧气纯度来调节流量。在制氧设备运行过程中，当氧气纯度低于设定值时，氧气分析仪发出灯光信号报警。缓冲罐设有安全阀，当系统超压时可向外排空。

(2)PSA 分子筛制氧设备的运转特性

①纯度与产量的关系

在原料空气(压缩空气)的温度和压力不变的情况下，产品气的纯度与产气量之间呈反比关系，产量增加，纯度降低，反之，产量降低，纯度增加。

②露点和有微量杂质

由于变压吸附制氧设备所用的分子筛为沸石分子筛，沸石分子筛是极性分子，而水也是极性分子，极易被吸附，产品气中的露点一般都可达到－60 ℃以上。

由于氩气和氧气一起作为非吸附气体被浓缩，即产品气中的剩余氩气最多能达到 4.8%以上，因此，变压吸附制氧设备产品气体的极限浓度为 95.2%。

(3)PSA 分子筛制氧的优缺点

PSA 分子筛制氧的优点：

①解决了以往制氧采用空气分离的深冷制氧方法所用的设备大、复杂且只能大量生产氧的问题。

②沸石分子筛容易制造，可以在市场上购到。

③氧气浓度可达 90%以上，输出压力在 0.2～0.6 MPa，可充到氧气袋中。

PSA 分子筛制氧的缺点：

①沸石分子筛经加压吸附，减压脱附，1 min/次，分子筛容易粉化，使用寿命较低，一般分子筛的使用寿命不超过 5 年。

②分子筛容易粉化形成尘埃，从 PSA 分子筛出来的氧气含尘量比空气中含尘量多，需进行过滤后才能使用。

③由于分子筛易吸附水，需将经过分子筛之前的空气降到露点温度－20 ℃以下脱水，制出的氧气特别干燥，需配增湿器增湿后才能使用。

④由于切换阀门多，动作频繁，设备的故障率高，运动噪音也大。

⑤由于氧纯度在 90%以上，不能直接供旅客使用，要将氧浓度降到 30%左右才能供旅客使用。旅客接触纯度在 90%以上的氧，存在安全隐患。

⑥氧的分离是动态的，PSA 分子筛制氧设备需要特别坚固的基础，且防振困难。

⑦质量大，如果用在机车车辆上，机车车辆自重增加较大。

3. 膜制氧方法与 PSA 分子筛制氧方法的比较

通过以上分析，已基本了解了膜制氧方法与 PSA 分子筛制氧方法的优缺点，将这两种方法的基本参数列于表 2-22 中以便于对比。

表 2-22　膜分离制氧方法与 PSA 分子筛制氧方法的基本参数比较

项目	参　数	膜分离法	PSA 分子筛制氧方法
原理	分离介质	中空纤维	分子筛
	原理	溶解-扩散	加压吸附，减压脱附
能耗	耗能部件	空压机	空压机，冷干机
	耗电(kW/Nm^3)	平原：0.22，高原 0.46	平原：0.32，高原：0.64
设备性能	氧浓度	30%～50%	90%～93%
	压力(MPa)	0.02～0.05	0.2～0.6
	露点(℃)	5～40，无须增湿器	－40，须配增湿器
	启动时间(min)	1	20(环境温度小于－20 ℃，分子筛活性低，性能下降很大)
	维修量	静态分离过程，无活动部件，甚少维修和保养	切换阀门多，动作频繁，有一定故障率和维修量
	分离介质寿命	10 年以上	分子筛压紧技术未解决，分子筛粉化现象较多，使用寿命不超过 5 年
	机械噪声	由于是静态分离，膜系统几乎无噪声	由于电磁阀门多且频繁切换，运动噪声较大
	工艺流程	简单，空气前处理十分简单，从膜组件出来氧气无尘，无须后处理	复杂，进入 PSA 的空气前处理要求严格；从 PSA 出来的氧气含尘量比空气中多，需再过滤
设备参数	设备状态	固定或移动式	只能固定
	占地面积	较小	中等
	厂房高度(m)	2	3～5
	外形尺寸	小	大
	增容	容易，通过现场增加膜组件即可增大产氧气量	困难，一旦确定下来，无法再增加产氧气量
	安全性	注意烟火	严禁烟火
	随机开/停车	容易	较容易
	质量	质量轻，静态分离过程，无须特别坚固的基础，易防振	动态分离过程，需要特别坚固的基础，防振困难

（五）高原铁路车辆供氧小结

经过对青藏铁路机车车辆供氧的必要性、制氧设备的特点比较可知，青藏铁路的机车车辆必须要供氧才能保证机车车辆乘务员和旅客的行车安全，且制氧设备以膜制氧方法为宜。

按国家标准对平原地区的规定，供氧室的空气含氧浓度必须＜23%，供给人员吸氧的氧浓度应在 30%～50%，浓度在 90%以上的氧不能直接供人呼吸使用，必须与空气混合，使其浓度降低以后才能供人呼吸使用，这种操作要由护士（在医院）或懂得使用氧气的人员进行，旅客须学会操作方法后才能使用，对旅客的要求很高。PSA 制氧方法可制得纯度 90%以上的氧，必须与空气混合后才能供旅客呼吸使用，由于 PSA 制出的氧浓度高，易燃易爆，直接与旅客接触，存在安全隐患，需要严格管理，旅客居留区要绝对禁火和禁止吸烟，这是很难做到的，因此安全性差。

膜制氧方法制出的氧气浓度为30%～50%，符合直接供给人们呼吸使用的要求，旅客不用学习如何调节氧的浓度，直接呼吸使用即可。将膜制出的氧气与空调送风混合后送到车厢内，车厢内的氧浓度不会超过23%，符合国家标准规定，使用安全可靠，旅客和工作人员可自由地呼吸到需要的氧气，不用为吸氧而戴上氧气面罩或吸氧管，不会影响乘务员工作和旅客活动。

与PSA制氧方法比较，膜制氧方法具有耗能少、供氧浓度和压力低、可直接供旅客使用、无安全隐患、无须增湿器增湿、启动时间短、静态分离氧气和氮气、噪音低、制出的氧气无须做后处理、设备外形尺寸小、增容方便、安全性高、质量轻等优点。

因此，在青藏铁路机车车辆上采用膜制氧方法来解决乘务员的工作和旅客的旅行吸氧需求。

对于高原铁路车辆供氧时的车内氧浓度，设计考虑车内最高氧浓度不大于25%，正常情况下维持在23.5%左右。

第三章　车辆结构的传热与热负荷

为了维持客车车内温度的稳定，除了安装制冷和加热设备外，还要求车体具有一定的隔热性能，即需要在车体隔热壁中加装一定厚度的隔热材料。显然，良好的车体隔热性能，不仅能减少客车制冷或加热设备的能耗，而且有利于保证车内外温差，提高旅客舒适性。

轨道交通车辆中具有一定隔热性能的结构称为隔热壁。隔热壁的设计计算中，有热稳定法和非热稳定法。其中，热稳定法假设隔热壁两侧所受到的热流大小为一个不随时间变化的常数，从而认为隔热壁中的温度分布和热流大小始终保持固定数值而不随时间变化，然后依据热稳定原理，对隔热壁的热工性能进行计算；非热稳定法考虑车辆运行时地理位置、季节、昼夜和车内情况（如人数等）的不同，依据不稳定传热原理，对隔热壁的热工性能进行计算。

工程应用中，如果将列车运行时某个周期内的平均外温作为固定的数值，同时认为车内制冷或加热设备可以将车内温度维持一定程度的稳定，那么使用热稳定法进行隔热壁的热工性能计算是基本符合实际的，而且可以大大简化计算工作。本章着重介绍依据热稳定原理计算隔热壁的热工性能，并对隔热壁不稳定传热的特点进行概略介绍，此外，对有关铁路标准中车辆空调热负荷的一般计算方法，也作简要介绍。

第一节　车体隔热壁传热系数的计算

一、车体隔热壁的传热过程

当车体隔热壁两侧空气存在温差时，热量会从高温一侧空气经隔热壁传至低温一侧空气中，传导热的大小由车体传热系数、车内外温差、车体几何面积及车速等因素决定。稳定条件下，平壁的传热公式为

$$Q=K(t_{\mathrm{H}}-t_{\mathrm{B}})F \text{ 或 } Q=\frac{1}{R}(t_{\mathrm{H}}-t_{\mathrm{B}})F \tag{3-1}$$

式中　Q——通过隔热壁的热量，W；

t_{H}——隔热壁一侧的空气温度，例如在夏季为车外空气的温度，℃；

t_{B}——隔热壁另一侧的空气温度，例如在夏季为车内空气的温度，℃；

F——隔热壁的传热面积，m^2；

K——隔热壁的传热系数，$W/(m^2\cdot K)$；

R——隔热壁的传热热阻，$(m^2\cdot K)/W$。

隔热壁的传热系数 K 是指车内外空气温度相差 1 ℃时，在 1 h 内通过 1 m^2 隔热壁表面积所传递的热量。它表示隔热壁允许热量通过的能力，车内外温差和车体隔热壁传热面积相同时，隔热壁的传热系数 K 越大，则通过车体隔热壁的热量就越多，车体的隔热性能就越差。

隔热壁的传热热阻 R 是指车内外空气温度相差 1 ℃时，使一定热量通过 1 m^2 隔热壁表面积所需要的时间。它表示热流穿过隔热壁时所受到的阻力，车内外温差和车体隔热壁传热面

积相同时，传热热阻 R 越大，则热流通过隔热壁所需要的时间就越长，车体的隔热性能就越好。

进一步分析，热量在隔热壁的传递过程可分为以下 3 个阶段：

(1)表面吸热。热量以对流或辐射的形式从高温侧环境传至隔热壁一侧表面。

(2)结构透热。热量以热传导的形式从隔热壁一侧表面传至另一侧表面。

(3)表面放热。热量以对流或辐射的形式从隔热壁另一侧表面传至低温侧环境。

因此，车辆热负荷计算中，首先需要分析车体隔热壁的内部和外部边界传热特点，计算得到车体隔热壁的传热系数 K，然后根据式(3-1)计算得到通过车体隔热壁的热量 Q。

二、隔热壁内部的传热

隔热壁内部的传热主要通过热传导方式进行，根据傅里叶传热定律，单位时间内通过单位面积的热流量为

$$q=-\lambda\frac{\partial t}{\partial n} \tag{3-2}$$

式中　q——热流量，表示单位时间内通过单位面积的热量，W/m^2；

λ——材料的导热系数，$W/(m \cdot K)$；

$\frac{\partial t}{\partial n}$——温度梯度，℃/m。

式(3-2)中负号表示热量传递的方向和温度梯度的方向相反。

以下分别以多层均匀平壁和多层不均匀平壁为例，利用式(3-2)分析车体隔热壁的内部传热过程。

(一)多层均匀平壁的导热

车体隔热壁结构中，除侧壁立柱、车顶弯梁以及地板小横梁等结构外，大部分都是由外包板、内包板以及中间隔热材料组成。其中，外包板一般是金属板，内包板一般为贴面塑料胶合板(如客车)或者金属板(如冷藏保温车)。中间隔热材料广泛采用碳纤维隔热材料[密度 $14\ kg/m^3$，导热系数 $0.041\ W/(m \cdot K)$]、聚苯乙烯泡沫塑料[密度 $25\sim30\ kg/m^3$，导热系数 $0.029\sim0.035\ W/(m \cdot K)$]及聚氨酯泡沫阻燃材料[密度 $45\sim65\ kg/m^3$，导热系数 $0.026\sim0.028\ W/(m \cdot K)$]等。

为了研究方便，可以将车体的这种典型组成结构简化为如图 3-1 所示的由 n 层均匀材料组成的平壁结构，假设壁面很大，温度只沿壁厚方向变化，并且各层材料间相互密接，不存在接触热阻。当平壁两侧存在温差时($t_1>t_{n+1}$)，在稳定条件下，通过多层均匀平壁的热流量为

$$q=\frac{t_1-t_{n+1}}{\sum\limits_{i=1}^{n}\frac{\delta_i}{\lambda_i}} \tag{3-3}$$

传递的热量为

$$Q=q\cdot F=\frac{t_1-t_{n+1}}{\sum\limits_{i=1}^{n}\frac{\delta_i}{\lambda_i}}\cdot F \tag{3-4}$$

其导热热阻R_D为

$$R_D=\sum_{i=1}^{n}\frac{\delta_i}{\lambda_i} \tag{3-5}$$

于是，式(3-4)可以写成

$$Q=\frac{1}{R_D}\cdot F(t_1-t_{n+1}) \tag{3-6}$$

式中　t_1,t_{n+1}——n 层平壁的两个侧面温度，℃；

δ_i——第 i 层材料的厚度，m；

λ_i——第 i 层材料的导热系数，W/(m・K)。

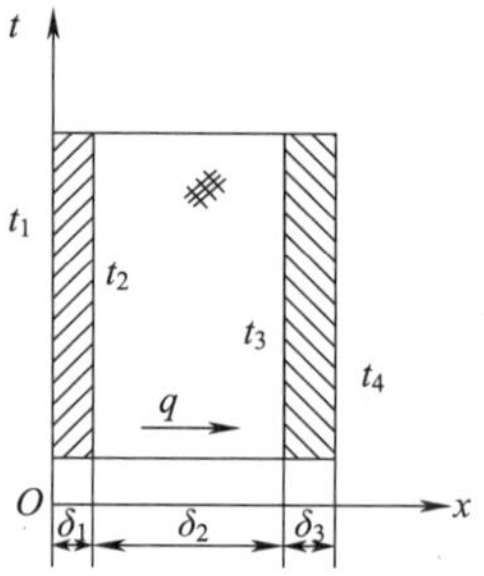

图 3-1　多层均匀平壁的导热

(二)多层不均匀平壁的导热

当车体隔热壁中存在侧壁立柱、车顶弯梁以及地板小横梁等金属或木梁结构时，由于该部分结构的传热系数较其他部分大得多，热量会集中地从这些结构快速传递，产生“热桥”现象。此时，隔热壁为多层不均匀结构，传热过程无法用多层均匀平壁中的一维导热方法进行研究。

存在热桥的隔热壁的传热过程，其温度分布为三维空间或二维平面问题，从数学的观点来看，其温度场和电场一样，可以使用拉普拉斯方程进行描述。多层不均匀平壁的二维平面流场中，热流和等温线构成垂直的网，拉普拉斯方程为

$$\frac{\partial^2 t}{\partial x^2}+\frac{\partial^2 t}{\partial y^2}=0 \tag{3-7}$$

式中　t——温度，℃；

x、y——垂直平面坐标。

以用试验方法为依据的圆热流法对多层不均匀平壁的导热问题进行计算，如图 3-2 所示，车体隔热壁中存在乙型钢和木梁，并对该多层不均匀平壁做以下假设。

1. 嵌在乙型钢内部的隔热材料的热阻忽略不计。

2. 与外层钢板连接的乙型钢，其温度与外层钢板的温度相同，并且忽略小金属零件的导热性。

3. 热流偏斜后所通过的路径是圆弧。

4. 各层材料间相互密接，忽略接触热阻。

需要指出的是，以上各假设造成的误差，有一些偏于增加热阻，另一些偏于减小热阻，所以综合计算结果与试验结果大致相符。

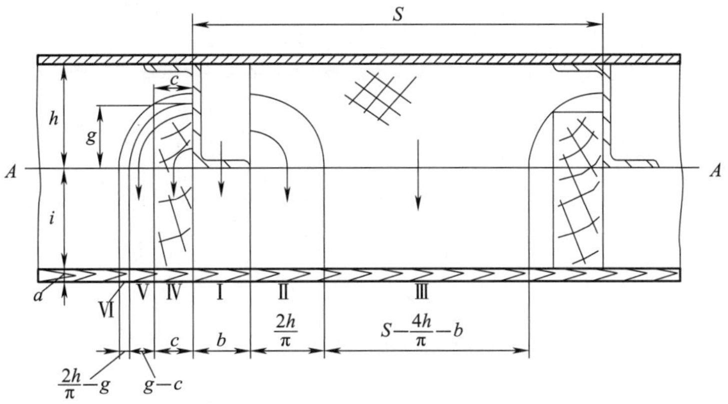

图 3-2 圆热流法计算简图

计算前,根据隔热壁结构特点,将隔热壁结构分成 6 个区域,单独研究各区域的传热情况。另外,引入 KF 值概念,即隔热壁两侧面的温差为 1 ℃时,通过 F 面积上的热量,用 $Q_{\Delta t=1}$ 表示,即 $KF=Q_{\Delta t=1}$。设隔热材料的导热系数为 λ_{gs},木材的导热系数为 λ_{m}。

第Ⅰ区:乙型钢的宽度为 b,根据假设 1,忽略乙型钢内部的隔热材料热阻,该区域的 KF 值 $Q^{\mathrm{I}}_{\Delta t=1}$ 为

$$Q^{\mathrm{I}}_{\Delta t=1}=\frac{F}{\sum\limits_{i=1}^{n}\frac{\delta_i}{\lambda_i}} \tag{3-8}$$

取隔热壁的长度(垂直于截面的长度)为 1 m,则第Ⅰ区的面积 $F=b\times 1\ \mathrm{m}^2$,因此,得

$$Q^{\mathrm{I}}_{\Delta t=1}=\frac{b}{\sum\limits_{i=1}^{n}\frac{\delta_i}{\lambda_i}}=\frac{b}{\frac{i}{\lambda_{gs}}+\frac{a}{\lambda_{m}}} \tag{3-9}$$

第Ⅱ区:按假设 1,忽略乙型钢内部的隔热材料热阻,热流从乙型钢的边缘向右沿圆弧方向通过隔热材料到达 A-A 线上,然后热流沿垂直于 A-A 线的方向直线流动。此时,区域内热流的大小从左到右是逐渐减小的。假定热流做圆弧流动时的半径为 r,并且该区域的热流限制在本区右边的终点以内,则:

(1)从隔热壁面传出的热流的热阻和从乙型钢边缘沿圆弧线传出的热流的热阻相等时,热流半径最大,即 $h=\frac{2\pi r}{4}$,故 $r=\frac{2h}{\pi}$,所以,第Ⅱ区内热流是在 $r=0$ 至 $r=\frac{2h}{\pi}$ 的范围内流动。

(2)热流在隔热材料中按圆弧流动时,其热阻随半径 r 的变化而变化,即

$$R_{\mathrm{D}}=\frac{1}{\lambda_{gs}}\cdot\frac{\pi}{2}r \tag{3-10}$$

(3)热流在 A-A 线以下流动时,其热阻为

$$R_{\mathrm{D}}=\frac{i}{\lambda_{gs}} \tag{3-11}$$

(4)热流通过内包板木材时,其热阻为

$$R_{\mathrm{D}}=\frac{a}{\lambda_{m}} \tag{3-12}$$

因此,第Ⅱ区的 KF 值 $Q_{\Delta t=1}^{\mathrm{II}}$ 为

$$Q_{\Delta t=1}^{\mathrm{II}}=\int_{0}^{\frac{2h}{\pi}}\frac{\mathrm{d}r}{\frac{a}{\lambda_{\mathrm{m}}}+\frac{i}{\lambda_{\mathrm{gs}}}+\frac{1}{\lambda_{\mathrm{gs}}}\cdot\frac{\pi}{2}r} \tag{3-13}$$

积分后得

$$Q_{\Delta t=1}^{\mathrm{II}}=\frac{2}{\pi}\lambda_{\mathrm{gs}}\ln\frac{\frac{h+i}{\lambda_{\mathrm{gs}}}+\frac{a}{\lambda_{\mathrm{m}}}}{\frac{i}{\lambda_{\mathrm{gs}}}+\frac{a}{\lambda_{\mathrm{m}}}} \tag{3-14}$$

第Ⅲ区:热流平行向下流动,热流流过的宽度为

$$s-\left(b+\frac{2}{\pi}h+\frac{2}{\pi}h\right)=s-\left(b+\frac{4}{\pi}h\right) \tag{3-15}$$

其 KF 值 $Q_{\Delta t=1}^{\mathrm{III}}$ 为

$$Q_{\Delta t=1}^{\mathrm{III}}=\frac{s-\left(b+\frac{4}{\pi}h\right)}{\frac{h+i}{\lambda_{\mathrm{gs}}}+\frac{a}{\lambda_{\mathrm{m}}}} \tag{3-16}$$

第Ⅳ区:热流向左延木梁流动,与第Ⅱ区相似的分析,其 KF 值 $Q_{\Delta t=1}^{\mathrm{IV}}$ 为

$$Q_{\Delta t=1}^{\mathrm{IV}}=\int_{0}^{c}\frac{\lambda_{\mathrm{m}}}{a+i+\frac{\pi}{2}r}\mathrm{d}r=\frac{2}{\pi}\lambda_{\mathrm{m}}\ln\frac{a+i+\frac{\pi}{2}c}{a+i} \tag{3-17}$$

第Ⅴ区:热流从乙型钢向左沿圆弧方向经过木梁和隔热材料到达 A-A 线后,沿垂直于 A-A 线的方向在隔热材料中流动。

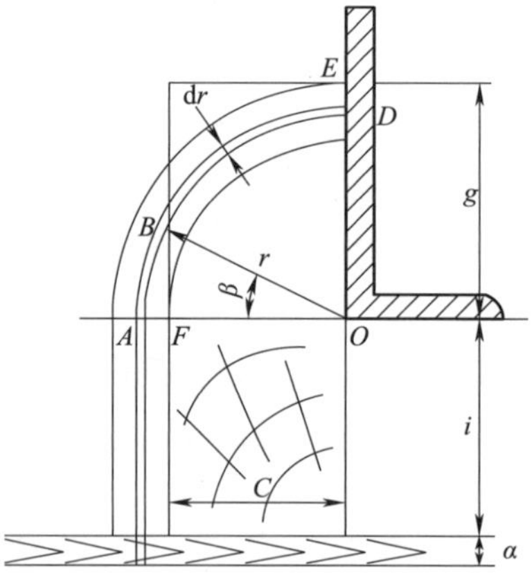

图 3-3 第Ⅴ区分析图

如图 3-3 所示,取一厚度为 $\mathrm{d}r$ 的微元热流,热流流过 BD 段圆弧与 AB 段圆弧后,沿垂直于 A-A 线方向直线流动。其 KF 值 $Q_{\Delta t=1}^{\mathrm{V}}$ 为

$$Q_{\Delta t=1}^{\mathrm{V}}=\int_{c}^{g}\frac{\mathrm{d}r}{\frac{\overset{\frown}{AB}}{\lambda_{\mathrm{gs}}}+\frac{\overset{\frown}{BD}}{\lambda_{\mathrm{m}}}+\frac{i}{\lambda_{\mathrm{gs}}}+\frac{a}{\lambda_{\mathrm{m}}}} \tag{3-18}$$

其中

$$\widehat{AB}=r\cdot\beta=r\cdot\arccos\frac{c}{r}\tag{3-19}$$

$$\widehat{BD}=r\cdot\left(\frac{\pi}{2}-\beta\right)=r\cdot\arcsin\frac{c}{r}\tag{3-20}$$

代入得

$$Q_{\Delta t=1}^{\mathrm{V}}=\int_c^g\frac{\mathrm{d}r}{\dfrac{r\cdot\arccos\dfrac{c}{r}}{\lambda_{gs}}+\dfrac{r\cdot\arcsin\dfrac{c}{r}}{\lambda_m}+\dfrac{i}{\lambda_{gs}}+\dfrac{a}{\lambda_m}}\tag{3-21}$$

将 $\arccos\frac{c}{r}$、$\arcsin\frac{c}{r}$ 展开为级数，得

$$\arccos\frac{c}{r}=\frac{\pi}{2}-\frac{c}{r}-\frac{1}{1\times2\times3}\left(\frac{c}{r}\right)^3-\cdots\tag{3-22}$$

$$\arcsin\frac{c}{r}=\frac{c}{r}+\frac{1}{1\times2\times3}\left(\frac{c}{r}\right)^3+\cdots\tag{3-23}$$

分别取前两项和前一项代入得

$$Q_{\Delta t=1}^{\mathrm{V}}=\frac{2}{\pi}\lambda_{gs}\ln\frac{\dfrac{\pi g}{2\lambda_{gs}}+\dfrac{i-c}{\lambda_{gs}}+\dfrac{a+c}{\lambda_m}}{\dfrac{\pi c}{2\lambda_{gs}}+\dfrac{i-c}{\lambda_{gs}}+\dfrac{a+c}{\lambda_m}}\tag{3-24}$$

第Ⅵ区：只有当 $g<\frac{2}{\pi}h$ 时才存在。此时，热流是从乙型钢而不是从外钢板传来的。由于 $\frac{2}{\pi}h-g$ 的值很小，故可用一平均的圆弧半径长度 $\frac{1}{2}(\frac{2}{\pi}h+g)=\frac{h}{\pi}+\frac{g}{2}$，并按式(3-24)求得 KF 值，其 KF 值 $Q_{\Delta t=1}^{\mathrm{VI}}$ 为

$$Q_{\Delta t=1}^{\mathrm{VI}}=\frac{\dfrac{2}{\pi}h-g}{\dfrac{a}{\lambda_m}+\dfrac{i}{\lambda_{gs}}+\dfrac{\pi\left(\dfrac{h}{\pi}+\dfrac{g}{2}\right)}{2\lambda_{gs}}}=\frac{\dfrac{2}{\pi}h-g}{\dfrac{a}{\lambda_m}+\dfrac{i}{\lambda_{gs}}+\dfrac{h+\dfrac{\pi}{2}g}{2\lambda_{gs}}}\tag{3-25}$$

综合热流在Ⅰ～Ⅵ区域内的流动，在面积 F 为 $S\times1$(单位m^2)的整个区间里，其 KF 值 $Q_{\Delta t=1}$ 为

$$Q_{\Delta t=1}=Q_{\Delta t=1}^{\mathrm{I}}+Q_{\Delta t=1}^{\mathrm{II}}+Q_{\Delta t=1}^{\mathrm{III}}+Q_{\Delta t=1}^{\mathrm{IV}}+Q_{\Delta t=1}^{\mathrm{V}}+Q_{\Delta t=1}^{\mathrm{VI}}\tag{3-26}$$

即，在这个区间里，导热系数K_D为

$$K_D=\frac{Q_{\Delta t=1}}{S}\tag{3-27}$$

导热热阻R_D为

$$R_D=\frac{S}{Q_{\Delta t=1}}\tag{3-28}$$

三、隔热壁边界的传热

隔热壁边界的传热包括空气与隔热壁表面的对流换热以及周围环境与隔热壁的辐射换热。

(一)空气与壁面间的对流换热

空气与壁面间的换热过程，本质上是通过流体质点的移动进行热量传递的，因此，换热强度与空气流动的速度、空气的物理性质、换热表面的几何尺寸、形状和位置等因素有关。空气与壁面间的对流换热，通常以牛顿对流换热公式为基础进行计算，即

$$q=\alpha_K \cdot (t-t_1) \tag{3-29}$$

$$Q=\alpha_K \cdot (t-t_1) \cdot F \tag{3-30}$$

式中 t——和隔热壁面接触的空气温度，℃；

t_1——隔热壁表面温度，℃；

F——隔热壁表面面积，m^2；

α_K——对流换热系数，$W/(m^2 \cdot K)$。

需要注意地是，式(3-30)并没有考虑影响对流换热强度的各种因素，而是将换热过程的复杂性和计算上的困难转移到了对流换热系数中。

工程应用中，主要关注车速不同时车体壁面与空气的对流换热强度，其中，车体外壁面与空气的对流换热系数常采用经验公式[式(3-31)]进行计算。

$$\alpha_H=7.34\,\omega^{0.656}+3.78\,e^{-1.91\omega} \tag{3-31}$$

式中 α_H——车体隔热壁外壁面与空气的对流换热系数，$W/(m^2 \cdot K)$；

ω——靠近外壁面处的空气流动速度，取决于列车运行速度和风速，m/s。

车体内壁面与空气的对流换热系数常采用经验公式[式(3-32)、式(3-33)]进行计算。

当隔热壁内表面温度与车内空气温度差 $\Delta t_B=|t_2-t_B|<5$ ℃时

$$\alpha_B=3.49+0.093\Delta t_B \tag{3-32}$$

当 $\Delta t_B>5$ ℃时

$$\alpha_B=b\Delta t_B^{0.25} \tag{3-33}$$

式中 α_B——车体隔热壁内壁面与空气的对流换热系数，$W/(m^2 \cdot K)$；

t_2——隔热壁内表面温度，℃；

t_B——车内空气温度，℃；

b——与车内空气流动和温差有关的系数，在自然循环时，$b=2.67\sim3.26$。

另外，当车内空气处于强制流动时，内壁面与空气的对流换热系数 α_B 急剧增加，此时可按式(3-31)进行计算。

需要说明的是，式(3-31)～式(3-33)只是片面地考虑了与对流换热系数有关的车体运行速度、车内温差，而忽略了其他因素，因此，应用上述经验公式时，需要特别注意应用范围和条件。

(二)周围环境与壁面间的辐射换热

物体通过电磁波来传递能量的方式被称为辐射，假设车壁表面温度为 T_1，单位时间内从单位面积上辐射的热能可用斯忒藩-玻尔兹曼定律得到

$$E_1=\varepsilon_1\sigma T_1^4 \tag{3-34}$$

式中 E_1——单位时间内从单位面积上辐射的热能，W/m^2；

ε_1——车壁表面的黑度(绝对光亮表面 $\varepsilon_1=0$，无光泽的黑色表面 $\varepsilon_1=1$)；

σ——斯忒藩-玻尔兹曼常数[等于 5.68×10^{-8} W(m² · K⁴)]；

T_1——车壁表面的绝对温度，K。

同时，车壁表面还从周围环境物体中接收一定的辐射热量。当周围环境物体的温度(近似为周围空气的温度)为T_2时、周围环境物体放出的辐射热量E_2为

$$E_2=\varepsilon_2\sigma T_2^4 \tag{3-35}$$

式中　ε_2——周围环境物体的表面黑度；

T_2——周围环境物体表面的绝对温度，K。

那么，车壁所得到的辐射热(或热损失)为

$$q_r=E_1A_2-E_2A_1=\varepsilon_1\varepsilon_2\sigma(T_1^4-T_2^4)=\varepsilon_n\sigma(T_1^4-T_2^4) \tag{3-36}$$

式中　q_r——车壁所得到的辐射热(或热损失)，W/m²；

A_1，A_2——分别为车壁表面和周围环境物体的吸收率，物体的吸收率等于其黑度，即$A_1=\varepsilon_1$，$A_2=\varepsilon_2$；

ε_n——当量黑度，$\varepsilon_n=\varepsilon_1\cdot\varepsilon_2$。

q_r也可表示为

$$q_r=\alpha_r\Delta t \tag{3-37}$$

式中　α_r——辐射换热系数，W/(m² · K)；

Δt——物体表面温度与周围空气温度之差，K。

其中，辐射换热系数 α_r常用以下简化公式进行计算

$$\alpha_r\approx0.233\varepsilon_n\left(\frac{T_m}{100}\right)^3 \tag{3-38}$$

式中　T_m——车壁表面的温度和周围环境物体的绝对温度的平均值，K。

结合式(3-29)、式(3-30)与式(3-37)，可以将隔热壁边界的对流换热和辐射换热合并考虑，即隔热壁边界的复合换热，其热流量为

$$q=(\alpha_K+\alpha_r)(t-t_1) \tag{3-39}$$

或

$$q=\alpha(t-t_1) \tag{3-40}$$

式中　t——和壁面接触的空气温度，℃；

t_1——壁表面温度，℃；

α——总换热系数，W/(m² · K)。

$$\alpha=\alpha_K+\alpha_r \tag{3-41}$$

使用总换热系数计算边界复合换热，可以大大简化计算过程，但需要注意的是，以上分析仅考虑了车体壁面与周围空气及环境物体的对流换热与辐射换热情况，暂没有考虑太阳辐射，太阳辐射热的计算，将在下一节中介绍。

四、车体隔热壁的传热系数

综合车体隔热壁内部传热和边界传热情况，可以进一步讨论稳定传热条件下的车体隔热壁传热系数。

如图 3-4 所示，设隔热壁两侧的空气温度分别为 t_H和 t_B，且 $t_H>t_B$，隔热壁两侧壁面的温度分别为 t_1和 t_2，稳定传热时，通过隔热壁各部分的传热量 Q 是相同的。

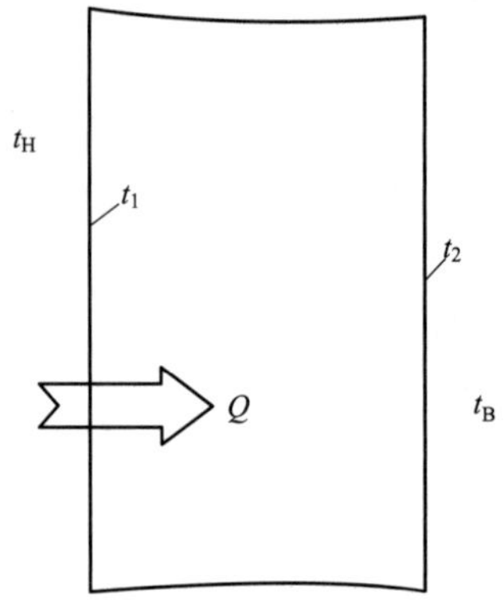

图 3-4　热量在隔热壁的传递

高温侧空气与隔热壁的传热量为

$$Q=\alpha_H \cdot F \cdot (t_H-t_1) \tag{3-42}$$

隔热壁的内部传热量为

$$Q=\frac{1}{R_D} \cdot F \cdot (t_1-t_2) \tag{3-43}$$

低温侧空气与隔热壁的传热量为

$$Q=\alpha_B \cdot F \cdot (t_2-t_B) \tag{3-44}$$

消去 t_1、t_2 得

$$Q=\frac{1}{\frac{1}{\alpha_H}+R_D+\frac{1}{\alpha_B}} \cdot F \cdot (t_H-t_B) \tag{3-45}$$

则

$$K=\frac{1}{\frac{1}{\alpha_H}+R_D+\frac{1}{\alpha_B}}=\frac{1}{R_H+R_D+R_B}=\frac{1}{R} \tag{3-46}$$

其中，$R_H=\frac{1}{\alpha_H}$，$R_B=\frac{1}{\alpha_B}$分别为外表面和内表面的换热热阻，K、R 即为所求隔热壁的传热系数和传热热阻。

对于多层隔热壁，也可以很方便地由车外向车内计算得到隔热壁内任意层的温度为

$$t_n = t_H - \frac{t_H - t_B}{R} \cdot (R_H + \sum_{i=1}^{n-1} R_{Di}) \tag{3-47}$$

式中　t_n——第 n 层外表面的温度，℃；

$\sum_{i=1}^{n-1} R_{Di}$——从外表面至 $n-1$ 层的导热热阻之和，$(m^2 \cdot K)/W$。

实际应用中，传热系数 K 值通常是先分别求出侧墙、车顶、端墙、地板等各部分的传热系数，然后根据各部分所占面积进行加权计算，得到整车的传热系数，即

$$K = \frac{\sum_{i=1}^{n} K_i F_i}{\sum_{i=1}^{n} F_i} \tag{3-48}$$

式中 K_i——侧壁、端壁、车顶、地板、门、窗等的传热系数，W/(m² · K)；

F_i——侧壁、端壁、车顶、地板、门、窗等的传热面积，m²。

需要注意的是，车体各部分的内外传热面积并不相同，计算传热面积建议采用各部分面积的几何平均值，即

$$F_i=\sqrt{F_{iH}\cdot F_{iB}} \tag{3-49}$$

式中 F_{iH}、F_{iB}——分别为车体外表面积和内表面积，m²。

第二节 太阳辐射热的计算

在有太阳辐射的环境中运行的轨道交通车辆会受到周期性变化的太阳辐射热的作用，夏季太阳辐射较强，是影响车辆热负荷的重要因素。据有关资料介绍，对于保温车而言，由于太阳辐射产生的热负荷而消耗的冷量占制冷装置制冷量的10%左右，而对于轨道客车，由于车窗玻璃面积较大，太阳辐射产生的热负荷更大，从而因太阳辐射消耗的冷量也就更大。因此，研究太阳辐射热对轨道车辆空调的热负荷研究有着重要的意义。

一、太阳辐射强度及其计算

太阳是一个表面温度约 5 500 ℃的巨大的热辐射体，它的内部不断地进行着核聚变反应，由此产生的巨大的能量以辐射方式向宇宙发射出去。通常所研究的太阳辐射能是指太阳以电磁波的形式投射到地球表面物体上的能量，它由太阳光直接投射的直接辐射和通过大气、尘埃与悬浮微粒等物质由不同方向散射而达到地面的散射辐射两部分组成。地球表面太阳辐射光的光谱主要是由波长为 0.4～0.8 μm 的可见光和波长为 0.8～3 μm 的红外线组成，但随太阳的高度角不同，其组成稍有不同，如图 3-5 所示。

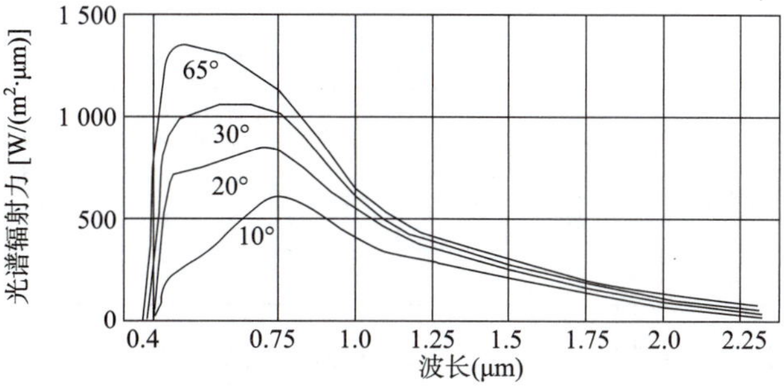

图 3-5 太阳辐射光谱与太阳高度角之间的光谱辐射力分布曲线

太阳辐射能量的大小通常用太阳辐射强度 J 来度量，它表示单位面积的黑体表面置于太阳光下每小时吸收的热量(W/m²)。太阳辐射强度主要取决于被照射地与太阳光线的夹角，称其为太阳高度角。如太阳高度角越小，太阳光照射到地面物体所经过的大气层越厚，因而大气层中的水汽、尘埃与悬浮微粒等物质的吸收和散射的影响越大，使太阳对地面的辐射热作用就越弱。因此，太阳高度角越小辐射强度越小。

显然，地理纬度不同时，太阳高度角不同，纬度越低(如赤道)，太阳高度角越大，太阳辐射

强度也越大；季节不同时，因地球公转引起太阳高度角也不同，夏季时，因太阳高度角大，所以太阳辐射强度大，冬季时，因太阳高度角小，所以太阳辐射强度小；具体到某一地点，只有白昼才有太阳光辐射，并且中午时太阳辐射强度最大，清晨和傍晚太阳辐射强度最弱。一般地，当太阳高度角 $h<5°$时，可以忽略太阳辐射的热作用。

各地的太阳辐射强度可通过查阅气象观测站的实测资料获得，也可通过理论计算求得。

晴朗无云的白天，某纬度处与太阳光线垂直的平面上的太阳直射辐射强度可按式(3-50)计算。

$$J_Z=1\,367\frac{\sin h}{\sin h+\frac{1-P}{P}} \tag{3-50}$$

式中 J_Z——太阳光线垂直平面上的太阳直射辐射强度，W/m^2；

1 367——太阳常数，W/m^2；

h——太阳高度角，°；

P——大气透明系数，在 0.7～0.8 范围内变化。

太阳高度角 h 为

$$\sin h=\sin\varphi\cdot\sin\delta+\cos\varphi\cdot\cos\delta\cdot\cos\gamma \tag{3-51}$$

式中 φ——当地纬度，°；

δ——太阳赤纬，°，不同日期的太阳赤纬见表 3-1；

γ——从正午算起的时角，°。由于地球绕地轴自转 15°相当于 1 h，故 $\gamma=15\tau$，其中 τ 是从正午算起的当地时间。

不同日期的太阳赤纬见表 3-1。

表 3-1 不同日期的太阳赤纬

日期	δ	日期	δ
1 月 21 日	−20.0°	7 月 22 日	+20.0°
2 月 20 日	−11.5°	8 月 22 日	+11.5°
3 月 22 日	0°	8 月 21 日	0°
4 月 22 日	+11.5°	10 月 22 日	−11.5°
5 月 22 日	+20.0°	11 月 22 日	−20.0°
6 月 22 日	+23.4°	12 月 22 日	−23.4°

车辆的车顶看作水平的太阳照射面，其表面太阳直射的辐射强度为

$$J_{ZS}=J_Z\cdot\sin h \tag{3-52}$$

式中 J_{ZS}——车辆车顶表面太阳直射的辐射强度，W/m^2。

车辆的侧墙看作垂直的太阳照射面，其太阳直射的辐射强度为

$$J_{ZC}=J_Z\cdot\cos h\cdot\cos|a-x| \tag{3-53}$$

式中 J_{ZC}——车辆侧墙表面的太阳直射的辐射强度，W/m^2；

x——墙面方位角，即墙面法线顺时针方向偏离南向的角度；

a——太阳方位角，可按式(3-54)来确定

$$\sin a=\frac{\cos\delta\cdot\sin\gamma}{\cos h} \tag{3-54}$$

被照射面的总太阳辐射强度由直射强度、散射强度和地面反射强度叠加组成，天空无云时，水平表面的太阳散射强度 J_{SS} 可按贝尔拉格公式计算。

$$J_{SS}=\frac{1\ 367}{2}\times\cdot\sin h\cdot\frac{1-P^{\csc h}}{1-1.4\ln P} \tag{3-55}$$

式中　J_{SS}——水平表面的太阳散射强度，W/m^2。

在轨道车辆热工计算中，垂直表面的太阳散射强度 J_{SC} 可近似取为

$$J_{SC}=\frac{1}{2}\cdot J_{SS} \tag{3-56}$$

式中　J_{SC}——垂直表面的太阳散射强度，W/m^2。

地面反射辐射强度为

$$J_R=\rho_G\cdot(J_{ZC}+J_{SS}) \tag{3-57}$$

式中　J_R——地面反射辐射强度，W/m^2；

ρ_G——地面对太阳辐射的反射比，可取 0.25。

与地面成 ψ 夹角的墙面所受到的地面反射强度为

$$J_{R\psi}=\left(1-\cos\frac{\psi}{2}\right)\cdot J_R \tag{3-58}$$

式中　$J_{R\psi}$——与地面成 ψ 夹角的墙面所受的地面反射辐射强度，W/m^2。

所以，车顶表面的太阳辐射强度为

$$J_{CD}=J_{ZS}+J_{SS} \tag{3-59}$$

式中　J_{CD}——车顶表面的总太阳辐射强度，W/m^2。

车辆侧墙的太阳辐射强度为

$$J_{CQ}=J_{ZC}+\frac{1}{2}J_{SS}+\frac{1}{2}J_R \tag{3-60}$$

式中　J_{CQ}——车辆侧墙的总太阳辐射强度，W/m^2。

车辆地板只有地面反射，太阳辐射强度为

$$J_{DB}=J_R \tag{3-61}$$

式中　J_{DB}——车辆地板的总太阳辐射强度，W/m^2。

研究太阳辐射热对车辆的热作用的重要目的之一，是为了确定某一制冷装置的必要制冷量，因此，最为关心的是车辆处于什么位置太阳辐射传入车内的热量最大。

对于车辆的车顶，它总是处于太阳光的直接照射之下，由式(3-52)、式(3-55)、式(3-59)可见，对于车顶的太阳辐射强度以及由此通过车顶传至车内的热量与车辆所处方位无关。

对于车辆的侧墙，由式(3-53)、式(3-55)、式(3-57)可见，当 $|a-x|=0°$ 时，由太阳辐射面传入车内的热量处于最大值。

对于车辆的端墙，由于其面积相对较小，且部分面积被遮盖，因此由太阳辐射面传入车内的热量较小，可以忽略。

二、车外空气的综合温度

当太阳辐射能传至车辆隔热壁外表面时，由于隔热结构不透明(车窗除外)，因此，太阳辐射能一部分被吸收，另一部分被反射。隔热壁表面材料粗糙度越大，颜色越深，吸收系数越大。表 3-2 列出了车辆隔热壁外表面常用材料的太阳辐射能吸收系数。

表 3-2　常用材料的太阳辐射能吸收系数

材料名称		吸收系数 ρ	
		运用前	长期运用后
银漆		0.42	0.90
抛光铝板		0.26	—
镀锌铁板		0.76	0.89
抛光铁板		0.45	0.74
磁漆和油漆	白色和淡黄色	0.26～0.45	0.90
	深绿和深红色	0.81～0.90	0.97
	黑色	0.98	0.98

在夏季时，当隔热壁外表面吸收了太阳辐射能后，自身的壁面温度会升高，从而引起车辆内外温差增大，使传入车内的热负荷增加。为了使研究夏季太阳辐射对车辆隔热壁的热作用更方便，可以把车辆外表面吸收的太阳辐射能用相当的温度形式来表示。

因此，由于太阳辐射对车辆的热作用，隔热壁外表面与外界的传热量可以分为以下两部分。

1. 隔热壁外表面以对流换热的形式从外界空气中所得到的热量为

$$Q_1=\alpha_H F(t_H-t_1) \tag{3-62}$$

式中　Q_1——隔热壁外表面以对流换热的形式从外界空气中所得到的热量，W；

t_1——隔热壁外表面温度，℃。

2. 隔热壁外表面从太阳辐射中所吸收的热量为

$$Q_2=\rho JF \tag{3-63}$$

式中　Q_2——隔热壁外表面从太阳辐射中吸收的热量，W；

J——外表面的总辐射强度，W/m^2；

ρ——外表面的吸收系数，见表 3-2。

因此，隔热壁外表面所得到的总热量为

$$Q=Q_1+Q_2=\alpha_H F(t_H-t_1)+\rho JF=\alpha_H F\left(t_H+\frac{\rho J}{\alpha_H}-t_1\right) \tag{3-64}$$

式中　Q——隔热壁外表面所得到的总热量，W；

$\frac{\rho J}{\alpha_H}$——可以将其看作与太阳辐射作用等效的温度数值，℃，称其为太阳辐射的当量温度，即

$$t_d=\frac{\rho J}{\alpha_H} \tag{3-65}$$

而 $t_H+\frac{\rho J}{\alpha_H}$ 值就综合反映了外气温度和太阳辐射对隔热壁外表面所起的双重热作用，它可以作为外气温度来研究，称为综合外气温度，或总外气温度，表示为

$$t_c=t_H+\frac{\rho J}{\alpha_H} \tag{3-66}$$

式中 t_c——综合外气温度,℃。

故式(3-64)可以改写成

$$Q=\alpha_H F(t_c-t_1) \tag{3-67}$$

需要注意地是,通常按某一特定朝向运行的车辆,在某个时间点,其隔热壁的6个面(包括车顶、车底、两个侧面和两个端面)中,只有车顶和一个侧壁承受太阳直射辐射,在隔热壁传热的热工计算中,阴面和阳面、水平面和垂直面,其所取的总外气温度是不同的。

三、通过车窗传入车内的热量

现代客车为了增大旅客的远眺视角,都有较大的车窗面积。从隔热的观点来看,仅有双层玻璃的大面积客车车窗是隔热的薄弱环节,因此,正确估计通过车窗的传热量是客车车体传热计算的一个重要部分。

夏季通过车窗传入车内的热量包括:由车内外温差引起的通过车窗的传热量和由太阳辐射通过玻璃传入的热量。

1. 车内外温差引起的通过车窗的传热量为

$$Q_1=KF_c(t_H-t_B) \tag{3-68}$$

式中 Q_1——车内外温差引起的通过车窗的传热量,W;

K——车窗的传热系数,W/(m²·K);

F_c——车窗的传热面积,m²。

2. 太阳辐射通过玻璃传入的热量为

$$Q_2=\left(q_r-\frac{\alpha_B}{\alpha_H+\alpha_B}\cdot q_\rho\right)\cdot F_c\cdot S \tag{3-69}$$

式中 S——遮阳系数;

Q_2——太阳辐射通过玻璃传入的热量,W;

q_r——通过车窗玻璃进入车内的热辐射,W/m²,为

$$q_r=J_{ZS}\cdot\tau_Z+J_{SS}\cdot\tau_S \tag{3-70}$$

式中 τ_Z、τ_S——分别为直射辐射透过率和散射辐射通过率;

q_ρ——车窗玻璃吸收的太阳辐射热,W/m²。

$$q_\rho=J_{ZS}\cdot\rho_Z+J_{SS}\cdot\rho_S \tag{3-71}$$

式中 ρ_Z、ρ_S——分别为车窗玻璃的直射辐射吸收率和散射辐射吸收率。

车窗玻璃对太阳光线的穿透率 τ、吸收率 ρ 与玻璃的种类和厚度、太阳光线对车窗玻璃的入射角有关。表3-3为不同入射角时的 τ 和 ρ 值,散射辐射的 τ_S、ρ_S 取入射角为45°的数值。

表3-3 普通窗玻璃的太阳光学性能

项目	玻璃	太阳光学性能							
		入射角0°	入射角15°	入射角30°	入射角45°	入射角60°	入射角70°	入射角80°	入射角90°
直射辐射透过率 τ_Z	3 mm厚单层玻璃	0.811	0.809	0.802	0.781	0.713	0.595	0.354	0
	5 mm厚单层玻璃	0.633	0.631	0.626	0.609	0.556	0.464	0.276	0
	6 mm厚单层玻璃	0.600	0.599	0.593	0.578	0.528	0.440	0.262	0

续上表

项　目	玻　璃	太阳光学性能							
		入射角 0°	入射角 15°	入射角 30°	入射角 45°	入射角 60°	入射角 70°	入射角 80°	入射角 90°
直射辐射吸收率 ρz	3 mm 厚单层玻璃	0.117	0.119	0.124	0.131	0.139	0.143	0.139	0
	5 mm 厚单层玻璃	0.091	0.093	0.097	0.102	0.108	0.112	0.108	0
	6 mm 厚单层玻璃	0.087	0.088	0.092	0.097	0.103	0.106	0.103	0

太阳光线对车窗的入射角 λ 为

$$\cos\lambda=\cos h\cdot\cos(a\pm x) \tag{3-72}$$

对于浅色窗帘，一般可取遮阳系数 $S=0.5\sim0.6$。

计算表明：对于客车车辆，夏季通过车窗传入车内的热量约为制冷设备制冷量的 16%～20%。因此，降低车窗传入车内的热量，是降低客车车辆制冷量的重要途径之一。通过国内外一些高速客车的实际测试证明，使用具有高效滤光和反光性能的车窗玻璃、在车窗上贴膜和使用浅色厚实的窗帘，对减少太阳辐射的传热量有显著作用。

第三节　隔热壁的不稳定传热

与前一节所讨论的稳定条件下隔热壁传热不同，实际遇到的问题都是属于不稳定条件下的传热问题，即温度场是随时间变化的，例如：外气温度和太阳辐射的周期性变化引起的传热过程、采暖设备加热时隔热壁的传热过程等。本节仅讨论不稳定传热过程的特点和一般规律。

以客车采暖设备持续加热时，隔热壁内的温度变化为例，讨论不稳定传热的特点。

假设客车采暖设备在加热前隔热壁内温度场处于稳定状态，车内空气温度为t'_B，车外空气温度为t'_H，壁内表面温度为t'_1，壁外表面温度为t'_2，如图 3-6(a)所示。当采暖设备开始加热时，车内空气温度t'_B将较快地上升到t''_B并保持稳定。由于空气温度的升高，传给内表面的热量也相应地增加，隔热壁内表面的温度随之增加，最先是t'_1升高，接着 a、b 各层间温度 t_a、t_b等也逐渐升高，最后t'_2也开始升高。这种温度变化一直持续到建立起新的稳定状态，即图 3-6(a)中的t''_B—t''_1—t''_2—t'_H的温度分布时才停止。

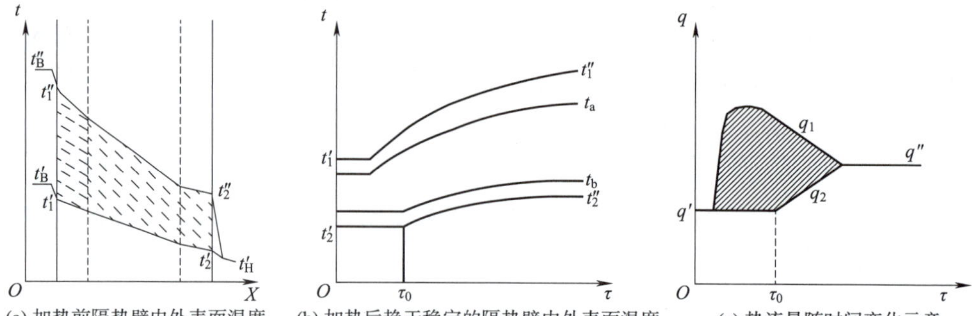

(a) 加热前隔热壁内外表面温度　(b) 加热后趋于稳定的隔热壁内外表面温度　(c) 热流量随时间变化示意

图 3-6　不稳定传热时，壁内温度和热流量随时间变化的关系

在温度变化过程中，首先 t_1 发生变化，然后 t_a、t_b 随之发生变化，到 τ_0 时刻，t_2 开始变化。t_1、t_2 和 t_a、t_b 随时间变化情况如图 3-6(b)所示。

温度场的变化引起了热流量的变化。用 q_1 表示车内空气传给内壁面的热流量，q_2 表示壁外面传给车外空气的热流量，在温度场变化时，q_1、q_2 及通过内外壁间各层的热量 q_a、q_b 都是变化的，且各不相等。未开始加热时，$q_1=q_2=q'$。开始加热后，由于 t'_B 很快上升到 t''_B，而 t_1 的升高要滞后些，温差 $t''_B-t'_1$ 很快增大，故 q_1 急剧升高，然后，因为 t'_1 的升高，q_1 又逐渐减小。在 τ_0 时刻之前，t'_2 尚未开始变化，q_2 保持为 q'，τ_0 时刻之后，t'_2 开始升高，q_2 也逐渐提高，直到 q_1 和 q_2 重新相等，并等于新的稳定状态下的热流量 q'' 时，建立起新的稳定状态。q_1、q_2 随时间变化的情况如图 3-6(c)所示。根据能量守恒定律，在不稳定传热过程中，q_1 和 q_2 的差值就是壁本身温度升高所积蓄的热量，这部分热量增加了物体即壁的焓值，见图 3-6(c)中所示的阴影面积。由此可见，不稳定传热过程必然伴随着物体的加热或冷却过程，即物体的焓的变化过程。因为焓的变化速度和材料导热能力(即导热系数 λ)成正比，和储热能力(即容积热容量 $c\cdot\gamma$)成反比，故不稳定状态下热过程的速度取决于导温系数 $a=\dfrac{\lambda}{c\cdot\gamma}$，$m^2/s$。导温系数对于不稳定状态下的热量传递，正如导热系数对于稳定状态下的热量传递一样，具有重要的意义。

进一步分析物体在加热或冷却过程中物体内部温度场的变化，过程开始的一段时间内，温度的变化是逐层深入到物体内部，物体内各点的温度变化速度各不相同，称此阶段为不规则情况阶段。从 τ_0 时刻开始，外壁面温度 t'_2 开始升高，物体内各点温度变化速度具有一定的规律，称这个阶段为正常情况阶段。工程上，常用正常情况阶段的特点，测定材料的热物性参数(如导热系数和导温系数等)。物体加热和冷却的第 3 阶段是新的稳定阶段，在理论上此阶段需要经过无限长时间才能达到。

通过以上分析可以看出，要想找出温度及热量随时间变化的规律，需要先求出物体内的温度场，再根据傅里叶定律确定热流量变化的规律。对于不稳定传热问题的求解方法，有数学分析法、数值法和实验法等。

车体隔热壁的传热现象大多是周期性的。下面通过数学分析法求解的结果来介绍隔热壁在车外空气温度和太阳辐射周期性变化的影响下的不稳定传热的一般规律。

式(3-66)给出了关于综合温度的概念，即 $t_c=t_H+\dfrac{\rho J}{\alpha_H}$

车外空气温度的变化周期为 24 h，一般清晨 4 时至 5 时最低，下午 14 时至 15 时最高。太阳辐射的周期也是 24 h，但仅白天出现，其最高值在中午 12 时。在车体的 6 个面中，只有车顶和 1 个侧面受太阳辐射作用较大，其余 4 个面可以认为不受太阳辐射的作用。在此为了使讨论简单一些，不考虑运行区间引起变化的因素。

由于任何连续的周期性波动曲线都可以用多项余弦函数叠加组成，即用多项式的傅里叶级数表示。这样，把外气温度、等效温度简化为谐波之后，就可以得到综合温度的谐波。因为外气温度和等效温度并非同一时刻达到最大值，因此，最高综合温度就应出现在这两个时刻间的某一时刻，一般是在下午 13 时。

任一时刻的外气温度可以表示为

$$t_H=t_m+A_H\cos\left[\frac{360}{Z}(\tau-\tau_{i\cdot\max})\right] \tag{3-73}$$

即

$$t_H=t_m+A_H\cos[15(\tau-\tau_{i\cdot max})] \tag{3-74}$$

式中 t_H——任一时刻的外气温度,℃;

t_m——外气温度的昼夜平均值,℃;

A_H——外气温度昼夜波动振幅,可按气象资料确定,K;

τ——计算 t_H的某一具体时刻;

Z——外气温度波动周期,$Z=24$ h;

$\tau_{i\cdot max}$——外气温度最高值发生的时刻,一般在下午 14 时。

同理,任一时刻的等效温度为

$$t_d=t_{d\cdot m}+A_d\cos[15(\tau-\tau_{d\cdot max})] \tag{3-75}$$

式中 t_d——任一时刻的等效温度,℃;

$t_{d\cdot m}$——等效温度的平均值,℃;

A_d——等效温度的波动振幅,K;

τ——计算 t_d的某一具体时刻;

$\tau_{d\cdot max}$——等效温度最大值出现的时刻,一般在中午 12 时。

$$A_d=t_{d\cdot max}-t_{d\cdot m}=\frac{\rho J_{max}}{\alpha_H}-\frac{\rho J_m}{\alpha_H} \tag{3-76}$$

式中 J_{max}——太阳辐射强度最大值,W/m^2;

J_m——太阳辐射强度平均值 W/m^2。

任一时刻的综合温度为

$$t_c=t_{c\cdot m}+A_c\cos[15(\tau-\tau_{c\cdot max})] \tag{3-77}$$

式中 t_c——任一时刻的综合温度,℃;

$t_{c\cdot m}$——综合温度昼夜平均值,℃;

A_c——综合温度昼夜波动振幅,K;

$\tau_{c\cdot max}$——综合温度最大值出现的时刻,一般在下午 13 时。

综合温度的平均值$t_{c\cdot m}$等于平均外气温度和平均等效温度之和,即

$$t_{c\cdot m}=t_m+t_{d\cdot m}=t_m+\frac{\rho J_m}{\alpha_H} \tag{3-78}$$

综合温度昼夜波动振幅A_c由$A_H\cos[15(\tau-\tau_{i\cdot max})]$和$A_d\cos[15(\tau-\tau_{d\cdot max})]$组成,即

$$A_c=A_H\cos[15(\tau-\tau_{i\cdot max})]+A_d\cos[15(\tau-\tau_{d\cdot max})] \tag{3-79}$$

有了综合温度的谐波方程,就可以进行如下分析。

以一无限厚的平板为研究对象,假设只沿厚度方向有温度变化。则平板内在厚度方向上某一时刻的温度分布可用下面导热微分方程式表示为

$$\frac{\partial t}{\partial \tau}=a\cdot\frac{\partial^2 t}{\partial x^2} \tag{3-80}$$

如果以平板的平均温度作为基准温度,则可用过余温度$\theta_{x\cdot\tau}$代替式(3-80)中的 t,则

$$\frac{\partial \theta_{x\cdot\tau}}{\partial \tau}=a\cdot\frac{\partial^2 \theta_{x\cdot\tau}}{\partial x^2} \tag{3-81}$$

式中 $\theta_{x\cdot\tau}$——过余温度,K,即任一瞬间,在 x 处的温度与平均温度之差。

$$\theta_{x\cdot\tau}=t_{x\cdot\tau}-t_{\mathrm{m}} \tag{3-82}$$

式中　$t_{x\cdot\tau}$——平板内任一瞬间 x 处的温度,℃;

a——导温系数,m^2/s。

如将平板置于周期性的热作用下,其表面温度按余弦函数作周期性波动,可表示为

$$\theta_{1\cdot\tau}=A_1\cos\left(\frac{2\pi}{z}\tau\right) \tag{3-83}$$

式中　$\theta_{1\cdot\tau}$——表面任一瞬间的过余温度,K;

A_1——表面温度波动幅度,K;

z——波动周期,s;

$\frac{2\pi}{z}=\omega$——波动角频率,rad/s;

τ——计算$\theta_{1\cdot\tau}$时所经历的时间,s。

由式(3-81)和边界条件式(3-83)可以得到平板内的温度场为

$$\theta_{x\cdot\tau}=A_1\mathrm{e}^{-\sqrt{\frac{\pi}{az}}\cdot x}\cos\left(\frac{2\pi}{z}\tau-\sqrt{\frac{\pi}{az}}\cdot x\right) \tag{3-84}$$

分析式(3-84),可看出如下规律。

1. 周期性热作用下的温度场随距离 x 及时间 τ 作余弦函数变化,如图 3-7 及图 3-8 所示。

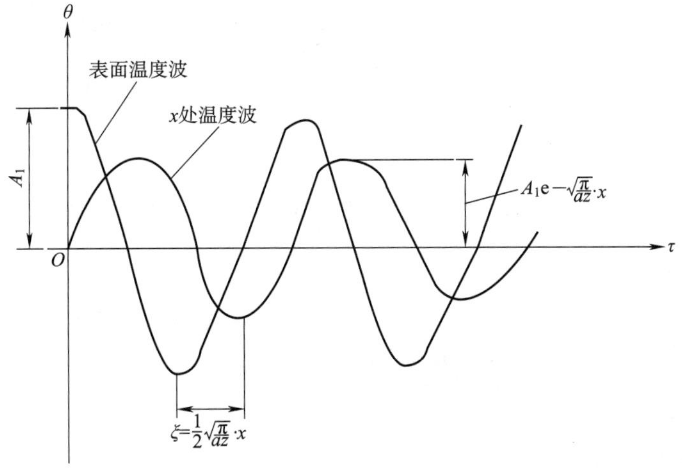

图 3-7　以 θ 为纵坐标、时间 τ 为横坐标的温度波

在同一时刻,物体内温度分布线上两相邻的且相角相同的点的间距为波长x_0。相角相同的两相邻点的相位差为 2π,故由式(3-84)可求得波长x_0为

$$\sqrt{\frac{\pi}{az}}\cdot x_0=2\pi$$

$$x_0=2\sqrt{\pi\cdot a\cdot z} \tag{3-85}$$

2. 温度波的衰减,即温度波的振幅随深度 x 的增加而减小,这是由于物体材料对波动的阻尼作用,减小的程度可由衰减度 ν 来表示。从式(3-85)可看出:当 $\cos\left(\frac{2\pi}{z}\tau-\sqrt{\frac{\pi}{az}}\cdot x\right)=1$ 时,x 处的过余温度最大,即 x 处的振幅A_x为

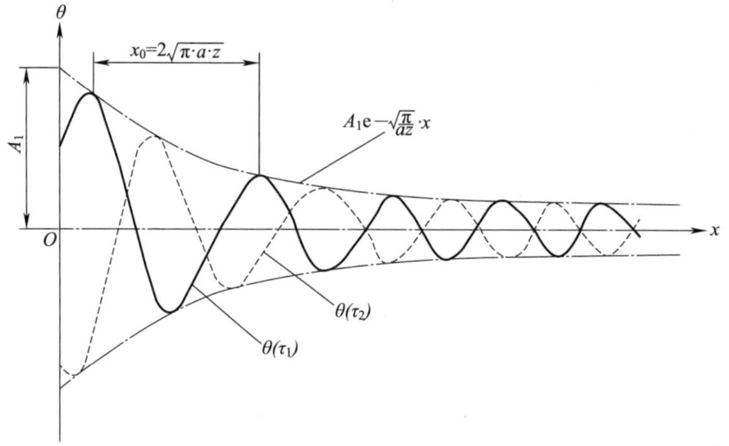

图 3-8　以 θ 为纵坐标、x 为横坐标的温度波

$$A_x = A_1 e^{-\sqrt{\frac{\pi}{az}} \cdot x} \tag{3-86}$$

故

$$v = \frac{\text{表面温度波振幅}}{x\text{ 处温度波振幅}} = \frac{A_1}{A_x} = \frac{A_1}{A_1 e^{-\sqrt{\frac{\pi}{az}} \cdot x}} = e^{\sqrt{\frac{\pi}{az}} \cdot x} \tag{3-87}$$

衰减度 v 表示表面温度波振幅和任一点 x 处温度波的振幅之比。温度波衰减的主要因素是物体本身的材料性质(导温系数)和波动周期。导温系数越大,温度波影响越深入,衰减越慢;波动周期越长,振幅衰减也越慢,温度波贯穿物体的能量大,而周期短的温度波贯穿能量小。

3. 温度波的延迟。由式(3-84)可知:任意位置 x 的温度波比表面温度波落后一个相角 $\varphi = \sqrt{\frac{\pi}{az}} \cdot x$,若延迟时间用 ξ 来表示,则

$$\xi = \frac{\text{相位角}}{\text{角频率}} = \frac{\sqrt{\frac{\pi}{az}} \cdot x}{\frac{2\pi}{z}} = \frac{1}{2}\sqrt{\frac{z}{a\pi}} \cdot x \tag{3-88}$$

当物体周期性加热与冷却时,热量必然是周期性的流入和流出,根据傅里叶定律,表面热流量 $q_{1\cdot\tau}$ 为

$$q_{1\cdot\tau} = -\lambda \left(\frac{\partial\theta}{\partial x}\right)_{1\cdot\tau} \tag{3-89}$$

将式(3-84)对 x 微分后并以 $x=0$ 代入,可得壁表面处的温度梯度为

$$\left(\frac{\partial\theta}{\partial x}\right)_{1\cdot\tau} = -A_1\sqrt{\frac{2\pi}{az}}\sin\left(\frac{\pi}{4} - \frac{2\pi}{z}\tau\right)$$

$$q_{1\cdot\tau} = -\lambda A_1 \cdot \sqrt{\frac{2\pi}{az}}\sin\left(\frac{\pi}{4} - \frac{2\pi}{z}\tau\right) = \lambda A_1 \cdot \sqrt{\frac{2\pi}{az}}\cos\left(\frac{2\pi}{z}\tau + \frac{\pi}{4}\right) \tag{3-90}$$

从式(3-90)可以看出,表面热流量也是按简谐波变化的。当 $\cos\left(\frac{2\pi}{z}\tau + \frac{\pi}{4}\right) = 1$ 时,热流波达到最大值,即为热流振幅。相当于 $\frac{2\pi}{z}\tau + \frac{\pi}{4} = 0$,$\tau = -\frac{1}{8}z$,即热流波最大值出现的时间比温

度波落后$\frac{1}{8}$周期。由于导温系数$a=\frac{\lambda}{c\cdot\gamma}$，表面热流振幅$A_q$可写为

$$A_q=A_1\cdot\lambda\sqrt{\frac{2\pi}{az}}=A_1\cdot\sqrt{\frac{2\pi c\gamma\lambda}{z}} \tag{3-91}$$

令$S=\sqrt{\frac{2\pi c\gamma\lambda}{z}}$，则

$$A_q=A_1\cdot S\text{ 或 }S=\frac{A_q}{A_1} \tag{3-92}$$

式中　A_q——表面热流波振幅，W/m²；

A_1——表面温度波振幅，K；

S——材料蓄热系数，W/(m²·K)；

λ——材料的导热系数，W/(m·K)；

c——材料的比热容，J/(kg·K)；

γ——材料的密度，kg/m³。

蓄热系数表示当物体表面温度波幅为1 K时流入物体的最大热流量，由于S的数值与材料的热物性有关，故称为材料的蓄热系数。材料的蓄热系数还和波动周期有关，周期为24 h时的材料蓄热系数记作S_{24}。

隔热壁对温度波波幅的削弱能力称为热稳定性，如果温度波在隔热壁层内衰减快，则认为其热稳定性好。从前面分析中可以看到，当热流波幅一定时，材料蓄热系数S越大，则温度波幅愈小，而且温度波幅还随深度x的增加而减小。所以如果把式(3-86)的A_x改写一下，用S来表示，则

$$A_x=A_1e^{-\sqrt{\frac{\pi}{az}}x}=A_1e^{-\frac{S}{\sqrt{2}}\cdot\frac{x}{\lambda}}=A_1e^{-\frac{RS}{\sqrt{2}}} \tag{3-93}$$

式中　A_x——深度x处温度波振幅，K；

A_1——表面温度波振幅，K；

R——厚度为x时的导热热阻$R=\frac{x}{\lambda}$，m²·K/W。

从式(3-93)可以看到波幅衰减与R和S的乘积有关，令$D=RS$，则D称为热惰性指标。多层结构的热惰性指标等于各层材料热惰性指标之和，即$D=R_1S_1+R_2S_2+\cdots$。由D的大小可以判断结构的热稳定性好坏。

以上讨论的是在周期性热作用下不稳定传热的一般规律，它对车辆隔热壁的传热计算都是适用的。

第四节　隔热壁湿度状况的分析

隔热壁的湿度状况会影响其隔热性能。当隔热壁中的隔热材料空隙中由于受潮而存在水分时，因为水的导热系数0.58 W/(m·K)远高于空气的导热系数0.029 W/(m·K)，因而将降低隔热壁的隔热性能。车体隔热壁隔热性能的降低，不仅会导致车内制冷或加热设备的能耗升高，而且可能导致车内表面出现结露现象，影响旅客舒适性。另外，隔热壁内部湿度的增加，还会加速破坏隔热材料的内部结构，降低隔热材料的耐久性。

湿空气中，水蒸气的饱和含量和空气温度有关，即水蒸气的饱和分压力和空气温度有关。

当气温在 0～20 ℃时

$$p_{bh}=0.133\times\frac{t^3}{3}+2.261\times\frac{t^2}{2}+45.619t+609.14 \tag{3-94}$$

当气温在－20～0 ℃时

$$p_{bh}=0.133\times\frac{t^3}{2\times3}+3.325\times\frac{t^2}{2}+49.742t+609.14 \tag{3-95}$$

式中 p_{bh}——对应温度 t 的水蒸气饱和分压力，Pa。

显然，如果空气中水蒸气的含量不变，即水蒸气的分压力不变，则温度越低，水蒸气的饱和分压力值越小。当温度降至某一极限时，空气中水蒸气的分压力与水蒸气饱和分压力值相等，此时相对湿度为 100%，即湿空气中的水蒸气含量达到饱和，空气温度达到露点温度。此时，若温度继续降低，那么湿空气中多余的水就会凝结成水滴。

一般地，车体隔热壁的水分凝结通常有表面凝结和内部凝结两种情况。

隔热壁内表面的水蒸气凝结，一般从隔热壁内表面温度最低的地方开始。当内表面温度 t_2 低于车内空气露点温度 t_p 时，空气中的水蒸气就可能在内表面出现凝结。

因此，为了保证车内表面不出现结露现象，隔热壁内表面温度 t_2 需要大于车内空气结露温度 t_p。假设 $t_B>t_H$，根据式(3-47)可得隔热壁内表面温度 t_2 为

$$t_2=t_B-\frac{K}{\alpha_B}(t_B-t_H) \tag{3-96}$$

即，内壁面不结露的条件是 $t_2\geqslant t_p$，即

$$t_p\leqslant t_B-\frac{K}{\alpha_B}(t_B-t_H) \tag{3-97}$$

为了避免车体内壁面产生结露现象，需要提高车体隔热壁内表面温度。即，需要提高隔热壁的内热阻(减小 K 值)或者减小内表面的对流热阻(增加车内空气流动)。但当车内湿度非常大时，提高车体隔热壁内表面温度对结露现象的改善有限，这时，可在车体内壁面增加防水层，以免水分渗入隔热壁内部。

隔热壁内部的水蒸气凝结，是由车内外水蒸气的压力差和隔热壁的渗透性造成的。由于隔热壁两侧的空气温湿度不同，导致两侧水蒸气分压力也不同，此时，水蒸气将从分压力较高的一侧通过隔热壁渗透至水蒸气分压力较低的一侧。

蒸气的渗透过程和导热过程相似，当蒸气通过隔热壁各层材料时，材料层对蒸气流产生一定的阻力，该阻力称为蒸气渗透阻 H 为

$$H=\frac{\delta}{\mu} \tag{3-98}$$

式中 H——蒸气渗透阻，(Pa·h·m²)/g；

δ——材料的厚度，m；

μ——材料的蒸气渗透系数，g/(Pa·h·m)。

材料的蒸气渗透系数表示当材料两侧的水蒸气分压力差为 1 Pa 时，在 1 h 内，1 m² 面积上通过厚为 1 m 的材料的蒸气渗透量。

n 层材料组成的隔热壁中，其总蒸气渗透阻为

$$H=H_B+H_1+H_2+\cdots+H_n+H_H \tag{3-99}$$

式中 $H_1,H_2,\cdots,H_n$——隔热壁各层的蒸气渗透阻，(Pa·h·m²)/g；

H_B——内壁面的蒸气转移阻，(Pa·h·m²)/g；

H_H——外壁面的蒸气转移阻，(Pa·h·m²)/g。

同样地，类似于稳定条件下求隔热壁内部各材料层温度的方法，隔热壁内部各材料层的水蒸气分压力为

$$p_n = p_B - \frac{p_B - p_H}{H}\left(H_B + \sum_{i=1}^{n-1} H_i\right) \tag{3-100}$$

式中　p_n——隔热壁第 n 层内表面的水蒸气分压力，Pa；

p_B——车内空气水蒸气分压力，Pa；

p_H——车外空气水蒸气分压力，Pa；

$\sum_{i=1}^{n-1} H_i$——从内表面算起，前 $n-1$ 层的蒸气渗透阻之和，(Pa·h·m²)/g。

使用式(3-100)求出隔热壁各层材料的水蒸气分压力后，与同温度下的饱和水蒸气压力比较，即可判别隔热壁内部是否会产生凝结水。以图解法为例，其具体步骤为：首先，根据车内外温度和水蒸气分压力，分别求出隔热壁内的温度分布曲线和水蒸气分压力分布曲线 p。然后，根据式(3-94)、式(3-95)作出对应温度下的饱和水蒸气分压力曲线 p_{bh}。如果曲线 p 与 p_{bh} 不相交，那么隔热壁内部不会产生凝结水，如图 3-9 所示；如果曲线 p 与 p_{bh} 相交，则说明隔热壁内有凝结水产生，如图 3-10 所示。

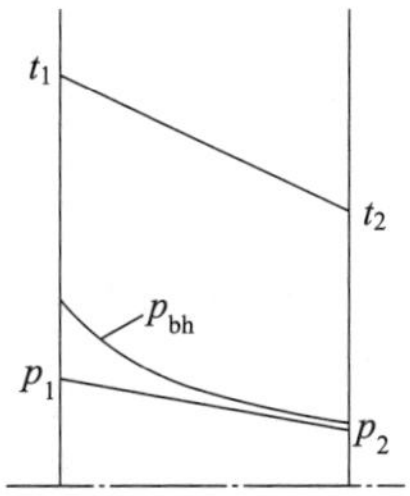

图 3-9　隔热壁内水蒸气压力及温度分布

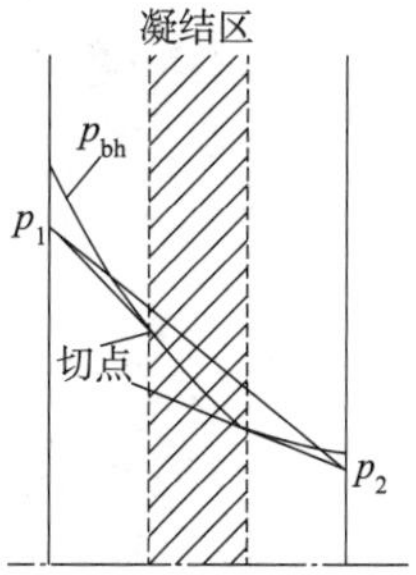

图 3-10　内部凝结区

需要注意的是，当曲线 p 与 p_{bh} 相交时，原有的曲线 p 不再表示为隔热壁中实际的水蒸气分压力曲线，在凝结区范围内，曲线 p 与 p_{bh} 重合，在非凝结区，仍按直线规律变化。为了做出隔热壁中水蒸气分压力的实际曲线，可以由原来曲线 p 中的 p_1 和 p_2 两点作曲线 p_{bh} 的切线，此时，隔热壁内部的实际水蒸气分压力曲线由两段切线和两个切点之间的曲线 p_{bh} 组成。

至于隔热壁中的凝结水量，通过计算也可以得到，但这对于车辆隔热壁而言，并不十分重要，更重要的是要防止隔热壁内部出现凝结水。可靠的办法是在隔热壁中增加防水层，以防止由于蒸气渗透而在隔热壁内部产生凝结水。

另外，构成隔热壁的各层材料，一般坚固且导热能力较大的材料，其水蒸气渗透系数较小，而导热系数较小的多孔导热材料，其水蒸气渗透系数较大。因此，合理布局隔热壁内材料的排列次序，也可以改善隔热壁中的湿度状况。

第五节　车辆空调热负荷的计算

车辆空调热负荷的计算方法可参照有关铁路标准进行。铁路客车空调热负荷主要包括

5 方面：车体传热负荷；太阳辐射热负荷；旅客散发的人体热负荷；车内空调通风换气的新风热负荷；车内机电设备散发的热负荷。车辆空调热负荷就是以上 5 项热负荷的总和。

一、车体传热负荷

稳定工况下，通过车体隔热壁的车体传热负荷按式(3-101)计算。

$$Q_1 = K \cdot F \cdot (T_{em} - T_{im}) \tag{3-101}$$

式中 Q_1——稳定工况下，通过车体隔热壁的传热量，按稳定传热方法计算，不考虑车辆隔热壁的蓄放热特性，W；

F——车辆外表面传热面积，只考虑车辆外表面的基本尺寸，为封闭空间的轮廓面积，不考虑其表面上的压筋，m^2；

T_{im}——车内平均温度，℃；

T_{em}——车外平均温度，℃。

非稳定工况下，通过车体隔热壁的车体传热负荷按式(3-102)计算。

$$Q'_1 = K \cdot F \cdot \left(T_{em} - \frac{\int_{x=0}^{x=t} T_{im}(x)\mathrm{d}x}{t} \right) \tag{3-102}$$

式中 Q'_1——非稳定工况下，通过车体隔热壁的传热量，W；

$T_{im}(x)$——非稳定工况下，车内平均温度随时间的变化函数，℃；

t——非稳定工况持续时间，h。

车体传热系数按式(3-103)计算。

$$K = K_s \cdot K_g \tag{3-103}$$

式中 K_s——修正系数，根据车辆运行速度、气密性及制造经验选定，当车辆静止时，K_s取 1；

K_g——车辆静态传热系数理论计算值，W/(m^2 · K)。

车辆静态传热系数理论计算值按式(3-104)和式(3-105)计算。

$$K_g = \frac{\sum K_i \cdot F_i}{\sum F_i} \tag{3-104}$$

$$K_i = \frac{1}{\frac{1}{\alpha_n} + \sum_{i=1}^{n} \frac{\delta_i}{\lambda_i} + \frac{1}{\alpha_w}} \tag{3-105}$$

式中 K_i——车辆各部分传热系数，W/(m^2 · K)；

F_i——车辆各部分外表面传热面积，m^2；

α_w——车辆外表面换热系数，W/(m^2 · K)，推荐取$\alpha_w = 16$；

α_n——车辆内表面换热系数，W/(m^2 · K)，推荐取$\alpha_n = 8$。

二、太阳辐射热负荷

通过车顶、侧墙、车窗、地板和车门进入车内的太阳负荷按式(3-106)计算。

$$Q_2 = K_{CD} \cdot F_{CD} \cdot \frac{\varepsilon_{CD}}{\alpha_w} \cdot J_{CD} + K_{CQ} \cdot F_{CQ} \cdot \frac{\varepsilon_{CQ}}{\alpha_w} \cdot J_{CQ} + K_{DB} \cdot F_{DB} \cdot \frac{\varepsilon_{DB}}{\alpha_w} \cdot J_{DB} + K_{CM} \cdot F_{CM} \cdot \frac{\varepsilon_{CM}}{\alpha_w} \cdot J_{CM} + D \cdot \sigma \cdot F_{CH} \cdot J_{CQ} \tag{3-106}$$

式中　Q_2——通过车顶、侧墙、车窗、地板和车门进入车内的太阳负荷，W；

K_{CD}、K_{CQ}、K_{DB}、K_{CM}——车顶、侧墙、地板和车门的传热系数，W/(m^2·K)；

F_{CD}、F_{CQ}、F_{DB}、F_{CH}、F_{CM}——车顶、一侧侧墙、地板、一侧车窗玻璃和车门的外表面传热面积，m^2；

J_{CD}、J_{CQ}、J_{DB}、J_{CM}——车顶、一侧侧墙、地板和车门外表面上的太阳辐射强度，W/m^2；

ε_{CD}、ε_{CQ}、ε_{DB}、ε_{CM}——车顶、侧墙、地板和车门的阳光吸收系数；

D——玻璃透光系数；

σ——遮光系数。

三、人体散热负荷

乘客的显热和潜热散热量按式(3-107)和式(3-108)计算。

$$Q_3=\mu\cdot n\cdot q_S \tag{3-107}$$

$$Q_4=\mu\cdot n\cdot q_L \tag{3-108}$$

式中　Q_3——车内旅客的显热负荷，W；

Q_4——车内旅客的潜热负荷，W；

n——车内定员数；

q_S——平均每人散发的显热量，W；

q_L——平均每人散发的潜热量，W；

μ——旅客群集系数，取0.955。

注：q_S和q_L按GB/T 33193.1—2016附录D的规定取值。

四、新风热负荷

新鲜空气进入车内带来的热负荷按式(3-109)计算。

$$Q_5=\frac{L_n(h_i-h_o)}{v_i(1+x_i)} \tag{3-109}$$

式中　Q_5——稳定工况下，新鲜空气进入车内带来的热负荷，W；

L_n——进入车内的新鲜空气的流量，m^3/s；

h_i、h_o——新鲜空气和废排空气的焓值，J/kg，干空气；

ν_i——新鲜空气比容，m^3/kg；

x_i——新鲜空气的含湿量，kg/kg，干空气。

五、设备热负荷

若车内装有电开水炉、电炉、照明和其他热源，按热源的平均功率和使用时间计算其热负荷Q_6，单位W。

六、所需空调制冷量

稳定工况下，空调必要的制冷量按照式(3-110)计算。

$$P=Q_1+Q_2+Q_3+Q_4+Q_5+Q_6 \tag{3-110}$$

式中　P——稳定工况下，空调必要的制冷量，W。

预冷工况下，空调必要的制冷量按照式(3-111)计算。

$$P'=Q'+Q_2+Q_6+Q_7 \tag{3-111}$$

式中 P'——预冷工况下，空调必要的制冷量，W；

Q_7——预冷工况下，车内内装、设备和空气由于温度下降释放出的热量，W。

七、所需采暖设备制热量

稳定工况下，采暖设备必要的制热量按照式(3-112)计算。

$$P''=Q_1'+Q_5'-Q_3'-Q_6' \tag{3-112}$$

式中 P''——稳定工况下，采暖设备必要的制热量，W；

Q_1'——稳定工况下，通过车体隔热壁损失的热量，参照式(3-111)计算，取绝对值，W；

Q_3'——乘客散发的显热量，参照式(3-107)计算，W；

Q_5'——加热送入车内新鲜空气所需热量，参照式(3-109)计算，W；

Q_6'——车内机电设备、照明器具等散热量，W。

预热工况下，采暖设备必要的制量按式(3-113)计算。

$$P'''=Q''-Q_6'+Q_7' \tag{3-113}$$

式中 P'''——预热工况下，彩暖设备必要的制热量，W；

Q''——预热工况下，通过车体隔热壁损失的热量，按式(3-102)计算，取绝对值，W；

Q'——预热工况下，车内内装、设备和空气由于温度上升吸收的热量，W。

第四章　轨道交通车辆空调的技术特点

与地面固定设备不同，轨道交通车辆是移动运输工具，因此在研究轨道交通车辆空调技术时要充分考虑轨道交通车辆空间小、空调机组结构紧凑、要有足够的强度且质量不能太大、旅客密集、运行速度逐年提高、受列车运行的冲击振动等因素的影响。

本章介绍轨道交通车辆空调的特点，空调的基本工作原理，定频空调机组的优缺点，变频空调机组的优缺点，定频空调机组和变频空调机组的性能对比等。

第一节　轨道交通车辆空调的特点

轨道交通车辆的主要特点之一，是要在一个不大的空间内运送较多的旅客。也就是说要充分利用车辆内的有效空间，运送尽量多的旅客，提高运输效率，节约能源消耗。

轨道交通车辆的主要特点之二，是移动设备，既有在一个城市内运行的城轨地铁列车，还有长距离跨区域运输的长途列车。城轨地铁列车的运用区域仅限于某一个城市，运行日的外气温湿度变化不大，但是旅客的早晚高峰和低峰人数变化大，要求空调机组的制冷加热能力大，快速调节制冷、制热能量，以适应车内热负荷的变化。

长距离跨区域运输的长途列车，乘车旅客的数量相对稳定，到达车站有旅客上下车时，才会有旅客数量的变化，也就是说车内旅客的热负荷是相对稳定的。但是，车外温度随不同区域的变化大，特别是在极端气候条件下，不同区域的车外温度在同一旅程内有可能相差 20 ℃以上，比如，11 月份从广州到哈尔滨，广州的外温 25 ℃需要通风或制冷，哈尔滨的外温则可能为 −10 ℃，需要加热，车外温度大幅度变化带来的是新风负荷的变化，要求空调机组能适应外温的急剧变化，保持送风温度和车内温度的稳定。

轨道交通车辆的主要特点之三，是运行速度逐年提高，城轨地铁列车的速度已经提至每小时 80～120 km，长途旅客列车的速度提至每小时 120～160 km，动车组的速度提至每小时 200～250 km，高速动车组的速度提至每小时 300～350 km。

列车运行速度提高带来的第一个问题是车内外传递的热量增加，夏季会增加传入车内的热量，冬季会增加车内热量向车外的流失；第二个问题是对空调机组冷凝风量的影响，列车运行速度提高时，进入空调机组的冷凝风量可能减少，导致制冷效果不良。

轨道交通车辆的主要特点之四，是车辆本身的空间有限，留给空调机组的安装空间很小，要求在不大的空间内安装满足车辆制冷制热要求的空调机组，空调机组内部器件必须安排紧凑、合理，满足器件安装间隔和空气流动空间的要求。

轨道交通车辆的主要特点之五，是车辆运行中有冲击和振动，要求空调机组具有足够的强度，各元器件安装牢固可靠、不能有摩擦和碰撞。

安装在轨道交通车辆上的空调机组受各种因素的影响，与不受空间限制的地面空调机组相比，其能源效率要小很多。因此，提高轨道交通车辆空调能源利用效率，是一项长期的艰巨任务。

第二节　轨道交通车辆空调的基本工作原理

一、空调机组基本组成

空调机组由制冷系统和控制系统两大部分组成。

(一)空调制冷系统

空调制冷系统主要由压缩机、冷凝器、蒸发器和节流装置四大部件组成。压缩机分为定频压缩机、交流变频压缩机、直流变频压缩机和数码涡旋压缩机。节流装置包括毛细管、热力膨胀阀和电子膨胀阀等几类。系统辅件有通风机、冷凝风机、四通换向阀、气液分离器、干燥过滤器、压力开关和检修阀等。另外还有新风气水分离器、新风调节阀、新风滤网、回风调节阀、混合风滤网和温度开关等。

考虑到设备冗余、能量调节及安全可靠等因素,每台空调机组包含一套或两套独立的压缩、换热系统。一般小型空调机组,如司机室或机车空调采用一套压缩、换热系统;客室空调采用两套独立的压缩、换热系统。

(二)控制系统

控制系统主要由微电脑控制器、控制元件和控制电路等组成。轨道交通车辆空调的控制系统主要有 4 种形式:普速铁路客车定频空调机组控制系统、普速铁路客车变频空调机组控制系统、高速动车组空调机组控制系统、城轨地铁车辆空调机组控制系统。

1. 普速铁路客车定频空调机组控制系统

普速铁路客车定频空调机组是使用时间最长且目前还在使用的一种机组。定频空调机组控制系统主要由控制器、电源开关、接触器、保护元件、保险、指示灯、控制按钮、电气连接器和电线电缆等组成。

普速铁路客车定频空调机组控制系统主要通过手动方式操作,有全冷、半冷、全暖、半暖和通风等控制挡位。

空调机组控制系统还有信号传输功能,可将本车空调机组的工作状态、车内温度和故障信息传输到列车级车控系统。列车级车控系统可与互联网连接,将信息传输到地面计算机。

2. 普速铁路客车变频空调机组控制系统

普速铁路客车变频空调机组是 2012 年开始装车试验的,2010 年以前在城轨地铁车辆上已经装车使用并获得成功经验。变频空调机组控制系统主要由控制柜或控制显示屏、电源开关、逆变器、变频器、保护元件、保险、指示灯、电气连接器和电线电缆等组成。

普速铁路客车变频空调机组控制系统可以通过自动和手动方式操作,可以根据车外温度和车内温度变化,对空调机组的工作模式——制冷、制热或通风进行切换。根据车内温度与设置温度的差异,通过对输入压缩机、冷凝风机和循环通风机的电源频率进行调节,达到对空调机组的制冷量、制热量和通风量进行调节的目的。

空调机组控制系统还有信号传输功能,可将本车空调机组的工作状态、车内温度和故障信息传输到列车级车控系统。列车级车控系统可与互联网连接,将信息传输到地面计算机。

3. 高速动车组空调机组控制系统

(1)CRH1 型车

CRH1 型动车组的空调系统由数字控制器 FPC 24 和 DIO 8 模块控制,DIO 8 模块和其他的电气元件如接触器、继电器和断路器等一同安装在车内通过台处的电气柜内,通过 WAGO 端子板与列车电缆连接。

CRH1 型动车组每个车辆的乘客区域和司机室各配有一套 HVAC(Heating,Ventilation and Air Conditioning,即供热通风与空气调节)系统,控制计算机置于每辆车通过台区域的电气柜中,用于对空调系统进行本地控制。客室区域的 HVAC 单元可从乘务员室和司机室进行控制。对于客室 HVAC 系统,电气柜内的控制面板上有一个四位开关:Manual(手动)位、Auto(自动)位、OFF(关闭)位和 Test(测试)位。当开关指向 Manual 或者 OFF 位置,控制器被断开。当选择 Auto 位时,有多种模式,这些模式(包括测试模式)的优先工作顺序为:①测试模式,②多功能母线 MVB 通信线路缺失模式,③失火模式,④紧急模式,⑤系统关闭(HVAC OFF)模式,⑥隧道模式,⑦降低功率模式Ⅱ,⑧降低功率模式Ⅰ,⑨站台模式,⑩常规操作模式,⑪停车模式,⑫维护模式。

HVAC 系统与多功能母线 MVB 相连接,控制系统通过 MVB 来管理电源、发布温度信息并得到每辆车的 HVAC 系统以及子部件的状态信息和诊断信息。空调控制系统通过温度传感器测量每个 HVAC 系统的车外温度,对客室温度进行控制。通过列车微机进行计算,得到平均温度,并将其作为车外温度的参考值。室内温度通过分布在车体内(客室,卫生间,通过台)的温度传感器自动测量。

(2)CRH2 型车

CRH2 型动车组在每辆车服务配电盘内设置一台空调显示设定器,进行与空调系统相关的各种设定(空调模式设定、温度设定)。图 4-1 为空调显示设定器的显示界面。

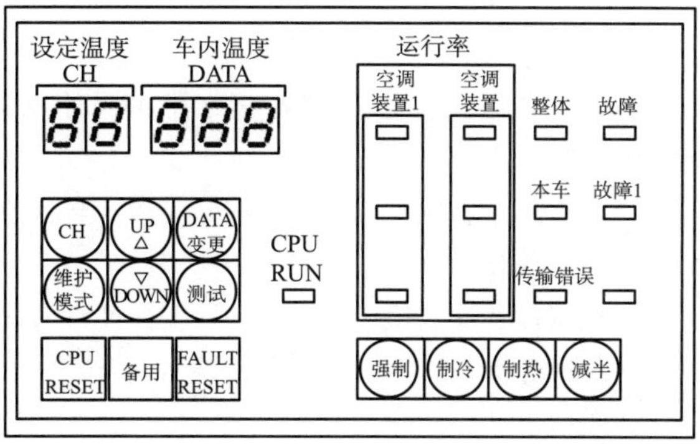

图 4-1　通常状态下的空调显示器显示界面

CRH2 型动车组的空调显示设定器设有“通常状态”和“维修状态”两种操作状态。“通常状态”为乘务员操作的状态,能够进行空调系统状态的设定和温度的设定。“维修状态”(表面灯亮)为维修作业人员操作的状态,根据 CH 和 DATA 显示读取各种信息。通过设置在面板表面的切换开关(“维护模式”按钮)可实现“通常状态”和“维修状态”的切换。

空调显示设定器显示来自车上监控装置的信息以及空调显示设定器本身的设定值。空调显示设定器还可以显示由变频装置传来的状态信息,并向车上监控装置传递信息。空调显示设定器承担了车上监控装置和变频装置之间数据传送的任务。

(3)CRH3 型车

CRH3 型动车组末端车厢和中部车厢分别安装有两种不同的控制面板。该控制系统基于一台控制所有正常功能(如预调节、通风、制冷和加热)的微处理器,它还可通过 MVB-总线接口为列车通信网络提供信息。

开关装置控制面板包含所有必要元件(电流接触器、继电器和断路器等),用于管理乘客车厢和驾驶室 HVAC 系统的各种工作模式。

控制器获取不同传感器发送的温度信号后,即发出必要命令,触发各种特定情况下涉及的必要元件,以便在给定时间内给出车厢温度设定值。

此外,电子控制器还可以执行一些其他的操作,如在内存中储存压缩机电机的工作时间,记录主要温度数据,以供将来维护和检验设备性能之用。

内存中储存的数据可以通过安装有专门为进行适当预防性维护而开发的应用软件的笔记本电脑读取并处理。

空调控制系统安装在车内的控制柜内,它基本上包括空调控制单元、相关的单元接口以及控制继电器。所有交流接触器和断路器等相关的电子设备都集成在位于车下的一个箱子内。

(4)CRH5 型车

CRH5 型动车组控制系统基于一个微处理器,该处理器可以控制所有正常功能:预处理、通风、制冷和供热。控制系统包括用于控制客室各工作模式的所有必要元件(接触器、继电器和断路器等)。该系统可以通过 MVB 接口向 TCMS 提供信息。控制系统还包括执行任务的必要继电器。

控制面板接收位于不同位置的各传感器发送的温度信号。微处理器可以控制并发送必要的指令来激活每个特定情况下所涉及的元件,以便在给定时间内达到设定的温度水平。

电子控制装置还可以执行其他功能:

①存储压缩机电机工作时间的相关数据;

②记录从各传感器处接收到的主要温度值,以备将来维护时使用;

③在线检查单元的工作性能。

存储器中储存的数据可以通过一个装有软件程序的笔记本电脑进行读取或处理,该程序专门开发用于获得适当的预防性维护。

HVAC 单元的控制面板配有用于 PC 机的串行接口,便于 HVAC 系统与 PC 机通过专用维护软件进行通信。这样有助于诊断 HVAC 系统的故障、检查故障状况并确定需要采取的措施。HVAC 系统由位于控制面板的 HVAC 控制单元来自动操作和控制。启动系统后,为了尽快达到设定的温度,控制单元根据车内环境运行一个预制冷或预加热子程序。

4. 城轨地铁车辆空调机组控制系统

目前,城轨地铁车辆空调机组控制系统多采用集供电控制、空调机组控制等功能单元于一体的智能型控制柜。空调控制柜的控制核心采用可编程控制器,可编程控制器通过微型可编程序终端接收各种指令并自动执行相应的操作步骤,对电气系统运行中出现的各种故障及时进行诊断、指示并保护。空调控制柜具有检测、控制、诊断保护、信息提示和联网通信功能,实现供电及控制系统的综合控制,可进行车对车通信,并逐步实现车对地、地对车的计算机联网通信。

二、空调机组的基本分类

(一)按功能分类

(1)单冷

空调机组只有制冷功能,没有预热或加热功能。

(2)单冷+电加热

空调机组有制冷功能,电加热器则对流经的空气进行预热或加热。

(3)热泵

空调机组有制冷功能,并可通过转换制冷系统制冷剂运行流向,从室外低温空气吸热并向室内放热。

(4)热泵+辅助电加热

热泵型空调机组内部设有辅助电加热器,辅助电加热器可对流经的空气进行预热或加热。这种机型适用于在寒冷地区与非寒冷地区跨区域运行,在寒冷地区热泵制热量不能满足加热要求时,可启动辅助电加热器对流经的空气进行加热。

(二)按压缩机类型分类

(1)定容量

压缩机的排气量固定、不可变化,只要一开机,压缩机的排气量就是固定的。

(2)变容量

压缩机的排气量不固定,可根据车内热负荷的变化而变化。

(3)定频

压缩机的转速固定、不可变化,只要一开机,压缩机的转速就是固定的。

(4)变频

压缩机的转速不固定,可根据车内热负荷的变化而变化。

(三)按结构分类

(1)单元式

单元式机组是空调机组的全部零部件都安装在一个箱体之内(除了控制系统),单元式空调机组仅有电源线和控制线,信号线通过电气连接器与外部的控制系统进行软连接,没有制冷管路等机械部件的连接。

单元式机组又分为车顶单元式机组和车下单元式机组,车顶单元式机组是整个空调机组箱体安装在车辆顶部,车顶单元式空调机组的送风口与车内送风道连接,通过车内送风道、送风口将处理好的空气送到车内,空调机组的回风口与车内的回风腔连接,将车内的部分回风空气吸入空调机组中。

车下单元式机组是整个空调机组箱体安装在车辆底部,车底单元式机组通过送风道、回风道与车内的风道连接,通过车内的送风道将处理好的空气送入车内,通过车内的回风口、回风道将车内的部分回风引到空调机组。

(2)分体式

分体式机组又可分为车下压缩冷凝单元与车上空气处理单元,车下压缩冷凝单元与车下空气处理单元两种形式。

车下压缩冷凝单元与车上空气处理单元是将空调机组的压缩冷凝单元安装在车下，将空气处理单元安装在车上，通过制冷管路将车下压缩冷凝单元与车上空气处理单元连接起来。

车下压缩冷凝单元与车下空气处理单元是将空调机组的压缩冷凝单元和空气处理单元都安装在车下，将空气处理单元处理好的空气通过风管送到车内，由车内的送风道和送风口将处理好空气送入车内。另外，通过回风道将部分车内的空气引到空调机组的空气处理单元，与空调机组吸入的新风混合，再通过空气处理单元处理。

TB/T 1804—2017《铁路车辆空调　空调机组》对空调机组分类进行了标记，详见表 4-1。

表 4-1　空调机组分类标记

分　类	名　称	代　号
按结构形式分类	单元式	—
	分体式	F
按主要功能分类	电加热型	D
	热泵型	R

（四）按定频或变频分类

根据压缩机、风机等具有旋转电机的设备是否能变频，将空调机组分别定义为定频空调机组、交流变频空调机组、直流变频空调机组和变容型空调机组。

（1）定频空调机组

定频空调机组，是指空调机组的压缩机、冷凝风机为定频。其循环通风机运行转速可分为两级，以满足夏季制冷高速运行、冬季采暖低速运行的要求。

（2）交流变频空调机组

交流变频空调机组，是指空调机组的压缩机为交流变频，其冷凝风机和循环通风机可以变频，也可以定频。由于压缩机变频运行，其排量是变化的，无论冷凝风机和循环通风机是否采用变频技术，空调机组的制冷量是变化的，差别在于：采用变频冷凝风机和循环通风机，整个空调机组的制冷量调节范围更大，制冷量调节过程更加平稳，车内温度也更稳定，节能效果更好。

（3）直流变频空调机组

直流变频空调机组是指空调机组的压缩机、冷凝风机和循环通风机均采用直流变频电机。可根据车内热负荷的变化进行变频调节，空调机组的制冷量调节范围更大，制冷量调节过程更加平稳，车内温度更稳定，节能效果比交流变频空调机组更好。

（4）变容型空调机组

变容型空调机组是指空调机组的压缩机排量是可变化的，可根据车内热负荷的变化进行压缩机排量的变容量调节。

交流变频空调机组和直流变频空调机组均是通过改变压缩机的频率改变制冷剂的流量，进而改变制冷量的输出，达到调节车内温度的目的。

三、空调制冷系统的基本工作原理

（一）制冷工作原理

空调机组制冷系统采用的是机械制冷方法，其系统由压缩机、室外换热器、节流装置和室内换热器等主要部件组成，通过管路连接形成封闭的制冷系统。在制冷回路中，压缩机将低温低压的气态制冷剂压缩成高温高压的过热气体进入室外换热器，通过室外侧风机使外界空气与室外换热器进行强制换热，制冷剂冷凝成高压液体，进入节流装置节流降压为低温低压的气液混合物，经分液器进入室内换热器。通过室内侧送风机使客室与外界新风组成的混合空气与室内换热器进行强制换热，制冷剂吸收通过室内换热器空气的热量，蒸发成为低压气体，再经过气液分离器被压缩机吸入，压缩成高温高压的过热气体，完成一个制冷循环(图 4-2)。压缩机连续工作，达到连续制冷的效果。

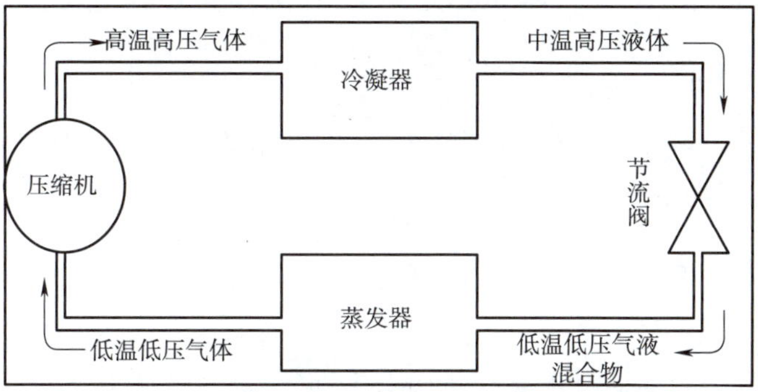

图 4-2　以空调机组四大部件为基础的制冷循环示意

车内循环空气被室内侧送风机从回风口吸入与新风混合后经过室内换热器除湿降温，并由送风口吹出，冷风流向车内。在制冷系统连续工作下使车内温度逐渐降低，并由温度调节器自动控制车内温度。

室外换热器借助于风机完成热量的转换：风机从机组四周吸进室外空气，使其与室外换热器进行强制性热交换，热交换的空气由机组顶部或侧部排出，室外换热器完成热量的转换。

(二)制热工作原理

此处的制热是指热泵制热而非电加热制热。制热时，通过四通转向阀的转向，改变制冷剂在回路中的流动方向，使得室外换热器与室内换热器的作用互换。由压缩机将低温低压制冷剂压缩成高温高压的过热气体，通过四通换向阀切换进入室内换热器，由室内侧送风机进行强制换热，客室冷空气经过室内换热器加热后送到车内，达到制热目的。室内换热器中的过热气体经过客室冷空气的冷凝后变成液体，进入节流装置节流降压为低温低压的气液混合物，进入室外换热器进行吸热蒸发。当外界温度较低时，室外换热器会产生结霜现象，结霜到一定程度后，空调机组会自动判断并进行除霜。除霜时，空调机组的两套换热系统分别进行，以保证空调机组室内送风口无冷风吹出。

第三节　定频空调机组

一、定频空调的定义

除由负荷变动引起的压缩机电机偏差导致的变化外，电机频率不再发生变化的空调机组，简称为定频空调机组。

定频空调的频率不可调节，冷量输出不会随外界条件变化进行自动调节，一般通过启停压缩机来调节温度，存在较大开关损耗。

二、定频空调的优缺点

定频空调的频率不可调节，压缩机的排气量输出不会随外界条件变化进行自动调节。如果车内温度过低，需要减少制冷量时，只能通过启、停压缩机调节排气量，达到调节制冷量的目的。由于压缩机启、停存在较大开关损耗，定频空调机组的能源利用效率难以提高。

（一）定频空调的优点

定频空调的制冷系统比较简单，元器件不复杂，控制器和控制过程简单，维护检修较为方便，定频空调是传统成熟的产品。

（二）定频空调的缺点

（1）压缩机启停频繁

定频空的调制冷量只能通过启、停压缩机进行调节，存在较大开关损耗。

（2）车内温度控制精度差并影响压缩机的使用寿命

由于制冷量是通过启、停压缩机进行调节的，输出的制冷量不是一根平滑的曲线，存在突变过程，车内温度会出现较大的波动。一般采用定频空调机组的轨道交通车辆，车内温度的控制精度偏低：一方面是由于制冷量存在突变过程，另一方面是由于压缩机停止工作到下一次启动必须有时间间隔，因为压缩机的高压侧与低压侧基本达到压力平衡以后，才能再次启动，否则，顶着排气侧的高压启动压缩机，会对压缩机的使用寿命带来极大影响。

由于压缩机排量输出的突变，使得制冷量的输出不稳定，车内温度的稳定性差。

（3）能源利用效率低

压缩机频繁启、停带来开关损耗。每次启动压缩机后，重新建立高压侧和低压侧的压力平衡、稳定，带来了制冷系统的系统损耗等。因此，定频空调整体的能源利用效率难以提高。

图 4-3 是一种单冷型定频空调机组的系统原理图。该空调系统主要由压缩机、冷凝器、蒸发器和毛细管四大部件组成。系统辅件有通风机、冷凝风机、气液分离器、干燥过滤器、压力开关和检修阀等。另外还有新风气水分离器、新风调节阀、新风滤网、回风调节阀和温度开关等。

该空调机组有两套独立的制冷系统，两套独立系统的压缩机和冷凝器是分开单独使用的，两个系统的蒸发换热器都分成两部分，在两个蒸发器上位置交错布置。制冷系统节流装置采用毛细管。

空调送风、回风均在底部，中间一个回风口，两边两个送风口。新风口在机组两侧，共有两个新风口。

图 4-4 是一种单冷＋电加热型定频机车空调机组的系统原理图。制冷时，经压缩机压缩的高温高压气态制冷剂在冷凝器内被冷凝风机吹入的空气冷却为中温高压液态制冷剂。然后，中温高压液态制冷剂经过干燥过滤器、视液镜，再经热力膨胀阀节流为低温低压的液态（有

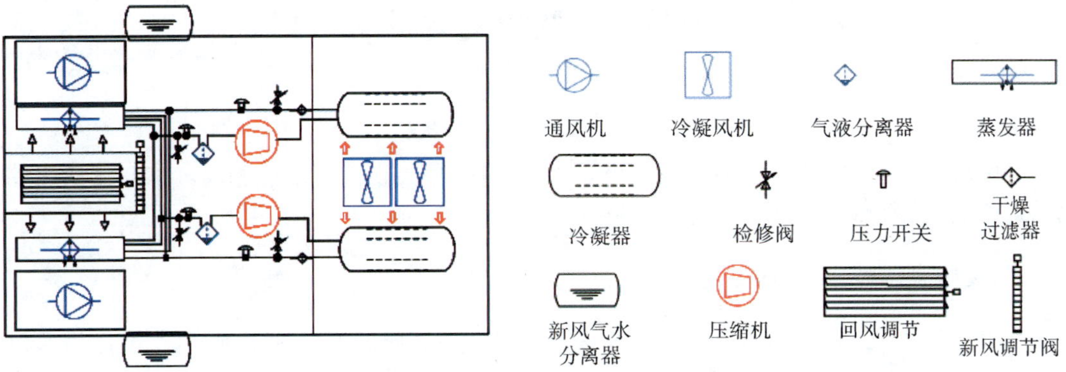

图 4-3 单冷型定频空调机组的系统原理图

少量气态)制冷剂通过 4 孔分液器和 4 根分液管进入蒸发器，与(回风和新风)混合空气进行热交换，从而使混合空气冷却和干燥。最后，冷却干燥的空气通过天花板和侧面风道被吹入车内。与此同时，在蒸发器内吸热蒸发的制冷剂变成低温低压饱和气体或少量过热气体，而后被吸入压缩机，从而完成制冷循环。

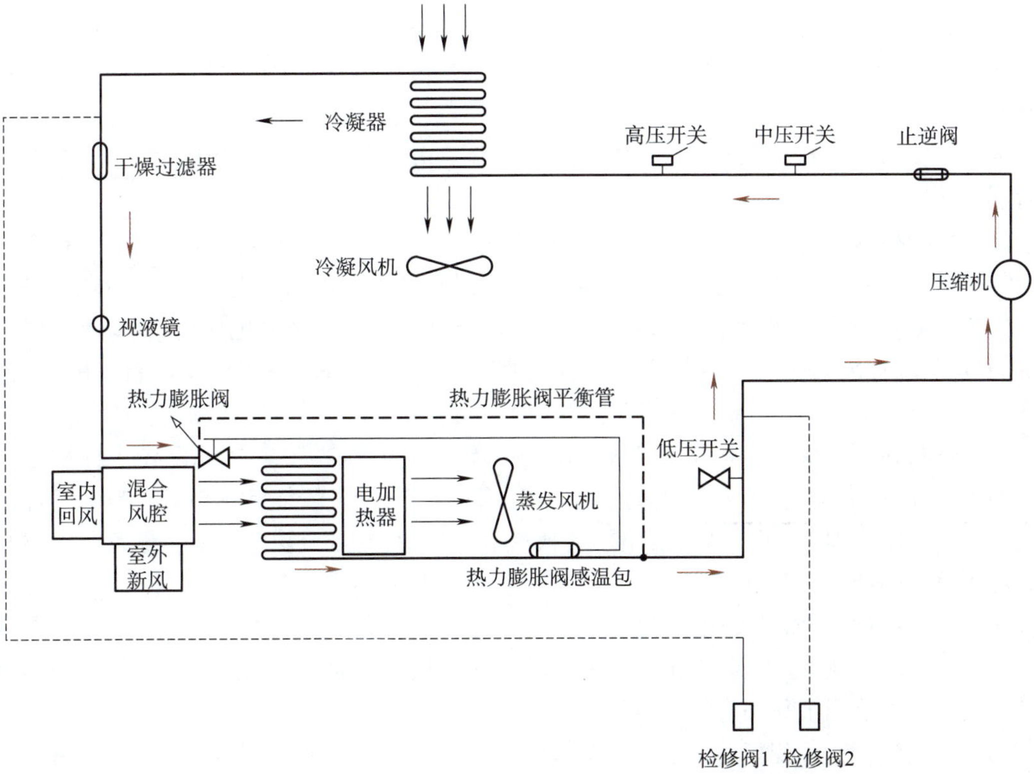

图 4-4 单冷+电加热型定频机车空调机组的系统原理图

第四节　变频空调机组

一、变频空调的定义

空调机组运行时，根据热负荷的大小，其压缩机的转速在一定的范围内发生变化或连续变化的空调机组，简称为变频空调机组。

二、变频空调技术在中国的发展历程

随着时代进步和人们生活水平的逐步提高，对空气品质的追求越来越高，空调作为保持室内空气适宜的主要设备被广泛应用。伴随着消费升级和能源转型，节能型空调成为行业发展的主流。高效、节能的变频空调逐渐成为节能空调的代表。

虽然空调的制冷技术诞生于西方国家，但从20世纪60年代开始，日本在家用空调的生产制造技术和控制技术等方面一直处于领先地位。根据中国制冷学会发布的《中国节能房间空调器产业发展白皮书》显示，日本东芝公司在1980年生产出世界第一台变频空调。这不仅促进了空调技术的飞跃，而且为空调等产品的节能开辟了新途径。在日本，由于能源极度短缺，变频空调自诞生以后便得到大力推广并迅速普及。伴随着变频空调市场化进程，空调本身也在不断升级换代。

在中国，变频技术的升级换代可概括为三大阶段：交流变频阶段、部分直流变频阶段和全直流变频阶段。

第一阶段为交流变频技术阶段。交流变频空调在发达国家进入市场的时间是在1986年前后，但在中国，变频空调进入市场的时间则要推迟到1995年前后。

交流变频技术是通过变频器改变电源频率，进而改变压缩机转速的一种技术。对变频器的控制是通过以下方式进行的：将室内温度信息通过传感器传递给微电脑，通过微电脑输出频率变化的波形，控制和改变变频器频率。可以通过改变电源的频率和电压，在较大范围内改变电机的转速，故称之为交流变频。与定频空调相对比，交流变频空调节能、控制灵敏、运行噪音低。

第二阶段为部分直流变频技术阶段。部分直流变频空调在1996年就已经主导发达国家的空调市场；但在中国，直到2008年才将部分直流变频技术确立为变频空调的基础配置。直流变频器的工作原理是：将工频交流电源转换成直流电源，并送至功率模块主电路。直流变频器的功率模块同样也受微电脑控制，与交流变频器不同的是模块输出的是直流电源并且电压是可变的。据统计，压缩机使用直流电机，其效率比交流变频压缩机高出10%～30%，噪声可降低5～10 dB。然而，由于部分直流变频空调的室内机和风扇电机使用的依然是交流电机，故对于提升整机节能水平仍有较大空间。

第三阶段为全直流变频技术阶段。空调的三大核心电机（室内风扇电机、室外风扇电机和变频压缩机电机）均采用直流电机。全直流变频空调同时匹配了先进的控制系统，结合直流电机的自身优势，其整机性能和节能水平得到提高。与部分直流变频空调相比，全直流变频空调具有显著的技术优势。

（1）硬件配置更高。全直流变频空调的室内、室外风扇电机及压缩机全部采用直流电机，

并使用全直流控制模块。

(2)节能效果显著提高。部分直流变频空调的交流电机转子用的是线圈,通电后才能产生磁场,存在电能损耗。全直流变频空调的直流电机由于转子采用永磁材料,几乎没有转子损耗,节能效果显著。

(3)调节精度更高。与部分直流变频空调的交流电机急速启动及有挡调速的特性相比,全直流变频空调的直流电机具有平滑而经济的启动及调速性能,因此,可实现精度更高的调节。

(4)噪声能明显降低。部分直流变频空调采用的是交流电机,是通过电流产生磁场进行驱动的,而全直流变频空调采用的是直流电机转子,是通过永磁场进行驱动的,可使空调的声音低至 20 dB,进行超静音运行。

(5)可靠性提高。全直流变频空调使用的直流电机采用了无刷运行技术,转速可通过改变电压或者电流来改变,与部分直流变频空调的交流电机相比,运行更加可靠。

早在 2002 年,全直流变频空调就已占据发达国家市场的绝对主体地位。实现全直流变频技术升级是中国空调产业升级换代的必经之路。为此,中国空调制造业需要加速向全直流变频空调转型,完成产业升级。

三、变频空调的优缺点

(一)变频空调的优点

(1)节能

变频空调的突出优点是节能。大量试验测试结果表明,无论是用在城市轨道客车上还是用在干线轨道客车上,变频空调的节能效果均十分明显。

(2)车内温度控制精度高

变频空调的制冷(制热)量输出可实现无级调节,因此当车内温度偏离设置温度值时,变频空调可根据偏离值的大小,快速地调整制冷(制热)量输出,使车内温度始终保持在较高的精确度。因此,车内温度控制精度高于现有定频空调车辆的温度控制精度。

(3)压缩机使用寿命长

变频空调的压缩机开机后,可根据热负荷的变化运行在高频、中频和低频等不同频段中,中途基本没有停机,即使停机,再次启动是从低频低速到高频高速的软启动过程,压缩机的启动电流平缓上升,没有启动电流的冲击,所以压缩机电机和机械部分不会受到激烈的冲击,使用寿命相应延长。

(4)可实现智能化控制

变频空调的压缩机、冷凝风机和蒸发风机均可变频调节,电子膨胀阀可通过电子脉冲进行调节,变频空调工作过程中各部件的频率变化等信息都能通过网络传输到本车控制系统和列车级控制系统,还可以通过网络传输到地面集控中心。随着智能化控制技术的发展和完善,变频空调所具备的信息传输功能为实现智能化控制提供了基本条件。

(二)变频空调的缺点

变频空调的控制技术相对复杂,需要整流器、变频器、控制器和电子膨胀阀等零部件,给空调机组的制造、运用、维护和管理带来新的技术难点，需要有关人员重新学习相关知识。由于增加一些原来没有的零部件，制造成本也会增加。

（三）部分变频空调机组制冷系统原理图

图 4-5 是一种单冷＋电加热型交流变频空调机组的系统原理图（制冷量 29 kW 和 35 kW）。图4-6 是一种单冷＋电加热型交流变频空调机组的系统原理图（制冷量 40 kW）。图 4-5 和图 4-6 所示的交流变频空调系统主要由压缩机、冷凝器、蒸发器和热力膨胀阀四大部件组成。系统辅件有通风机、冷凝风机、单向阀、气液分离器、干燥过滤器、压力开关和检修阀等。除以上零部件外，还有新风气水分离器、新风调节阀、新风滤网和混合风滤网等。

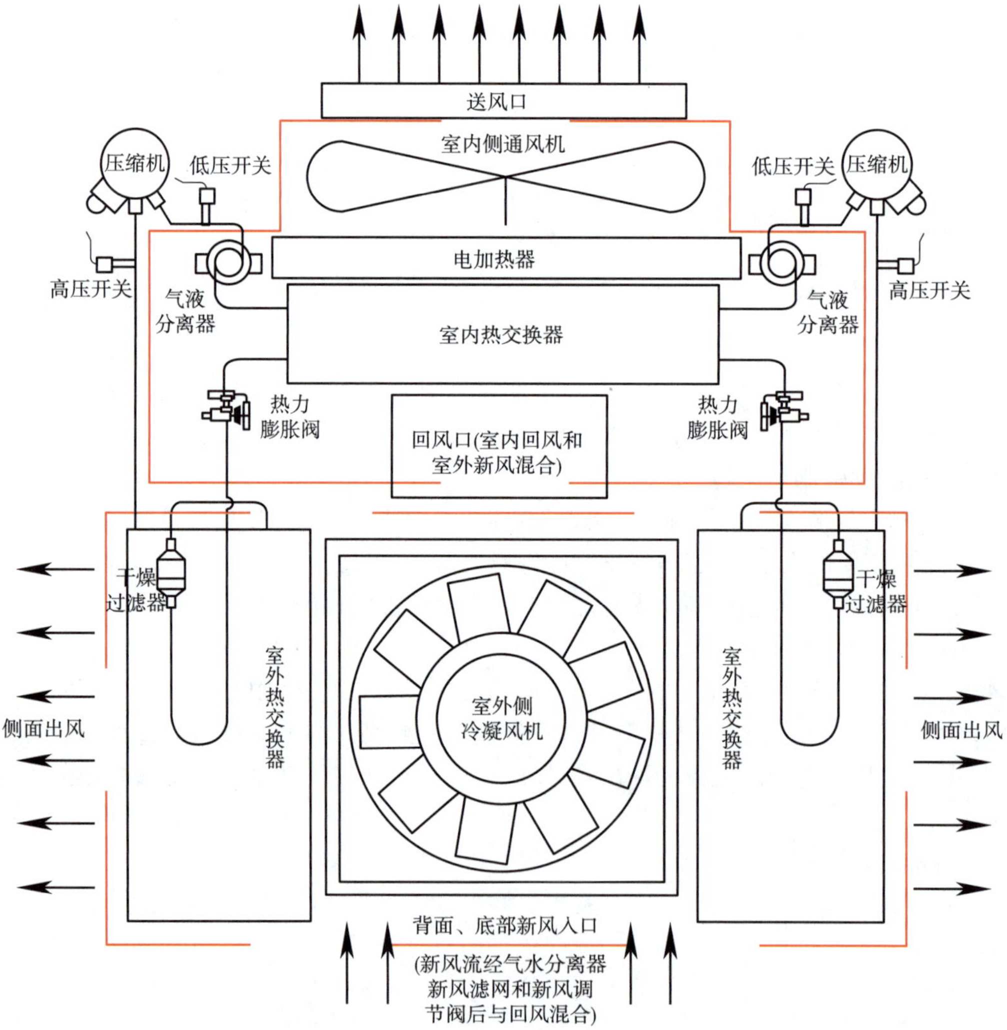

图 4-5　单冷＋电加热型交流变频空调机组的系统原理图（制冷量 29 kW 和 35 kW）

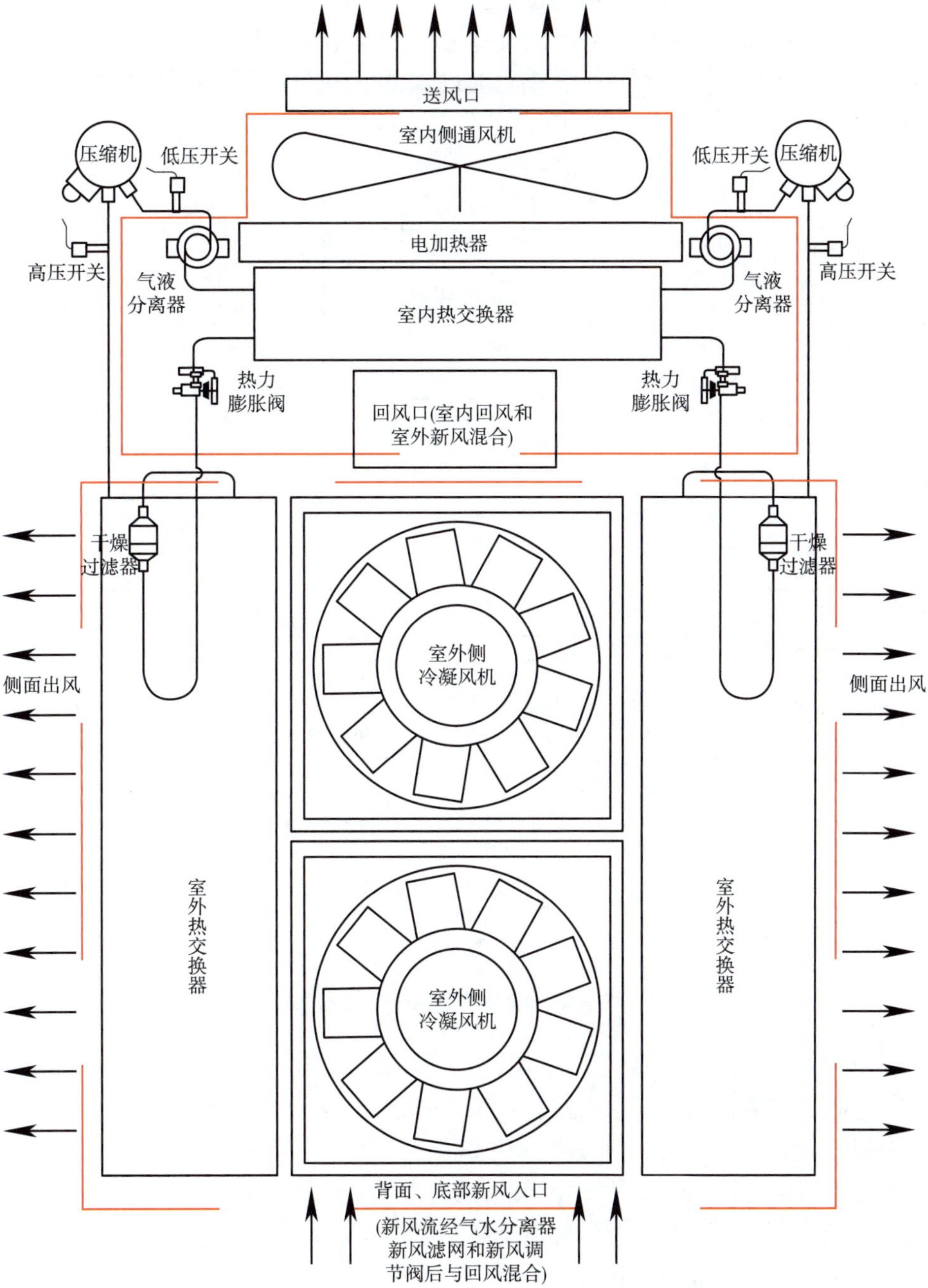

图 4-6　单冷＋电加热型交流变频空调机组的系统原理图(制冷量 40 kW)

图 4-5 和图 4-6 所示的交流变频空调机组有两套独立的制冷系统，两套独立系统的压缩机和冷凝器是分开的，两个系统的蒸发换热器都在一个蒸发器位置上交错布置。制冷系统节流装置采用热力膨胀阀，通过感知蒸发温度，在一定范围内调节节流状态，尽可能的保护压缩机，提高压缩机可靠性。

空调机组有一个回风口，位于室内换热器进风端底部；有两个送风口，位于室内换热器出风端机组侧面；有两个新风口，位于机组冷凝侧底部和端部。

图 4-7 是一种热泵型直流变频空调机组系统原理图。图中显示的变频空调机组为变频热泵型空调机组，夏季制冷、冬季制热。压缩机通过改变频率和电子膨胀阀开度控制车内环境温湿度更精确、便捷、节能，能够更好地满足用户舒适度需求。

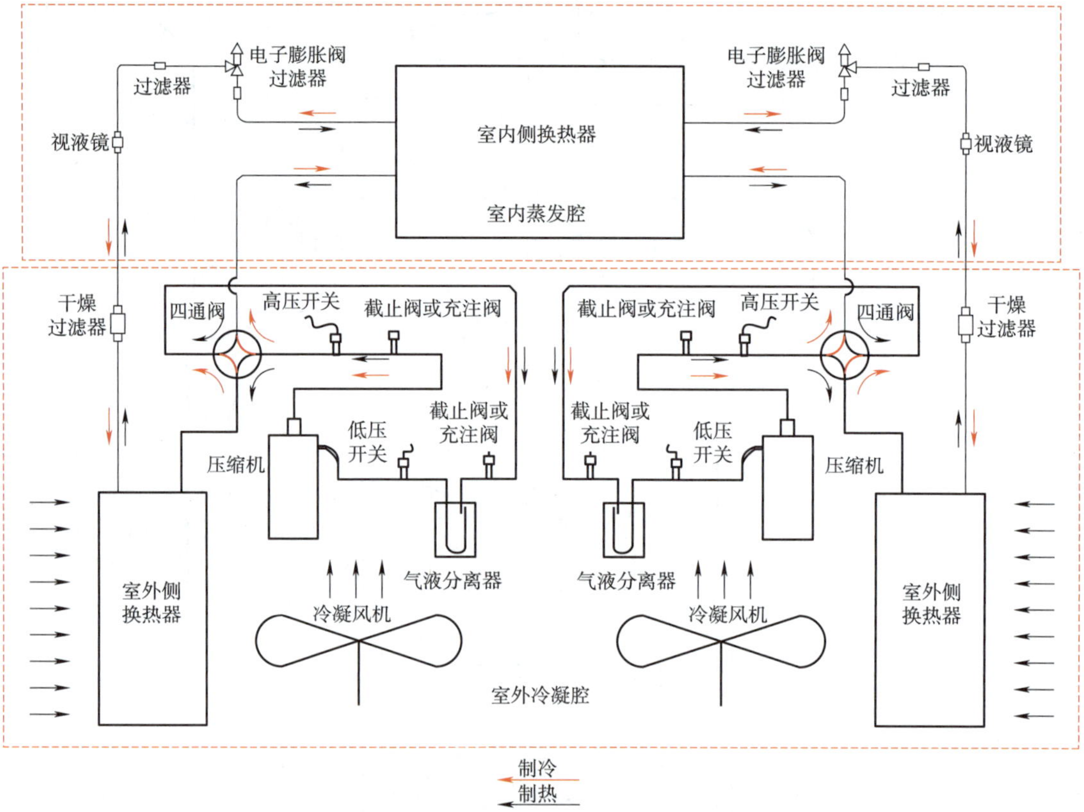

图 4-7 热泵型直流变频空调机组的系统原理图

该变频空调系统主要由压缩机、冷凝器、蒸发器和电子膨胀阀四大部件组成。系统辅件有通风机、冷凝风机、四通换向阀、气液分离器、干燥过滤器、压力开关和检修阀等。除以上零部件外，还有新风气水分离器、新风调节阀、新风滤网、回风调节阀、混合风滤网和温度开关等。

该变频空调机组有两套独立的制冷系统，两套独立系统的压缩机和冷凝器是分开的，两个系统的蒸发换热器都在一个蒸发器位置上交错布置。制冷系统节流装置采用电子膨胀阀，通过四通换向阀来切换制冷或制热状态。

空调机组有两个回风口，分别位于室内换热器进风端底部两侧（靠近边缘位置）；有两个送风口，分别于室内换热器出风端底部两侧（靠近中间位置）；有两个新风口，均位于机组背侧。

图 4-8 是一种热泵＋电加热型直流变频空调机组的系统原理图。该空调机组的制冷系统主要包括蒸发器、冷凝器、压缩机、电子膨胀阀和连接管路等部件，通过制冷剂循环把外界环境中的冷量或热量输送到客室内，调节客室内温度和湿度。

该变频空调机组有一套制冷系统：一个压缩机、一个蒸发换热器、两个冷凝换热器，制冷系统节流装置采用电子膨胀阀。系统辅件有一个通风机、一个冷凝风机，还有气液分离器、干燥

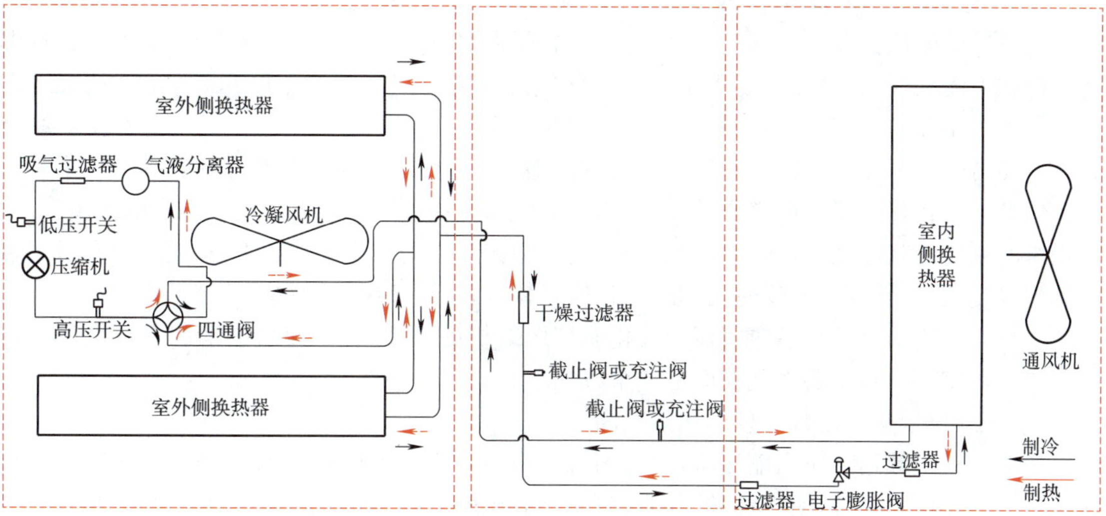

图 4-8　热泵+电加热型直流变频空调机组的系统原理图

过滤器、压力开关、四通阀和检修阀等。除以上零部件外，还有新风气水分离器、新风调节阀、新风滤网和温度开关等。

通风系统主要包括蒸发风机、冷凝风机、风阀和风道等部件，主要参与客室和空调内、外空气循环，把处理过的空气送到要求的区域。

空调机组有一个回风口，位于室内换热器和室外腔之间底部；有两个送风口，分别位于室内换热器出风端底部两侧；有两个新风口，均位于机组侧面。

四、变频空调的节能机理

变频空调是通过调节压缩机的输入频率，进而改变压缩机的转速，从而改变压缩机的排气量，完成制冷量的调节，达到调节车内温度的目的。

变频空调的节能体现在以下两大方面。

1. 减少压缩机开关损耗

定频压缩机从开机到建立制冷、制热所需的排气压力，大约需要 0.5～1 min，这期间以满功率运转。制冷时，当空调机组检测到的车内温度达到车内设置温度 T_{ic} 的下限时压缩机停机，经过 2～3 min 后，由压缩机工作建立的排气端高压与吸气端低压趋于一致，制冷系统的高、低压力恢复平衡。第二次启动定频压缩机时，又需要 0.5～1 min 来建立排气端的高压，每次开关压缩机造成的这一压力损耗定义为开关损失。压缩机频繁启停时，开关损失很大。

以制冷为例，变频空调在车内温度达到温度 $T_{ic}+\Delta t$[T_{ic} 为设置温度，Δt 为温度偏离控制值时，可自行设定，需满足：下限$<(T_{ic}-\Delta t)<T_{ic}<(T_{ic}+\Delta t)<$上限]时，压缩机开始进入降频工作阶段，在车内温度达到 $T_{ic}-\Delta t$ 时，继续降频工作，通过降低压缩机的频率来降低空调制冷量的输出，使车内温度不会下降到设置温度 T_{ic} 的下限；当车内温度又高于设置温度 $T_{ic}+\Delta t$ 时，压缩机频率再上升，提高制冷量的输出，使车内温度不至于上升过多。如此循环，通过调节压缩机的运行频率，使车内温度始终稳定在设置温度 $T_{ic}+\Delta t$ 范围内，压缩机不会停机工作，不存在开机损耗问题。

2. 压缩机频率降低时制冷效率提高

在设计城轨地铁车辆空调机组时，一般根据所在城市的气候条件设定夏季、冬季的计算温度。比如上海、广州和深圳市夏季制冷设计外气温度为 35 ℃，相对湿度 60%，定员情况下车内温度不高于 27 ℃。但是，每年 35 ℃以上的高温天气并不多，即使在华南地区从 4 月至 11 月的 8 个月空调制冷期，一年 35 ℃以上的高温天气也就是 30 天左右，因此，其余 7 个月空调机组都工作在环境温度低于 35 ℃的非满负荷状态。在环境温度低于设计温度的情况下，空调机组的制冷量就会偏大，如果采用定频空调机组，只能通过压缩机启、停和制冷剂旁通来控制车内温度，当环境温度越低时，压缩机启、停越频繁，空调机组的能效也就越低。

变频空调机组可随车辆热负荷的变化调节压缩机的频率，在不停机的情况下连续调节制冷量，节能优势突出，主要体现在以下 3 个方面。

(1)压缩机低频下运行的理论能效提高

压缩机在低频运行时压缩比小，制冷剂流量小，需要冷凝和蒸发的传热量小，而蒸发器和冷凝器的换热面积不变，使得低频下的相对换热面积增大，传热温差减小，换热效率提高，冷凝温度下降。由于低频运行时减小了传热温差，降低了不可逆损失，使制冷效率提高。

(2)压缩机低频下工作的容积效率提高

由于压缩机的压缩腔存在余隙，不管是活塞式压缩机还是涡旋式压缩机都不可能将压缩腔的排气完全排尽。例如活塞式压缩机，由于活塞和气缸底部不能碰撞接触而存在一个空间，此空间称为余隙容积。压缩后的高压气体排出后，留在余隙容积的高压气体在吸气时膨胀，占据了一部分吸入气体的比例，此比例受压比的影响较大，压比越小容积效率越高，反之容积效率变低，当压比高到一定程度时，留在余隙容积的气体膨胀到没法吸气，压缩机既不吸入气体，也不排出气体，容积效率为零。低频下，压缩机的压比低，容积效率高，消耗相同功率的情况下，低频运行时压缩机排气的气体流量相对增加，能效增加，效率提高。

(3)压缩机的能力输出随环境温度和负荷变化

城市轨道客车空调系统的制冷量一般是按规定的设计温度和额定载荷时所需的最大热负荷选取的。在实际运营中，环境温度并不是总处于 35 ℃的高温，旅客也主要是在上下班时出现高峰，因此，客室空调系统的热负荷并非时刻处在高峰期。定频空调因频率不可调节，冷量输出不会跟随外界条件变化进行自动调节，造成浪费。变频空调可根据车辆热负荷的变化，通过频率调节实现变制冷能力输出，既满足车辆制冷需求，又实现节能。

第五节　定频空调机组和变频空调机组对比

一、主要项点对比

定频空调与变频空调的主要项点对比情况见表 4-2。

表 4-2　定频空调与变频空调的主要项点对比

项　　点	定频空调	变频空调
冷量输出	频率固定，无法自动调节	频率可变，可自动调节
开关损耗	大	小
制冷/制热速度	慢	快

续上表

项　　点	定频空调	变频空调
启动电流	存在冲击电流	无冲击电流
控温精度	温度波动大，精度低	温度平稳，精度高
除湿效果	差	好
直流供电	不行	可以
综合成本	高	低
控制	简单	较复杂
维护成本	低	稍高
技术实现	容易	复杂

二、输入功率对比

变频空调可根据车辆热负荷的变化，通过频率调节实现变制冷能力输出和温度调节，既可满足车辆制冷需求，又能实现节能。

图 4-9 是一种定频空调和变频空调的功耗对比示意图。由图 4-9 可见，定频空调机组开始工作时功率上升到最大值，当车内温度下降到设置温度下限时，有一台或两台压缩机停止工作，定频空调机组功率由最大值变为接近 0；当车内温度上升到设置温度的上限时，压缩机启动工作，定频空调机组功率从 0 变为最大值，即定频空调机组的功率是脉冲变化的。

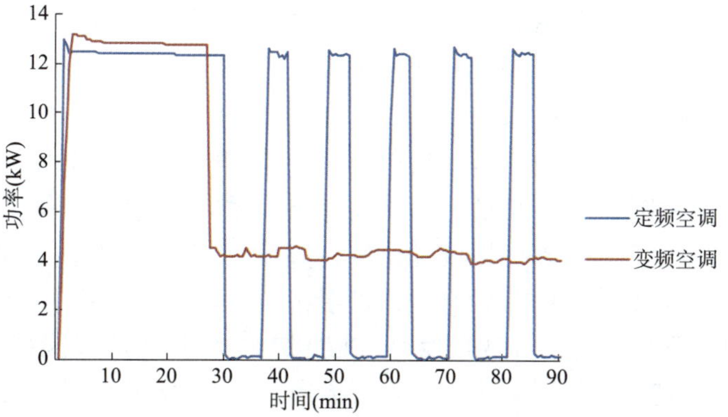

图 4-9　定频空调和变频空调的功耗对比示意

变频空调机组开始工作时功率上升到最大值，当车内温度下降到设置温度下限时，压缩机的电源频率降低，使压缩机的转速降低，减少了压缩机对制冷系统的输气量，从而降低了制冷量，使制冷量与车内热负荷相匹配，既可保证车内温度稳定，又可使压缩机连续工作。

三、控温精度对比

图 4-10 是一种定频空调和变频空调的控温精度对比示意图。由图 4-10 可知，定频空调的制冷制热速度缓慢，对电网有一定的冲击，调节温度波动大，即控温精度低。而变频空调能够连续运行，调节温度波动小，控温精度高。

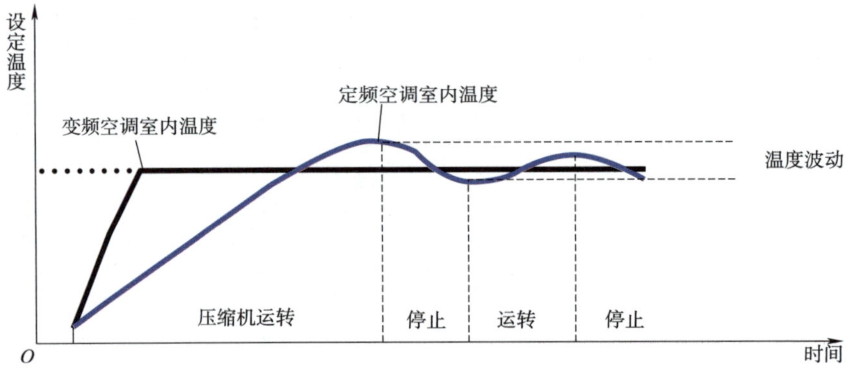

图 4-10 定频空调和变频空调的控温精度对比示意

四、对比分析

由定频空调与变频空调的主要项点对比可知，变频空调优势突出，主要体现在 3 个方面。

(1)变频空调的第一个优势是节能。与定频空调相比，变频空调理论上可节能 30%，具体与运用环境和工况有关。例如制冷负荷在 50%左右时，变频空调的可调节性突出，节能效果就会大于 30%；在冬天采暖季节，当环境温度在 0 ℃以上采用热泵制热运行时，节能效果远大于 30%。

(2)变频空调的第二个优势是无启动冲击电流。因此，所配的逆变器电源容量可以降低，能够实现减重。更重要的是对于城轨地铁列车这样同时有多列车在一条线路上运行时，由于无启动冲击电流，在同样的供电电缆容量情况下，与采用定频空调的列车相比，可增加列车开行列数，解决早、晚高峰客流量大，需要增加列车开行数量的问题。

(3)变频空调的第三个优势是车内温度控制平稳，控温精度高。定频空调压缩机停止工作后，需要一定时间进行制冷系统内部的压力平衡，然后才能再次启动工作。而变频空调压缩机开机后就不停机工作，只是根据车内温度变化进行频率调节，满足车内设置温度的要求，不存在压缩机频繁启停的问题。因此，变频空调的控温精度高，易实现±1 ℃的控温精度。

目前变频空调的控制和技术实现较复杂，维护成本较高，随着智能技术和通信技术的发展，轨道车辆空调的智能化控制已成为新的发展方向。因此，发展和完善轨道车辆变频空调技术，实现智能化，提高舒适性，减低能源消耗，是轨道车辆空调工作者的不懈追求。

第五章 轨道交通车辆变频空调的应用

2005 年以前轨道交通车辆基本上使用定频空调机组，定频空调机组的缺点主要是能源利用效率较低，车内控温精度较差，科研人员一直在研究和寻找能提高能源利用效率和控温精度的新技术。

从 1995 年开始，第一代交流变频空调机组开始在我国民用产品上应用，最早应用于家用空调领域，后逐步推广到中央空调和工业用空调领域，最初的变频空调是交流变频，主要是对压缩机进行变频调节，冷凝风机和蒸发风机未进行变频调节。交流变频空调机组的能效利用率比定频空调有了一定的提高，但是由于仅仅是压缩机变频，且控制器技术还不够完善，变频空调的售价也比较高，开始阶段推广变频空调还是有一定阻力的。

从 2008 年开始，第二代直流变频技术的应用使我国变频空调得到普遍推广。第二代直流变频技术主要采用直流压缩机，对压缩机进行直流变频调节，冷凝风机和蒸发风机没有采用直流变频调节。第二代直流变频空调机组的能效利用率比第一代交流变频空调有了一定的提高。

第三代为全直流变频技术，空调机组的三大核心电机(压缩机电机、室外风机电机和室内风机电机)都采用直流变频电机，直流电机的先天优势，以及匹配先进的控制系统，使得全直流变频空调无论是节能水平还是整机性能都达到很高的水平，是变频空调发展的主要方向。

轨道交通车辆变频空调的应用比民用空调晚 10 年，轨道交通车辆是移动设备，受到的冲击振动要比安装在固定建筑里的家用空调、中央空调和工业用空调巨裂得多，而变频空调机组需要微电脑控制器和变频器等电气零部件，电子元器件比定频空调增加了许多，也增加了故障隐患，使得变频空调较难在铁路行业推广应用。

从 2002 年开始，铁路机车上开始尝试使用变频空调机组，并不断地优化完善，提高变频器在温度、湿度、灰尘、电源等铁路运用环境下的可靠性，使得变频空调在铁路机车上的运用越来越稳定。

2008 年沈阳地铁车辆采用了变频空调机组，2010 年正式投入运营，沈阳地铁车辆变频空调机组开始运行时出现了电子控制元件、变频控制器等防振性能方面的缺陷，通过空调制造厂家的改进，克服了存在的问题，此后沈阳地铁车辆所用的变频空调机组故障率越来越低。2009 年，上海地铁 5 号线将全线路车辆定频空调更换为变频空调，并正式投入运营。在运营前期，通过 1 年左右的优化，完善了实际运用中空调能力输出跟随早晚高峰与日常客流负荷变化，以及客室舒适性、节能效果等方面的自动控制，使得变频空调在城轨地铁车辆运用的可靠性、舒适性、节能性有了很大提高。沈阳、上海地铁车辆的变频空调运用实践为城轨地铁列车采用变频空调机组奠定了基础。

2010 年以后，上海、广州、深圳、北京等城市城轨地铁车辆相继采用了变频空调机组，上海、广州、深圳等城市联合科研院所还对变频空调机组装车后的实际节能效果、控温精度、开关门对车内温度的影响等进行了大量的试验测试，得到了许多实际应用的经验和数据。

2012 年，济南铁路局车辆处、南京浦镇车辆有限公司和山东朗进科技股份有限公司共同承担了原铁道部课题《直流变速空调在普速客车上的应用研究》，起草了《DC 600 V 客车直流变速热泵空调机组技术条件（草案）》，完成了 KLR(D)-40DBP 和 KLR(D)-29DBP 两种直流供电变频空调机组的研究设计、生产制造、型式试验、车辆安装和静态对比试验；完成了 25G 硬卧客车、25G 硬座客车两种车型的电气系统改装设计方案，以及两辆客车的改装施工工作。

2013 年，对两种客车车型的变频空调机组分别在青岛—西宁西、青岛—成都、济南—哈尔滨、济南—深圳等多组旅客列车上进行了运用性能考验。通过与同车型客车定频空调机组对比，取得了大量的试验和运用数据，验证了变频空调节能减排的良好效果、旅客舒适性的提高以及全天候智能健康诊断的先进性。

2005 年，我国进入高速铁路动车组应用时代，当初引进的动车组只有 CRH2 型车采用变频空调机组，其他车型采用定频空调机组，在空调机组国产化过程中，CRH2 型车仍采用变频空调机组，有些新造的动车组在尝试采用变频空调机组进行试验，特别是京张智能动车组全部采用变频空调，其他车型暂时还没有采用变频空调机组，高速铁路动车组使用定频空调机组存在能源消耗大的问题没有得到根本解决，为了提高我国高速铁路动车组空调机组的技术水平，研究，对高速铁路动车组用变频空调机组进行研究、设计、试制、试验，今后高速铁路动车组空调技术发展的方向。

第一节　在铁路干线机车车辆上的应用

一、铁路干线机车变频空调机组

机车驾驶室一般采用特种机车空调进行空气调节，传统机车空调采用定速压缩机，三相电源供电，电源系统由机车逆变电源转化而来。该逆变电源是专为机车空调设计制造的三相逆变电源，负责将电力机车输出的 AC 220 V 电源逆变成 AC 380 V、50 Hz 三相正弦交流电供给机车空调。由于电源安装位置原因，受到机车工作时的发热影响较大，而且车辆供电电源波动较大，振动、污染等环境都较为恶劣，在实际运用中经常出现超温自动保护停止工作以及其他故障，故障率较高。为了提高产品可靠性，济南铁路局委托空调厂家开发了机车变频空调技术，取消了机车上的逆变电源装置，机车变频空调机组采用直接供电模式，在空调机组内部完成供电电源升压、稳压处理工作，再通过变频器驱动压缩机及风机工作。由于机车变频空调采用一体化结构方式，电控部件设置在空调机组回风口处，电气设备的发热部件由机组回风气流进行冷却散热，温度、灰尘等工作环境较好，大大提高了可靠性。

机车变频空调采用一体化设计、冷暖变频、模糊控制技术，适用于各种型号的内燃机车和电力机车。自 1999 年起开始装车运用，2000 年进一步扩大使用，至 2010 年 12 月已在干线铁路、矿厂、钢铁厂、车辆主机厂等装车 12 000 余台，运行情况良好。图 5-1 是一种用于铁路司机室的空调机组。

机车变频空调系列产品通过单片机微处理器的控制，将机车电源通过变频器逆变成三相正弦脉冲交流电，通过改变其频率和电压实现变频调速，利用独立的专用变频器，分别对空调系统的压缩机、风机进行变频调速，实现温度可调、风速可调。同时运用模糊控制技术，优化系统的运行，通过控制器采集制冷系统的相关参数、环境温度、工作频率，进行模糊运算后，控制电子膨胀阀的开度，调节冷媒量的变化，实现冷媒体在不同压力下焓值发生变化，达到制冷的

图 5-1　一种机车空调机组照片

目的，而且使整个系统输入功率和环境温度发生变化时，始终处于最佳热力匹配状态。从而实现了机电一体化的最佳集成配置，使变频机车空调在恶劣的环境下能够可靠运行。机车变频空调系列产品与同类定速机车空调相比，具有以下特点。

(1)一体化设计。产品采用先进的集成技术，设计上追求功能控制的集成化、电路设计的模块化，使得该产品体积小、重量轻。空调电控系统与空调机组实现了一体化组装，使机车设备布置简单，安装简易、安全，与外在的电气连接只有 4 个电气连接器，节约了布线成本和安装空间。

(2)电子膨胀阀技术。用电子膨胀阀代替了毛细管，使空调系统能够优化控制，可控制卸载，压力平衡速度快。断电后恢复供电时，系统能够立即重新启动，该特性特别适合于内燃机车、电力机车。

(3)可靠性高。该系列产品将电力电子变频调速技术、开关电源技术、模糊控制技术、热力学优化技术、冷媒的流量控制技术、约束条件自行诊断调控技术(压缩机排气压力、排气温度、制冷结冰、制冷剂泄漏自监测、环境温度等)结合在一起，同时自行研发了滤波电路，有效地抑制了浪涌及脉冲群的干扰，对外界的干扰符合 EMC 标准，不会对机车无线通信系统造成影响，确保机车安全运行。机车变频空调对电源质量要求低、能适应恶劣环境。机车变频空调产品具有“两高一低”的优点：高可靠性、高效率、低成本。

(4)控制器与空调器组有线连接。控制器可以与空调器组进行双向通信，显示机组的工作状态和故障，方便空调的售后服务与维修。

(5)节约成本，降低能耗。多台空调可同时工作，不需要增加电源成本，单台空调器成本低于电源＋定速空调器成本；空调器直接使用机车电源，无须逆变电源，可以将电源的损耗降低到最低，节能 30％～60％，更节省能源；采用进口变频压缩机，实现人性化变频控制。

二、铁路干线客车变频空调机组

铁路干线客车还没有大面积推广变频空调机组，中国国家铁路集团有限公司 2020 年 11 月发布了TJ/CL 578—2020《铁路客车单元式变频空调机组暂行技术条件》，对干线铁路客车应用的变频空调机设计方案进行了充分论证，正准备在部分干线铁路客车上装车试验，为下一步全面推广做准备。

济南铁路局车辆处、南京浦镇车辆有限公司和山东朗进科技股份有限公司共同承担的原铁道部课题《直流变速空调在普速客车上的应用研究》，并取得了一定成果。

（一）铁路干线客车变频空调机组运用现状

目前我国正处在铁路交通高速发展期，电气化铁路网比例已超过70%。普速客车采用DC 600 V直接供电技术已成为铁路客车的发展趋势。空调装置是铁路客车的重要部件，也是主要能源消耗系统之一，如何减少空调装置能源消耗，是铁路车辆行业节能减排、低碳经济的重要课题。

铁路客车空调机组属于特种空调，工作环境恶劣，具有振动大、冷热负荷变化大、电源需求变化大、技术要求高等特点。目前我国铁路普速客车采用的是传统的定速空调，能源消耗大、电流冲击大，供电系统复杂，温度不易调控，采用电加热器供暖，开关设备需要顺序启动。它与变频节能空调机组相比暴露出诸多弊端，而采用为DC 600 V客车设计的直接供电变速空调机组可解决上述问题，并能够进一步优化客车整车配电系统，达到节能、减重、增效的目的，推动铁路普速客车的技术进步，实现绿色环保。

直流变频客车空调机组是直接采用DC 600 V供电的变频空调机组，由山东朗进科技股份公司在生产机车直流变频空调机组和轨道客车直流变频空调机组的基础上研发的，它可以降低整车重量、节约成本、减少整车逆变器的供电容量，并进一步优化客车整车配电系统，达到节能减排、智能控制，实现绿色交通的目的，具有良好的社会效益和经济效益。图5-2是一种铁路干线客车用变频空调机组。

图5-2　一种铁路干线客车变频空调机组

（二）铁路干线客车变频空调研究的主要内容

1. 变频空调控制技术

利用高速运算CPU，通过矢量变频SVPWM技术，输出VVVF电压波形，实现变频压缩机的频率变化运转，从而实现空调的可变制冷能力输出功能。

2. 变频空调热泵制热功能应用

增加四通换向阀，可以实现制冷与热泵制热的快速切换，充分发挥空调的能力，实现热泵供暖，替代电加热供暖。

3. 变频空调故障自检功能设计

通过智能故障自诊断技术，可以在故障发生时及时报警，并提供故障代码和维修建议。

4. 变频空调与既有铁路客车接口技术

实现既有客车直接供电系统和整车结构的全面优化。

5. 变频空调应用后的安全性、可靠性研究

利用自适应保护技术，自动检测客室内外的环境温度，压缩机的排气温度，空调系统的蒸发温度，冷凝温度，高低压压力值，使空调能够运行在其能输出的最大能力状态。

（三）铁路干线客车变频空调研究的关键技术

1. 矢量变频 SVPWM 技术

矢量变频 SVPWM 技术在实现 VVVF 电源输出的同时，提高了输入电压的利用率，减少了变频器的谐波含量，降低了对外的电磁干扰。

2. 无位置传感器永磁无刷电机控制技术

利用高速运算 CPU，适时快速检测电机运转状态，准确预测电机的转子位置，实现永磁无刷电机的精确控制，电机运行效率高，振动小，噪声低。

3. 模糊控制技术

变频空调机组运用模糊控制技术，自动分析判断客车车厢内的温度及负荷变化，对压缩机频率进行适时调节，实现空调输出负荷的变化，达到快速跟踪客室温度变化的要求，使客室温度迅速降温，实现快速制冷。

4. 热力学优化技术

变频空调机组利用电子膨胀阀代替机械式热力学膨胀阀，可以适时跟踪压缩机频率的变化，自动调节电子膨胀阀的开度，从而实现变频空调机组在任何工况、任何负荷下均可以高效率运行、节能的目的。

5. 直流供电技术

DC 600 V 客车变频空调机组充分利用客车现有的供电电源，直接将机车提供的 DC 600 V 直流电源接入变频空调机组，通过变频逆变技术对变频压缩机进行控制，节省或减小了车辆上的辅助逆变电源，可有效降低车辆重量和成本。

6. 铁路直流电源高效滤波技术

设计了高效滤波器，可有效抑制高频电压脉冲信号，对后级电路起到保护作用，提高可靠性。

7. 热泵取暖技术

空调热泵技术已经在民用、商用上大批量应用，技术成熟，能效比高。通过在城市轨道车辆空调上的大批量应用验证，证明热泵取暖技术在轨道交通装备上应用可行、可靠，能效比高，节能优势明显。

8. 整车结构优化和用电器优化

直流变频空调机组在 DC 600 V 硬座车上安装改造及整体性能研究，主要包括：直流变频空调机组在 DC 600 V 硬座车上安装改造；根据直流变频空调机组的性能，完成整车系统优化，主要包括逆变器容量变更、电加热器变更、综合控制柜空调系统控制简化及其他相关影响部件变更等。

（四）铁路干线客车变频空调技术经济指标

1. 整车减重

DC 600 V 电源可直接接入，减少辅助电源逆变器电功率容量和重量。

2. 节约能耗

采用直流变频空调机组后，全年可实现节能30%以上。

3. 便于实施

直流变频空调机组在铁道车辆(动车组)整体设计中不存在接口障碍，该型空调可直接取代现有定频空调。

4. 效益明显

直流变频空调机组，适应客车的空调技术向节约型和智能化方向转变的需求，其可观的节能能力将产生巨大的经济效益和社会效益。

(五)铁路干线客车变频空调专项技术研究

1. 定频空调存在的主要问题研究

(1)制冷量按满定员时所需的最大热负荷选取。运营中，由于客车空调系统的热负荷并非总处于最大值，在非高峰期或天气变化、季节变化，制冷量常常处于输出大于需求的不经济状态。

(2)定频空调机组通过频繁启停压缩机的方式来调节制冷量的输出。压缩机从启动到建立制冷所需要的压力期间满功率运转，客车内温度达到目标值时停机，停机后高低压平衡，建立的压力被卸掉，压缩机再次启动又要重新建立压力，压缩机每启停一次就造成一次开关损耗，这种控制方式增加了能耗。

(3)定频空调机组供电方式为3相AC 380 V，需要在车辆上配备大功率辅助电源逆变器，将列车DC 600 V转换为3相AC 380 V，为空调机组提供电源。大功率辅助电源功耗大，重量大，不利于整车节能和减重。

(4)定频空调机组在压缩机启动时有很大的电流冲击，需要容量很大的辅助电源逆变器，不仅费用高，还容易造成电气原件烧损等故障，产生不安全因素，并间接影响其他用电设备。空调机组只在夏天使用，冬季只使用其通风功能。取暖还需在车内设置电加热器，能耗高，空调机组利用率低。

2. 直流供电原理

(1)传统定频空调供电方式

目前普速客车DC 600 V电源由机车供电，电力机车都是由两套独立的DC 600 V直流电源向客车供电，DC 600 V直流电源经客车逆变电源装置的转换，再变为AC 380 V电源供车辆空调等交流设备使用。不同车型有1个或2个逆变电源，逆变电源的功率为35 kV・A，重量约为750 kg，逆变电源的70%为客车空调供电，其余用于电茶炉及伴热系统。车辆各用电装置的电能分配及控制由客车综合控制柜完成。传统定频空调机组供电方式如图5-3所示。

(2)直流供电变频空调供电方式

直流变频空调机组可以直接使用DC 600 V电源供电，空调直接使用机车所供DC 600 V电源。三相AC 380 V逆变电源箱可以大幅减少容量。DC 600 V直流电源进入车辆后分为两支，一支直接供给直流变频车辆空调；另一支经小功率客车逆变电源装置的转换，再变为AC 380 V电源，供电茶炉及伴热系统等交流设备使用。该逆变电源的功率为15 kV・A，重量约为490 kg。直流供电变频空调机组供电方式如图5-4所示。

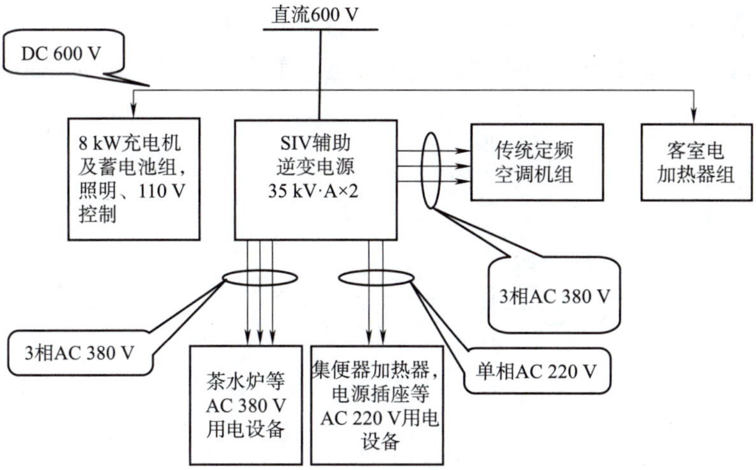

图 5-3　定频空调供电方式示意

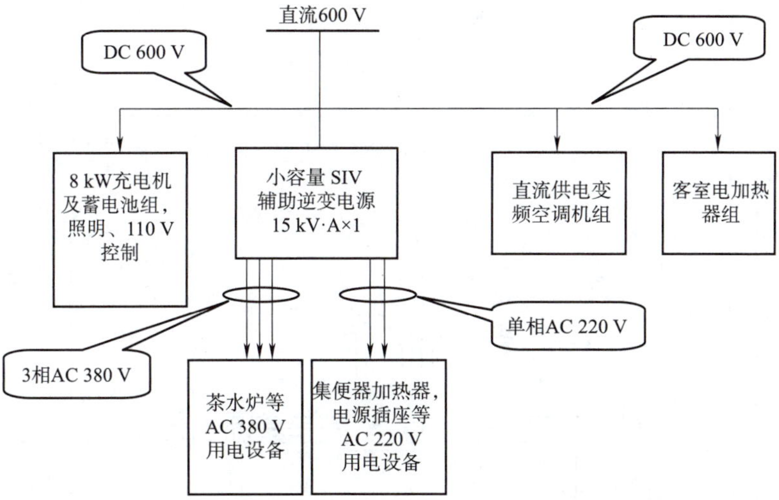

图 5-4　直流供电变频空调供电方式示意

3. 变频空调与既有铁路客车接口技术研究

对变频空调与既有铁路客车接口方案进行技术研究，实现既有客车直接供电系统和整车结构的全面优化。

(1)机械安装接口

外观尺寸：与原有定频空调完全相同。

安装方式：与原有定频空调完全相同。

一种空调机组的机械安装接口如图 5-5 所示。

图 5-5　空调机组机械安装接口

(2)电气安装接口

变频空调机组整车电气原理与整车电气接口,DC 600 V 供电 KLR(D)-29DBP 空调机组为硬座车厢空调,每节车厢 2 台空调机组,空调机组与车厢电气接口如图 5-6 所示。

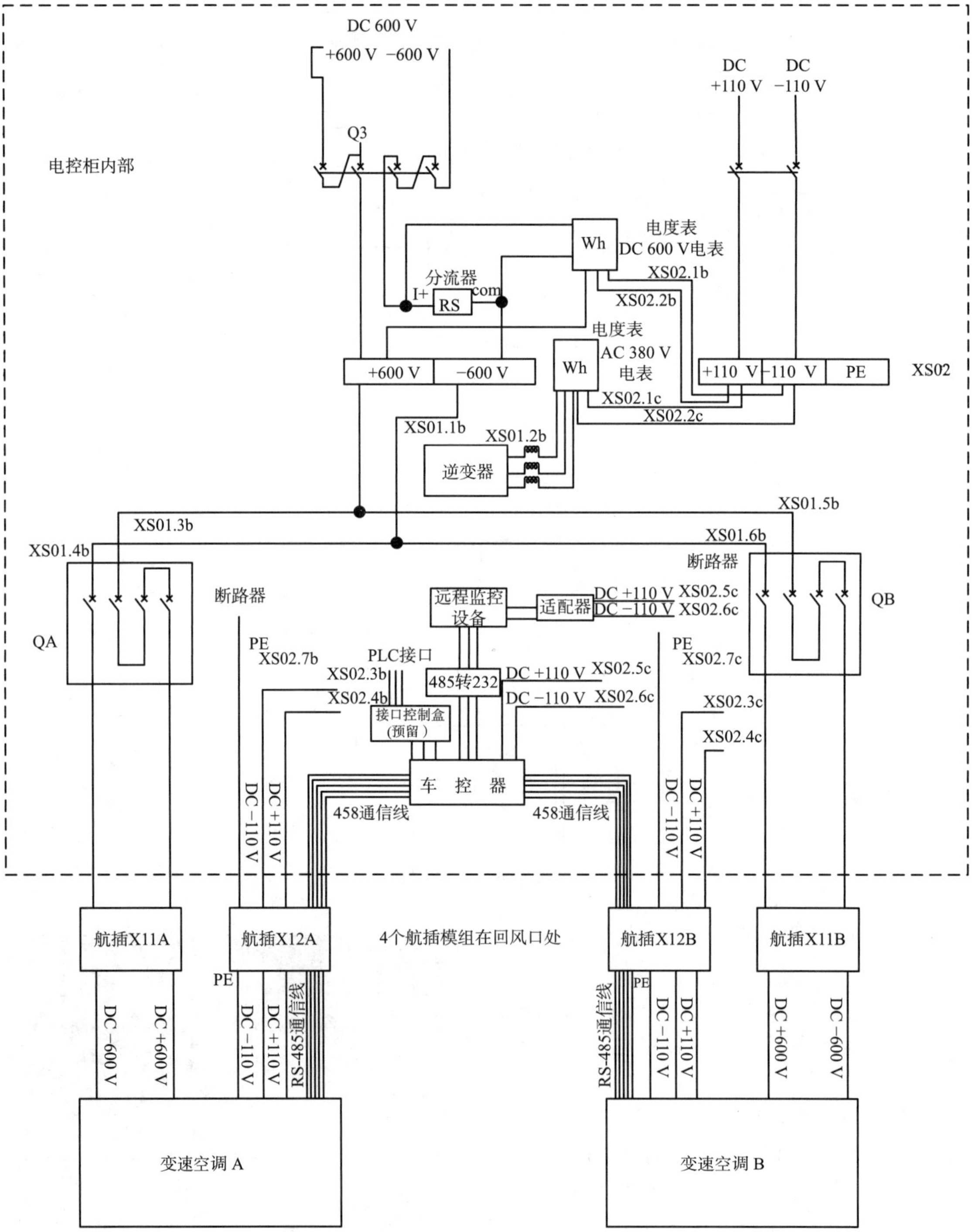

图 5-6　变频空调机组整车电气接口

4. 减重效果分析

以 25G 型硬座车供电系统优化电气方案为例。

(1)逆变电源减重

原 35 kV · A 电源箱改为 15 kV · A 电源箱,电源箱重量由 750 kg 减为 490 kg,减重 260 kg。

(2)线束减重

原布线采用 3 个航空插头,通风机、2 路压缩机、2 路冷凝风机三相电线均采用 2.5 mm^2的线束,通信采用 0.5 mm^2线束。线束总长:A 侧(靠近电器柜侧)3.4 m,B 侧 28 m。现布线采用 2 个航插,DC ±600 V 电源线采用 6 mm^2线束,5 芯通信屏蔽线采用 0.5 mm^2线束,DC ±110 V 电源线采用 1.5 mm^2线束。线束总长:A 侧(靠近电器柜侧)3.4 m,B 侧 28 m。经估算线束方面减重 40 kg 左右。

1 辆车整体减重包括逆变电源减重和线束减重共计 300 kg。若 1 列车按 18 辆车计算,整列车减重 5 400 kg,即减重约 5 t 多,减重效果较为明显。

(六)铁路干线客车变频空调技术研究

1. 热泵工作原理

供暖时制冷剂在制冷回路中的流动方向通过四通阀的换向与制冷时相反,室外换热器和室内换热器的作用互换。由压缩机将制冷剂压缩成高温高压的过热气体,通过四通阀切换进入室内换热器,由通风机进行强制换热,客室冷空气经过室内换热器加热后送到车内,达到制暖目的。

热泵空调相比单冷空调增加了一个关键部件——四通换向阀,如图 5-7 和图 5-8 所示。当车内需要制冷时,四通换向阀不通电,系统中的制冷剂按照图 5-9 所示的流程进行循环,此时车内换热器为蒸发器,从车中吸热,车外换热器为冷凝器,向外界环境散热;车内需要制热时,四通阀线圈通电,此时制冷剂按照图 5-9 所示的流程在制冷系统中循环,此时车内换热器为冷凝器,向车内散热,车外换热器为蒸发器,从外界环境吸热。

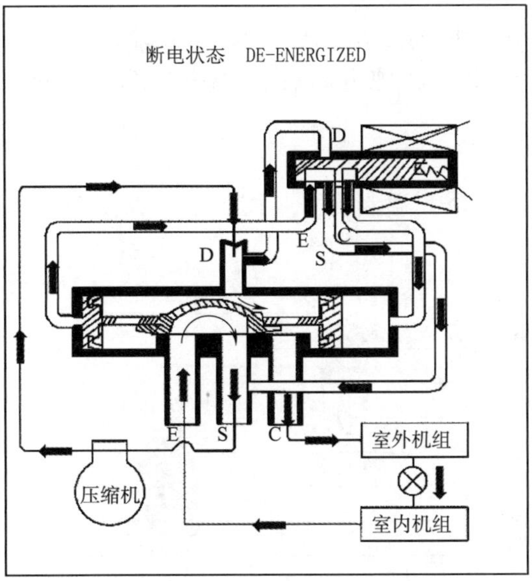

图 5-7　空调制冷状态

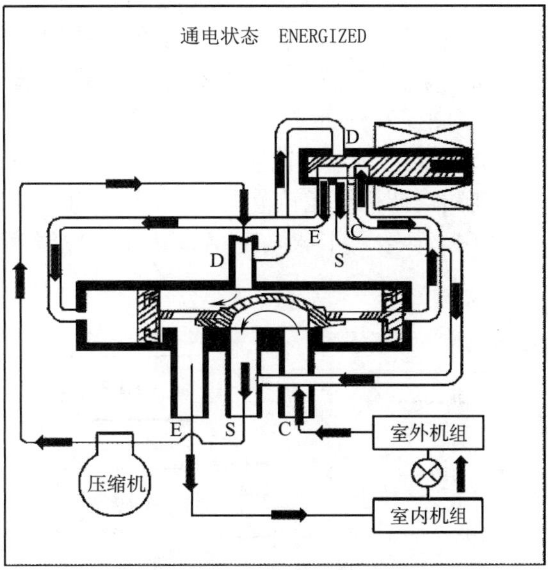

图 5-8　空调制热状态

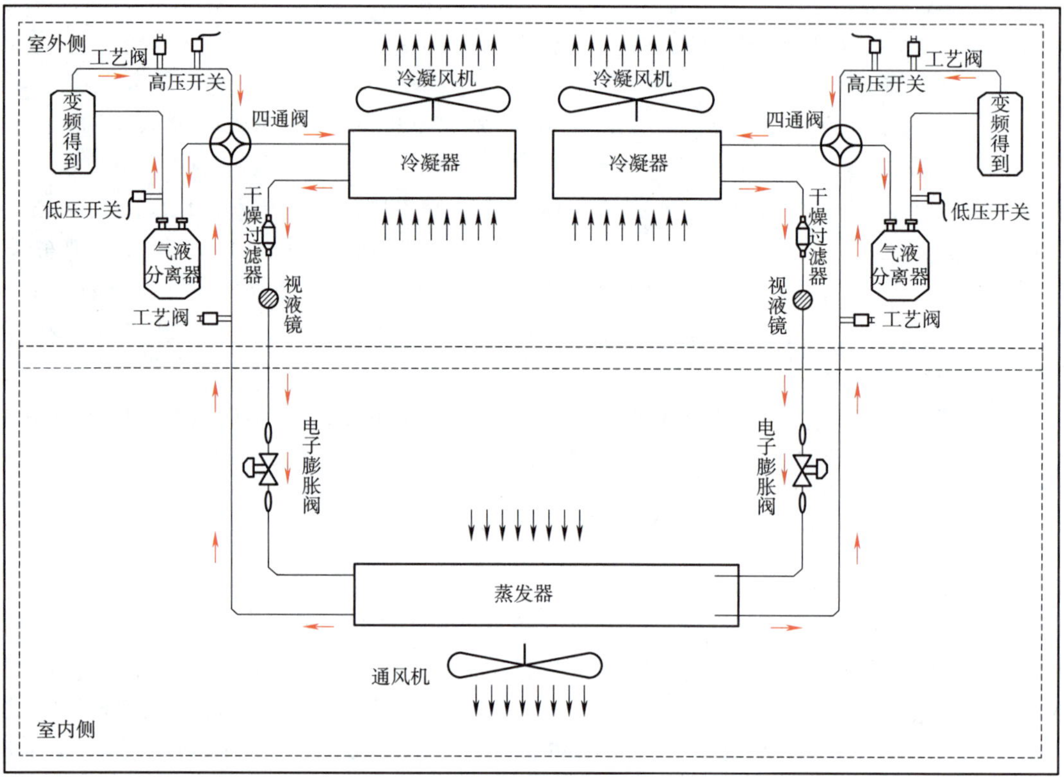

图 5-9　空调系统原理图

2. 热泵节能原理

在需要制热的情况下采用空调热泵制热，比采用电加热器制热更加省电。普速客车采用传统定频空调，客室制热需要通过客室电加热器实现制热，只能产生和耗电量相当的制热量。热泵制热采用逆卡诺循环原理，从低温热源吸热(车厢外)向高温热源(车厢内)供热，向室内供热热量等于从室外吸收的热量加上压缩机输入的能量。比纯电加热效率高 3 倍，节能可达 60%，如图 5-10 所示。

3. 热泵空调环境适应能力

变频空调机组运转范围宽广，冬季超低温制热、夏季高温制冷。其控制范围如图 5-11 所示，图中 *DB* 表示干球温度，*WB* 表示湿球温度。

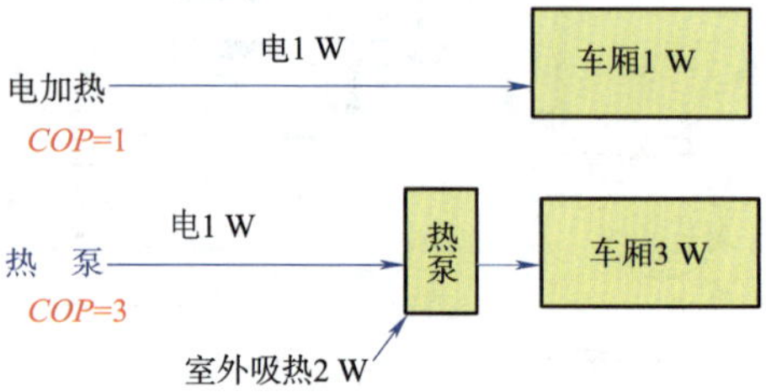

图 5-10　热泵节能原理图

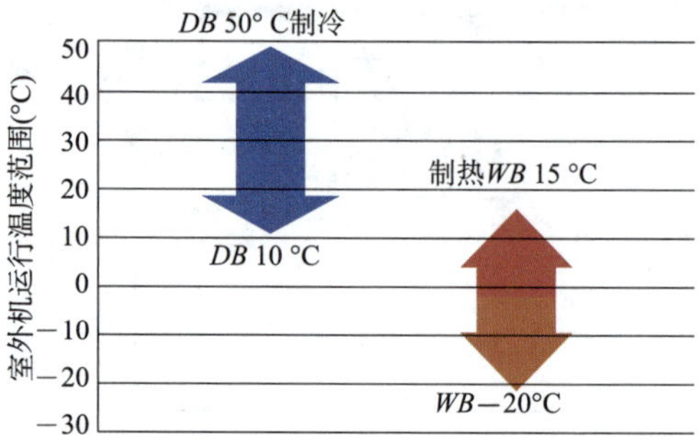

图 5-11　列车热泵变频空调机组控制范围图

热泵空调一般在外界环境温度－20 ℃以上，仍然可以提供有效制热量。考虑到实际客室制热负荷需求，变频热泵空调机组保持在外界环境温度－10 ℃以上时正常工作，外界环境温度低于－10 ℃时，启动客室电加热器制热，最大限度地进行节能控制。

4. 实际线路低温效果测试

2014 年 2 月，在硬座改造车辆上，监控了低温环境热泵制热效果，在定频空调车厢和变频空调车厢分别安装了温度记录仪，测试制热情况下车厢的温度情况。如图 5-12 所示，当室外温度介于－10～0 ℃之间时，变频空调车厢的温度能保持在 19 ℃以上，且温度波动比定速车厢小。所以在室外温度很低的情况下，变频空调车厢仍然能够保持比较好的客室舒适度。

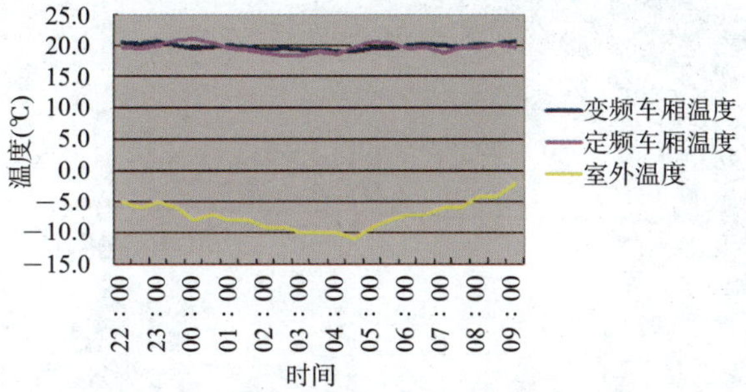

图 5-12　2014 年 2 月 28 日车厢温度曲线

（七）铁路干线客车变频空调软启动技术研究

1. 变频空调软启动技术

电动机以其优良的性能及无须维护的特点，在各行各业中得到广泛的应用。然而由于其定频工频(50 Hz)起动时要产生较大冲击电流(一般为额定电流的 8～10 倍)，同时由于启动应力较大，使负载设备的使用寿命降低。由于采用变频器供电后，电动机可以在很低的频率和电压下启动，冲击电流小，对电网的冲击小，对其他在网设备影响小。变频软启动以其优良的技术特点而得到广泛应用。

DC 600 V 供电变频空调机组中的压缩机、通风机、冷凝风机均采用变频软启动方式，启动电流从 0 开始，无冲击、无干扰，可靠性提高。启动电流波形如图 5-13 所示。

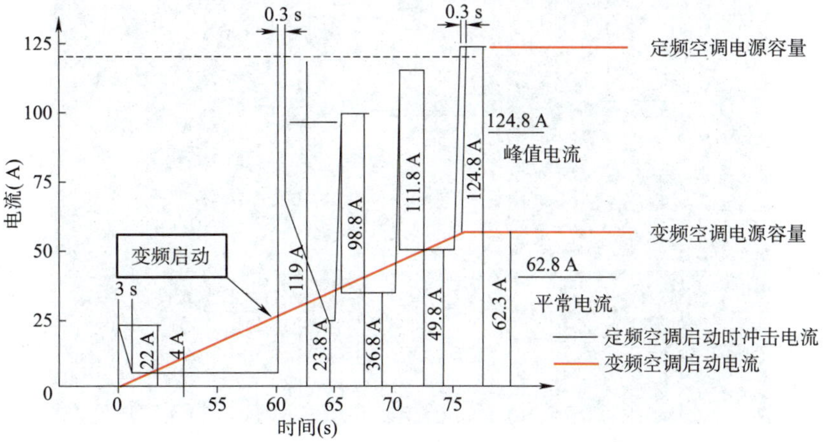

图 5-13　启动电流波形

2. 试验对比

在实际的跟车测试过程中，针对变频机组和定频机组的启动对电网的冲击进行对比测试。定频机组控制电加热启停时，启动电流 18 A，启动电流较大。定频空调机组启动制冷电流峰值约 37 A。变频空调机组压缩机采用 VVVF 变频技术，低频低压启动，冲击电流峰值仅 5 A，变频空调机组启动电流远小于定频机组。列车实际运行中过分相频繁，变频空调机组软启动方式，大大减小了 DC 600 V 电源的冲击，提高了车辆用电设备电气安全性。

测试数据如下：

（1）过分相后，定频空调客车 DC 600 V 电源母线电流波形如图 5-14 所示。

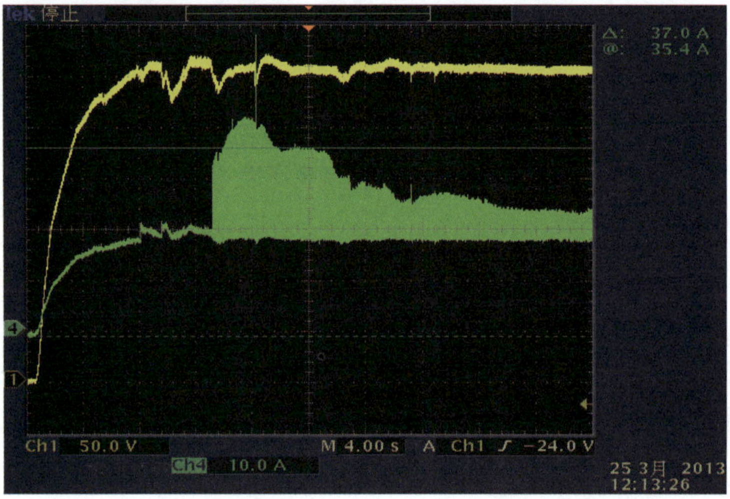

图 5-14　过分相后定频空调车厢 DC 600 V 电源母线电流波形

从图 5-14 可以看出，定频车厢供电恢复后，启动电流随电源电压的升高，电流逐渐增大，当车辆辅助逆变器启动时，电流峰值 37 A，冲击电流较大。

（2）过分相后，供电恢复，变频空调车厢 DC 600 V 电源母线波形如图 5-15、图 5-16 和图 5-17 所示。

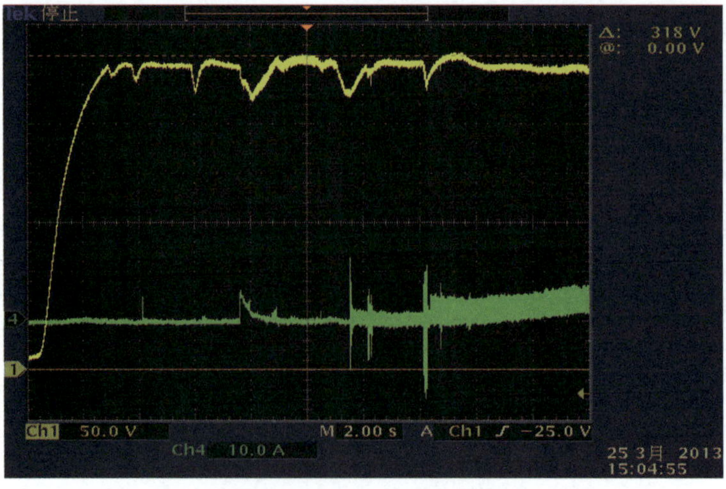

图 5-15　过分相后变频空调车厢总线启动电流波形

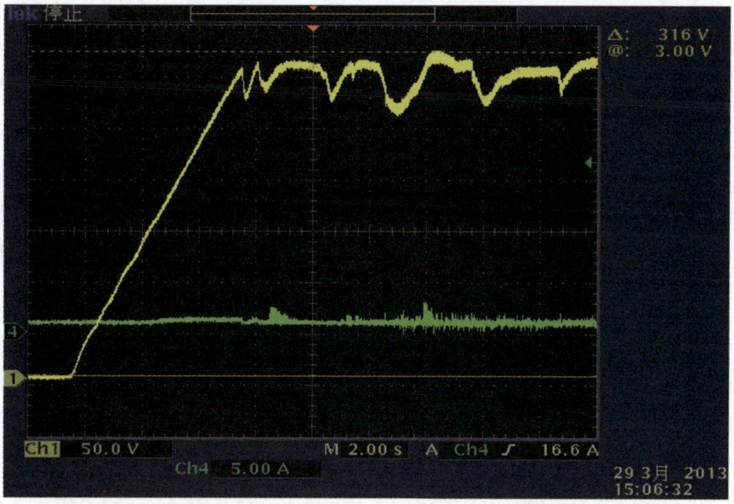

图 5-16　变频空调车厢 DC 600 V 母线辅助逆变器启动电流波形

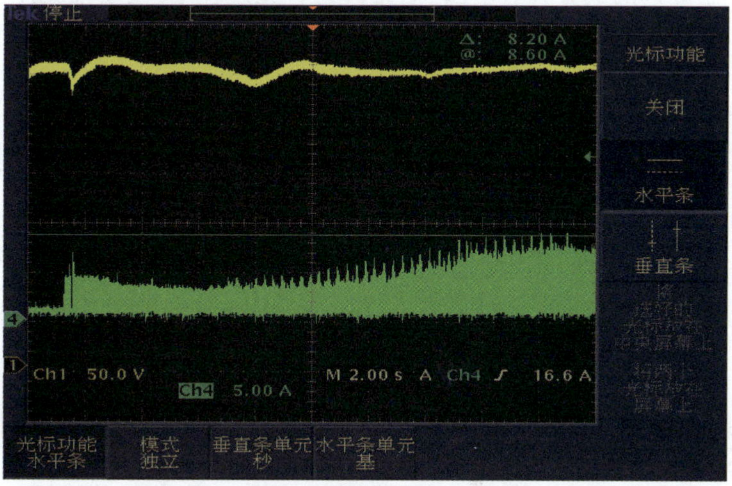

图 5-17　变频空调客车总线空调启动电流波形

从图 5-16 和图 5-17 可以看出，变频空调客车供电恢复后，辅助逆变器启动时，电流峰值 5 A，干线电压趋于稳定后，空调机组启动电流峰值 5 A，冲击电流较小。

(八)新型环保制冷剂 R410A 适用性研究

1. 轨道交通车辆空调冷媒的选择

早期轨道交通车辆空调主要以非环保型冷媒 R22 为主，为响应国际社会环保要求，必须寻找 R22 冷媒替代产品。轨道交通车辆空调冷媒的选择要考虑两个方面，一个是冷媒是否满足环保要求，另一个是能否满足实际的使用。目前，对于普通轨道交通车辆而言，适合空调使用的有 R407C 和 R410A，采用不同的冷媒，就要用不同的压缩机，选用冷媒的同时要考虑是否有合适的压缩机资源。

R410A 是目前世界公认的空调 R22 制冷剂的中长期替代品，具有稳定、无毒、性能优越等特点。目前,R410A 冷媒在城市轨道交通空调系统上已经有成功的应用案例。

2. 冷媒特性分析

(1)R407C 冷媒

R407C 制冷剂是一款由 HFC 类物质组成的混配环保型制冷剂。由于 R407C 为非共沸制冷剂,相变进程存在较大的温度滑移,因此不能采用满液式换热器作为蒸发器,并且在售后维修再补充过程中,在某些情况下,需要排掉系统中剩余的制冷剂然后再重新加注;同时为了保证制冷剂的成分不发生改变,R407C 必须以液态形式充注。R407C 是空调中 R22 制冷剂的过渡性替代品。

(2)R410A 冷媒

R410A 制冷剂是一款由 HFC 类物质组成的混配制冷剂,是一种新型环保制冷剂,不含任何破坏臭氧层的物质,其 *ODP* 值为零。与 R22 相比,R410A 的制冷容量显著提高,因此为设计更小更紧凑的空调设备提供了可能。

由于 R410A 由两种准共沸的混合物(R32 和 R125)合成,具有近共沸的物性,在整个运行范围内,制冷剂温度滑移小于 0.2 ℃,R410A 在制冷空调系统中不会发生显著的分离,即不会由于泄漏而改变制冷剂的成分,因此在售后维修再补充过程中,无须排放掉系统中剩余的制冷剂。

3. R410A 制冷剂优势分析

(1)性能优势

R410A、R22、R407C 制冷剂的理论循环性能、物化性质对比情况分别见表 5-1、表 5-2,R410A、R22、R407C 与 R22 的对比情况见表 5-3。

表 5-1　R410A 与 R22、R407C 的理论循环性能对比

制 冷 剂	R410A	R22	R407C
制冷容量比	1.45	1	1
有效系数	6.07	6.43	6.27
压缩比(率)	2.62	2.66	2.83
压缩机释放温度(℃)	74.6	77.3	75.1
压缩机释放压力(kPa)	2 612	1 662	1 763
温度滑移(℃)	0	0	4.9

注:冷凝器:43.3 ℃;蒸发器:7.2 ℃;低温冷却:2.8 ℃;过热:8.3 ℃。

表 5-2　R410A 与 R22、R407C 的物化性质对比

冷媒名称	R410A	R22	R407C
分子量	72.6	86.5	86.2
沸点(1atm)(℃)	−51.6	−40.8	−43.6
临界温度(℃)	72.13	96.24	86.74
临界压力(kPa)	4 920	4 980	4 620
饱和蒸气压(25 ℃)(kPa)	1 653	1 044	1 174
汽化热/蒸发潜热(沸点下,1atm)(kJ/kg)	275	233	250
破坏臭氧潜能值 *ODP*	0	0.034	0

续上表

冷媒名称	R410A	R22	R407C
全球变暖潜能值 *GWP* 100 年	1 975	1 700	1 700
ASHRAE 安全级别	A1 无毒不可燃	A1 无毒不可燃	A1 无毒不可燃

表 5-3　R410A 与常用制冷剂直观对比(以 R22 为 1)

制 冷 剂	R410A	R407C	R134A
运行压力	1.59	1.01	0.68
温度漂移(℃)	0.2	6.0	0.0
蒸发器热传递	1.35	0.9	0.9
冷凝器热传递	1.05	0.95	0.9
压力降低量	0.72	1	1.28
管径	较小	相同	较大
制冷剂充注量	0.7	0.95	1
重新设计度	重要	次要	重要
系统性能系数	0.98～1.06	0.95～1	0.95～1
系统成本	较低	相同	较高

从表 5-1、表 5-2 和表 5-3 可以看出，R410A 具有优良的传热性能，有利于提高空调制冷系统的性能系数。压缩机台架测试结果表明，R410A 的性能系数比 R407C 高 10％ 以上，比 R22 高 5％以上。

具体表现在以下几方面。

①传热系数

R410A 传热系数高于 R407C 约 35％～50％。R410A 传热系数较高的原因在于它的准共沸性，R410A 虽然是由两种组分(R32 和 R125)组成的混合物，但是这两种组分没有明显的挥发性差别，在蒸发或者冷凝过程中，R410A 的汽相组分浓度和液相组分浓度很相近，相变温梯度小于 0.2 K。

作为准共沸混合物，R410A 在蒸发和冷凝时的传热机理与纯制冷剂相似，没有明显的组分扩散现象，相变温度梯度对传热效率的影响极小，这就使得 R410A 的传热系数高于非共沸制冷剂 R407C。R410A 的传热系数高于 R22 的主要原因在于它具有更加有利的传热控制物理量，如具有较高的导热系数和较低的黏性系数。高效热传递，低压力损失，低温度漂移，较少的制冷剂充注量，更安静、更高效的压缩机，这些特点令 R410A 有着明显的优势。

②流动压降比

R410A 压降比小于 R407C 约 15％～35％。制冷剂流动所需的压降越小，压缩机消耗在压降上的无用功越小，越有利于提高性能系数。

③压缩效率

R410A 压缩效率高于 R407C 约 5％。

(2) R410A 具有更低的维护成本

R410A 是混合准共沸工质，R407C 是混合非共沸工质，R407C 必须液态充注，系统发生泄露，必须放空重新充注。

(3) R410A 系统运行压力比 R407C 高 50%

R410A 冷凝压力高。在其他条件相同的情况下，R410A 的冷凝压力要比 R22 高出 60%，因此需要更换高效率的压缩机，也对换热器的管材和管路的管材提出更高要求。而 R407C 相对于其他制冷剂而言，在冷凝压力及压降等各方面，均与 R22 最为接近(R407C 冷凝器比 R22 的高 3%～5%，压降低 5%～10%)。

4. 冷媒 R410A 设计要点(替代 R407C)

R410A 系统设计已经非常成熟。在空调系统设计上需要重点关注冷媒管路规格选择、管路强度、管壁厚度，所有阀体、弯头符合压力要求等细节问题。

(1)压缩机选型

由于 R410A 新冷媒的蒸发压力和冷凝压力较大，以及单位制冷量的增大，所以，为了适用 R410A 新冷媒，压缩机必须采用 R410A 冷媒专用的压缩机。

(2)系统耐压强度设计

①系统各耐压件强度需提高，配管强度也需提高，配管及连接铜管最小壁厚不得低于 0.8 mm。

②系统设计方面要避免应力集中，消音器、过滤器、干燥器、三通等定位点取消。

③部件选型时要求各种阀(四通阀，高低压阀，单相阀，电磁阀等)耐压强度提高。

④因冷媒动作压力提高，系统管路中弯曲部位、焊接部位、应力集中部位等薄弱处需增加耐压强度。

⑤换热器铜管径减小，强度提高，性能提升(内外换热器采用 ϕ7 mm 螺纹管)。

⑥在系统管路焊接部分，采用严格的管路焊接工艺控制焊接质量，钎料采用含银 25%的材料。钎料含银量增加，可以增加钎料的流动性，增加焊缝的填充，保证焊缝质量，增加连接强度。

⑦换热器设计。

由于 R410A 的压力损失小，经过专业的流路、管程设计，热交换器流路数可以适当减少，从而改善传热性能，同时减小结构尺寸。

(九)智能远程状态监控系统研究

1. 监控系统介绍

借用无线移动通信网络，实现远程数据传输，进行设备状态监控，如图 5-18 所示。

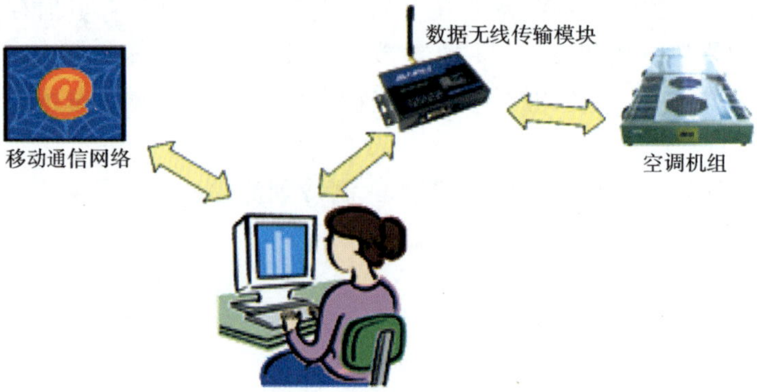

图 5-18　远程监控示意

远程监控可以实时监控到车辆空调机组的环境状态、运行状态、故障信息等，通过这些信息的搜集对于空调机组的环境适应性、客室温度舒适性优化、机组维护等有推进和优化作用。尤其在地面监控站实施远程监测空调运行状况，方便提前发现问题，及时维修处理。

2. 数据传输方式

(1)数据传输模块将采集到的空调机组数据包发送至移动网络。

(2)移动网络将数据包通过基站发送至空调厂家网络。

(3)远程终端(电脑)从网络上将数据解析，通过监控软件显现。

(4)监控软件将数据进行记录、保存。

3. 远程监控意义

监控信息包括空调机组的运行状态、环境情况、客室载荷状态、新风阀状态、故障信息等，实施远程监控的意义包含以下方面。

(1)基础研究方面

远程监控实时监测空调机组的运行状态，通过环境情况(包括外界环境和客室环境)信息的采集，可对空调机组在不同环境状况下的运行情况进行分析，优化空调机组的控制，使空调机组满足不同环境温度的需求，使空调机组运行更加稳定。

(2)机组维护方面

通过远程监控可实时监控机组的故障信息：

①通过这些故障信息的采集和分析，空调机组厂家可以及时对故障进行分析，无须业主反馈，就可提前找到解决的方案，提前对故障进行解决。

②通过对各种故障的分析、解决，可以减少实际运行中故障的再发生，降低故障率，机组的维护率也相应降低。

③通过远程监控，当有紧急故障发生时，空调厂家可以及时与业主沟通，对故障进行紧急处理，以减少运行过程中因故障引起的乘客投诉等。

(十)客室舒适性研究

1. 温度控制方式对比

(1)定频空调机组

定速空调机组采用启停压缩机方式控制客室温度。为了压缩机的润滑，压缩机每次开机至少要工作 3 min 以上；为了起动容易，停机 3 min 让高低压力平衡，每次开停最小周期为 6 min，每小时最多开停 10 次。为了避免频繁开停，程序设计中当高于设定温度 1 ℃时，允许开机；低于设定温度 1 ℃时关机，因此温度波动很大(图 5-19)。

(2)变频空调机组

当车内温度与设定温度相差较大时，变频空调机组的压缩机首先以较高转速运行，提高制冷能力，达到车内快速降温的目的。当车内温度达到设定温度时，降低压缩机转速，连续运转维持恒温，保持舒适。客室温度控制采用 PID 控制算法，控制精度高，车内温度波动小，舒适度高，具体如图 5-20 所示。

2. 试验效果对比

在 25G 型硬卧车线路运用过程中，分别在定频空调车厢、变频空调车厢布置温度测点，进行舒适度试验对比分析。按照图 5-21 的方式记录客室温度数据。

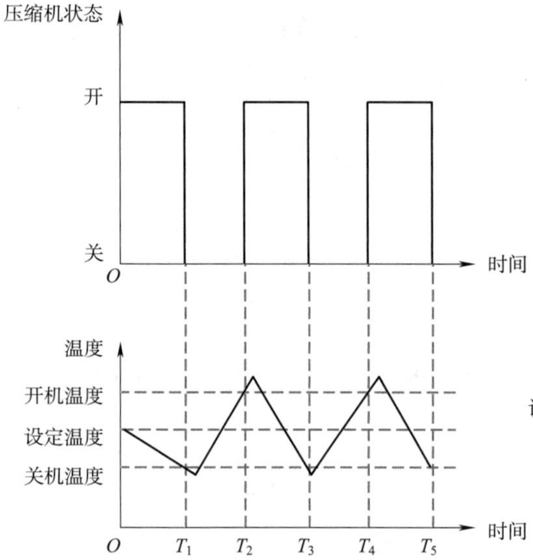

图 5-19　定频空调机组运行状态

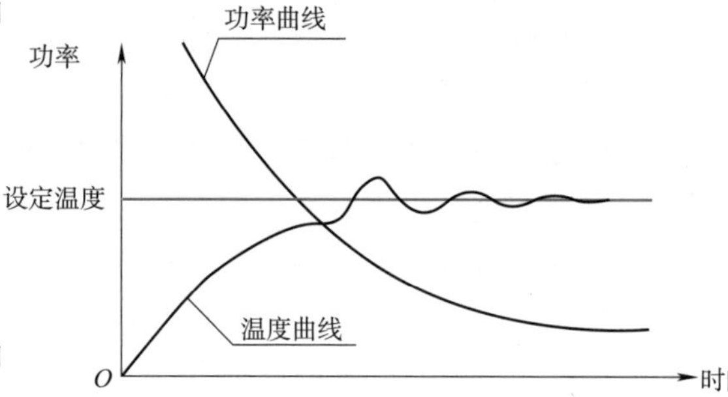

图 5-20　变频空调机组运行状态

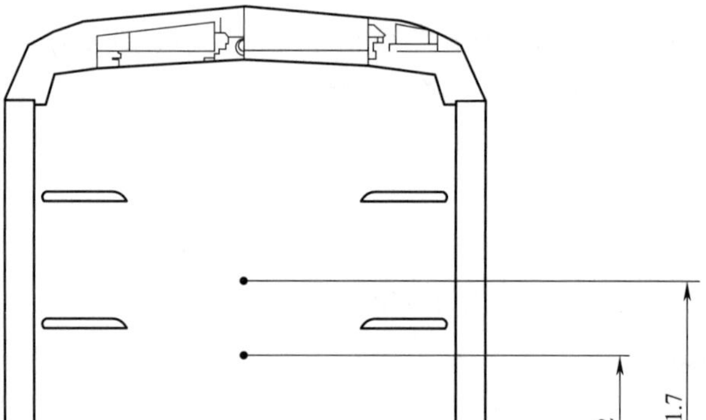

图 5-21　硬卧开间温度测点布置(单位:m)

针对 25G 型硬卧车厢,分别在定频空调车厢、变频空调车厢中部的下铺下方安装温度记录仪,记录数据以进行车辆长期运行过程中的舒适度试验对比。测试数据绘制的曲线示例如图 5-22 所示,在制冷模式下,定频空调客室温度波动较大,而变频空调客室温度稳定在 23 ℃左右,舒适性较好。

（十一）变频节能研究

1. 变频节电原理

变频空调的节能机理见第四章第四节。

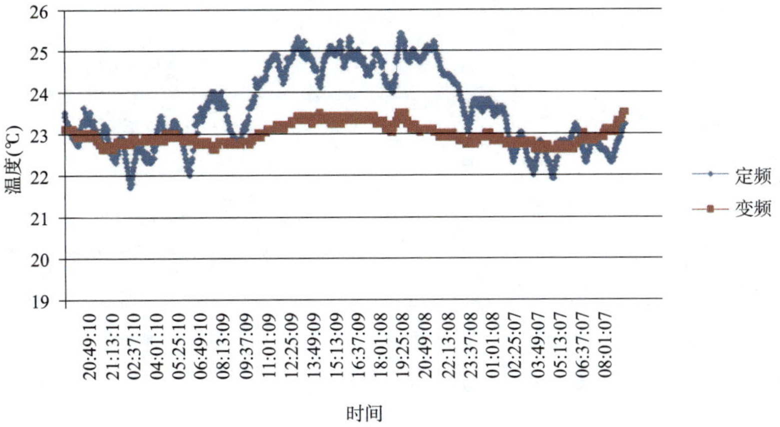

图 5-22　制冷模式温度对比

2. 变频车辆空调节能方案

(1)采用高效 PMSM 直流变频压缩机节能

空调机组主要耗能部件为压缩机、通风机、冷凝风机。其中压缩机的耗能占整个空调机组耗能的绝大部分。DC 600 V 直供变频客车空调机组采用的是 PMSM(永磁同步电机)压缩机,在相同的运行条件下,PMSM 压缩机由于其永磁同步电机的高效率,其功耗要低于定频压缩机的功耗。通过采用高效的 PMSM 压缩机,空调系统可以提高制冷系统的能效比,一般相比异步交流压缩机可节能 7%～10%。

(2)变频变负荷输出节能

客车空调机组的目的是给车内降温、恒温和除湿。降温需一定的功率储备,维持恒温不需太大的功率。普速客车空调机组与变频空调机组降温和恒温的方式不同,前者是靠不断的启停压缩机来维持客车内的温度;变频空调机组则以低频低功率运行来维持客室温度,低频下压缩机的容积效率提高,相对换热面积增大,空调能效比提高。

(3)采用热泵制热节能

热泵采暖比传统的电加热器采暖能效比更高。

(十二) 长期运用节能对比试验

为了验证变频热泵空调机组节能实际效果,先后进行了正线运营能耗对比测试,利用安装在车辆上的电度表记录每车空调机组的耗电量。

2013 年 3 月 22 日至 2014 年 3 月 31 日,在“青岛—西宁西”和“青岛—成都”线路上,对比同一列车中一辆硬卧车安装定频空调,另一辆硬卧车安装变频空调,对其用电量进行测试,列车的运行线路遵照铁路运行图的安排。测试结果见表 5-4。

表 5-4　硬卧车 40 kW 机组耗电对比测试

试验时间(周期)	行程	运行里程(km)	运行时间(h)	变频空调车厢用电总量(kW・h)	定频空调车厢用电总量(kW・h)	茶水炉用电总量(变频空调车厢)(kW・h)	茶水炉用电总量(定频空调车厢)(kW・h)	去除茶水炉节电量(kW・h)	去除茶水炉用电节电率
2013.3.22—2014.3.31	青岛—西宁西—青岛 青岛—成都—青岛	510 604	7 221	25 963	36 417	2 078	2 173	10 358	30.25%

由以上长达1年的实际运行试验对比可以看出，与定频空调机组相比，变频空调机组可节能约30%。

第二节　在高速铁路动车组车辆上的应用

目前，高速铁路动车组采用变频空调机组的主要有CRH2型动车组和京张智能动车组，其他车型主要采用定频空调机组，CRH2型动车组的变频空调机组主要构成和参数简介如下。

CRH2型动车组空调系统是一种全新的列车空调系统，主要由空调装置、换气装置以及通风系统构成（头车还包括司机室空调）。空调装置由空调机组及车上配电柜内的空调显示设定器组成。客室制冷由空调制冷系统完成，客室制热由内置于空调机组的电加热器实现。为了降低车体的重心，适应动车组高速运行，空调机组和通风系统的主要风道分别设置在地板下及地板中间。图5-23为头车空调系统的结构示意图。

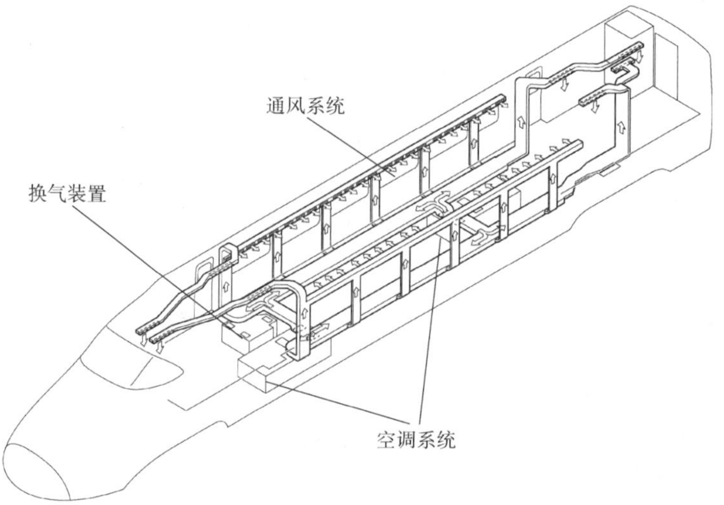

图5-23　CRH2型动车组头车空调系统的结构示意

CRH2型动车组每辆车下均设2台空调机组和1台用于提供新风和排放废气的换气装置。空调机组（图5-23）利用内置的变频装置实施控制，变频装置通过比较空调显示设定器设定的温度值和客室内的检测温度值，对空调机组的压缩机、室外送风机、室内送风机进行变频控制，对电加热器进行通断控制，实现对客室空气的制冷及加热。

动车组在会车和通过隧道时，车外空气压力将会产生急剧变化。为减少客室外压力变化对客室内空气压力的影响，保证客室的正常换气，CRH2型动车组在每辆车的地板下安装了集新风供给和废气排放于一体的换气装置。

空调机组和换气装置在车下与通风系统相连。每台空调机组向客室内提供新风量12 m^3/min，回风量48 m^3/min，总通风量为60 m^3/min。通风系统包括新风（FA）、送风（CA）、回风（RA）、排风（EA）四种用途的风道。卫生间废气通过废排风道全部由换气装置排出。

空调系统能够保证动车组如下性能：夏季，外部气温33 ℃、相对湿度80%及150%定员时，客室温度可保持在26 ℃以下；气温40 ℃、相对湿度55%及100%定员时，客室温度可保持在 28 ℃以下;冬季,气温为−15 ℃时,客室温度可保持在 20 ℃以上。

一、空调机组

空调机组设置在车辆的地板下,采用单元式结构,如图 5-24 所示。空调机组分为通风单元、制冷单元和变频装置。通风单元采用密封结构,内部设有客室热交换器、室内送风机、电加热器、节流装置、直流电抗器、排水泵、空气过滤网等部件;制冷单元设有压缩机、高压开关、客室外热交换器、客室外风机、制冷剂储液器、交流电抗器等部件;变频装置也采用密封结构,内部设有变频器、散热器、接触器盘 1、接触器盘 2 等零部件。

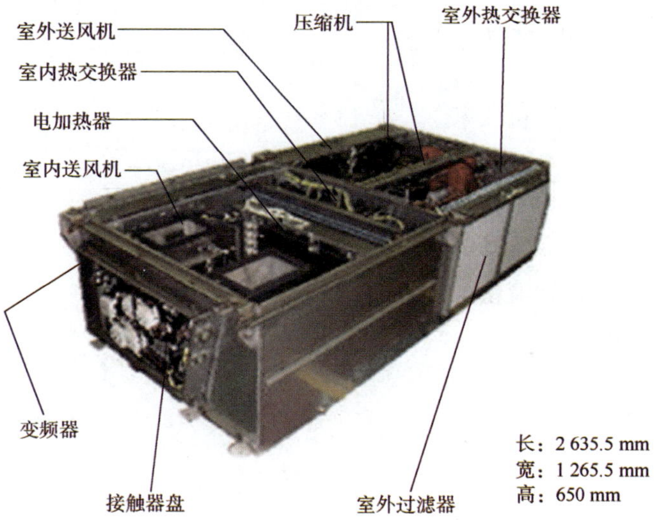

图 5-24　CRH2 型动车组客室空调机组结构示意

为便于检修,空调机组下部设检查口,检查口和排水托盘为一体,以便于室内热交换器、室内回风过滤网、排水托盘、排水泵的清洗。此外,为防止室外热交换器的污损,安装了室外过滤器。室内回风过滤网、室外过滤器均采用无纺布材料。

1. 空调机组基本技术规格

(1)安装方式:车底架下安装。

(2)主电路输入:单相 AC 400 V,50 Hz。

(3)控制电路输入:单相 AC 100 V,50 Hz,DC 100 V。

(4)制冷控制方式:变频控制及压缩机运行台数控制。

(5)制热控制方式:电热器多级控制。

(6)制冷能力见表 5-5。

表 5-5　CRH2 型动车组客室空调机组的制冷能力

试验工况	室外侧温度(℃)	室内侧温度(℃)	制冷量(kW/台)
1	室外热交换器吸入空气干球温度:33	室内热交换器吸入空气干球温度:28 室内热交换器吸入空气湿球温度:23	37.21 以上

续上表

试验工况	室外侧温度(℃)	室内侧温度(℃)	制冷量(kW/台)
2	室外热交换器吸入空气干球温度:55	室内热交换器吸入空气干球温度:35	29.07 以上
		室内热交换器吸入空气湿球温度:28	

(7)制热能力:24 kW/台以上。

(8)循环风量：65 m^3/min(65 Hz),60 m^3/min(60 Hz),机外静压 490 Pa。

(9)空调机组采用便于进行客室外热交换器的清扫和便于拆卸排水泵的结构。

(10)对故障的保护动作,以采用无须手动复位操作的自动复位方式为原则。

2. 空调机组主体构成设备的参数

(1)制冷压缩机

形式:全封闭型涡旋压缩机(2 极)。

额定功率:3.7 kW。

数量:2。

(2)室外送风机

形式:电动机直接连接轴流型。

风量:约 150 m^3/min 。

静止压力:176 Pa。

额定功率:1.5 kW。

转速:约 1 720 r/mm (4 极) 。

数量:2。

(3)室内送风机

形式:电动机直接连接离心型。

风量:约 65 m^3/min。

静止压力:784 Pa。

额定功率:1.5 kW。

转速:约 1 885 r/mm (4 极)。

数量: 1。

(4)室外热交换器

形式:交错排列,翅片管。

散热片:铝制。

冷却管:内面带沟槽的铜管。

数量:1。

(5)室内热交换器

形式:交错排列,翅片管。

散热片:铝制。

冷却管:内面带沟槽的铜管。

数量:1。

(6)电加热器

额定功率:24 kW。

元件:带散热片的护套型电加热元件。

数量:1。

(7)排水泵×1 个

额定电压:AC 100 V±10%。

(8)浮子开关×2 个

排水高度检测用。

二、变频装置

CRH2 型动车组空调机组的变频装置是内置在空调机组内的,通过比较显示设定器的设定温度值与温度传感器的检测值,对压缩机及室内外风机进行运行控制。来自牵引变压器辅助绕组的电力先供给设在各个车辆上的辅助电路配电盘,经由断路器(UN1、UN2)分别连接到空调机组 1 和空调机组 2 的接触器盘 1 内的电磁接触器 IVK(用于逆变器)及 HK1～HK3(用于供暖气)。

变频装置由变频器、电容器单元、交流电抗器、直流电抗器、限流电阻器(CHR1、CHR2)和接触器(IVK、CHK)构成。变频装置内含 1 个斩波器电路和 2 个变频器电路。其中,将驱动压缩机的倒相电路称为 VVVF;将驱动室内外风机的倒相电路称为 CVCF。

电气配线从 4 芯配线用连接器(CN1)供给主电路单相 AC 400 V,从 27 芯配线用连接器(CN2)供给控制电路电源。压缩机(CP1,CP2)由单相 AC 400 V 经变频器变成 3 相 AC 120 V(40 Hz)～AC 200 V(70 Hz)的电源供电。室内送风机(EF)和室外风机(CF1,CF2)由单相 AC 400 V 经变频器变成电源 3 相 AC 200 V(60 Hz)～AC 215 V(65 Hz)的电源供电。电加热器(H1,H2,H3)采用单相 AC 400 V 直接进行加热。

变频装置的主要部件及基本功能见表 5-6 和表 5-7。

表 5-6　变频装置的主要部件

单元名称	部件名称	数　量
变频器单元	IPM 模块 二极管模块 控制板 电源板(含门电路) 控制电源(AVR)	5 3 1 2 1
电容器单元	铝电解电容器 防雷击吸收器 熔断器	6 2 1
接触器盘	电磁接触器 限流阻抗器 继电器	9 2 10
交流电抗器(ACL)	交流电抗器	1
直流电抗器(DCL)	直流电抗器	1

表 5-7　变频装置主要部件的基本功能

序号	名　称	基本功能
1	变频器单元	(1)进行 AC/DC 及 DC/AC 转换； (2)由斩波器电路对不稳定的电源进行恒压控制，获得稳定电压； (3)通过空调显示设定器的温度设定值与温度传感器的检测值，进行变频器的输出电压控制和输出频率控制； (4)向空调显示设定器输出空调机组运行状态、故障信号
2	电容器单元	(1)抑制外来浪涌电流； (2)限制冲击电流； (3)使整流后的直流电压及斩波器输出电压平稳
3	交流电抗器(ACL)	抑制变频装置输入电流及发生事故时的电流、浪涌电流
4	直流电抗器(DCL)	抑制斩波器输出电流及事故发生时的冲击电流

三、空调显示设定器

见第四章第二节相关内容。

四、空调机组控制

CRH2 型动车组空调机组的控制采用变频控制，变频装置内置于空调机组内。变频装置在比较空调显示设定器的温度设定值和温度传感器的检测值以后，发出控制指令，对空调机组的压缩机、室内风机、室外风机、电加热器等空调设备的通断与运行频率进行控制。空调机组控制原理如图 5-25 所示。

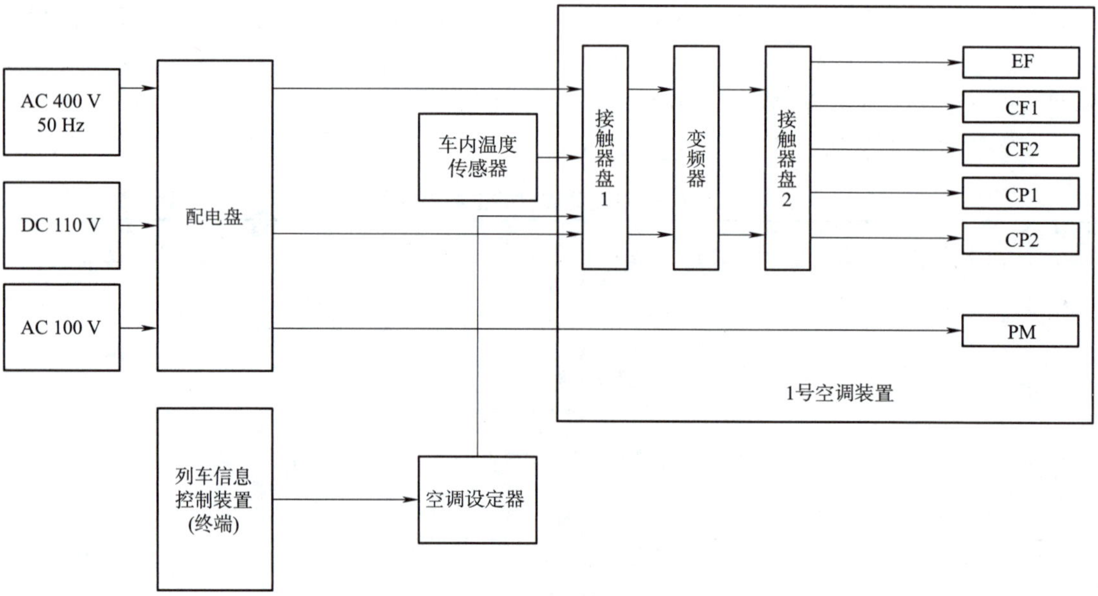

图 5-25　CRH2 型动车组空调机组控制原理

1. 制冷运行控制

当制冷运行指令从空调显示设定器发出后，变频装置比较空调显示设定器的温度设定值和室内温度传感器测的温度值，根据设计的制冷运行模式（表 5-8），按照客室内温度与制冷运行模式的关系图（图 5-26），通过由接触器盘 2 内的电磁接触器 CPK1、CPK2 对压缩机的通断进行控制（含控制台数），实现对压缩机运行频率（40～70 Hz）的控制，从而对制冷工况进行控制。

表 5-8　制冷运行模式

<table>
<tr><th rowspan="2">运行方式</th><th colspan="2">压缩机</th><th>室内风机</th><th>室外风机</th><th rowspan="2">制冷能力</th><th colspan="5">运行模式</th></tr>
<tr><th>CP1</th><th>CP2</th><th>EF</th><th>CF</th><th colspan="2">自动制冷</th><th colspan="2">强制制冷</th><th>断开</th></tr>
<tr><td>6</td><td>70 Hz</td><td>70 Hz</td><td>65 Hz</td><td>65 Hz</td><td>100%</td><td rowspan="6">自动</td><td>—</td><td rowspan="6">强制</td><td>—</td><td>—</td></tr>
<tr><td>5</td><td>60 Hz</td><td>60 Hz</td><td>60 Hz</td><td>60 Hz</td><td>86%</td><td>—</td><td>—</td><td>—</td></tr>
<tr><td>4</td><td>40 Hz</td><td>40 Hz</td><td>60 Hz</td><td>60 Hz</td><td>57%</td><td>—</td><td>—</td><td>—</td></tr>
<tr><td>3</td><td>60 Hz/—</td><td>—/60 Hz</td><td>60 Hz</td><td>60 Hz</td><td>43%</td><td rowspan="3">减半</td><td>减半</td><td>—</td></tr>
<tr><td>2</td><td>40 Hz/—</td><td>—/40 Hz</td><td>60 Hz</td><td>60 Hz</td><td>29%</td><td>—</td><td>—</td></tr>
<tr><td>1</td><td>停止</td><td>停止</td><td>60 Hz</td><td>停止</td><td>0%</td><td>—</td><td>断开</td></tr>
</table>

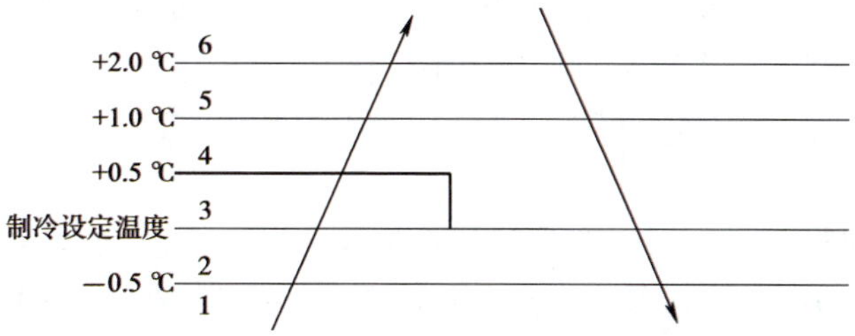

图 5-26　制冷运行模式

2. 制热运行控制

根据从空调显示设定器发来的制热运行指令和温度控制指令，按照被选择的各种方式，空调机组内的电加热器 H1～H3 和室内送风机开始工作。用于电加热器的电源，不像制冷设备的电源那样有复杂的要求，可以直接使用从主变压器辅助（3 次）绕组来的电源。

将 2 个温度传感器检测的温度平均后得到的客室内温度和空调显示设定器的温度设定值进行比较，根据设计的 6 种制热运行方式（表 5-9），按照客室内温度与 6 种方式制热运行的关系图（图 5-27），进行制热运行控制。

表 5-9　制热运行方式

<table>
<tr><th rowspan="2">运行方式</th><th colspan="3">电加热器</th><th>室内送风机</th><th rowspan="2">制热能力</th><th colspan="5">运行模式</th></tr>
<tr><th>1</th><th>2</th><th>3</th><th>EF</th><th colspan="2">自动制热</th><th colspan="2">强制制热</th><th>关机</th></tr>
<tr><td>6</td><td>ON</td><td>ON</td><td>ON</td><td>60 Hz</td><td>100%</td><td rowspan="6">自动</td><td>—</td><td rowspan="6">强制</td><td>—</td><td>—</td></tr>
<tr><td>5</td><td colspan="3">将任意 2 台电加热器 ON</td><td>60 Hz</td><td>66%</td><td>—</td><td>—</td><td>—</td></tr>
<tr><td>4</td><td colspan="3">将任意 1 台电加热器 ON</td><td>60 Hz</td><td>33%</td><td rowspan="4">减半</td><td>减半</td><td>—</td></tr>
<tr><td>3</td><td colspan="3">对任意 1 台电加热器进行 A 运行模式</td><td>60 Hz</td><td>22%</td><td>—</td><td>—</td></tr>
<tr><td>2</td><td colspan="3">对任意 1 台电加热器进行 B 运行模式</td><td>60 Hz</td><td>16%</td><td>—</td><td>—</td></tr>
<tr><td>1</td><td>停止</td><td>停止</td><td>停止</td><td>60 Hz</td><td>0%</td><td>—</td><td>关机</td></tr>
</table>

注：A 运行模式：10 min ON/5 min OFF；B 运行模式：5 min ON/10 min OFF。

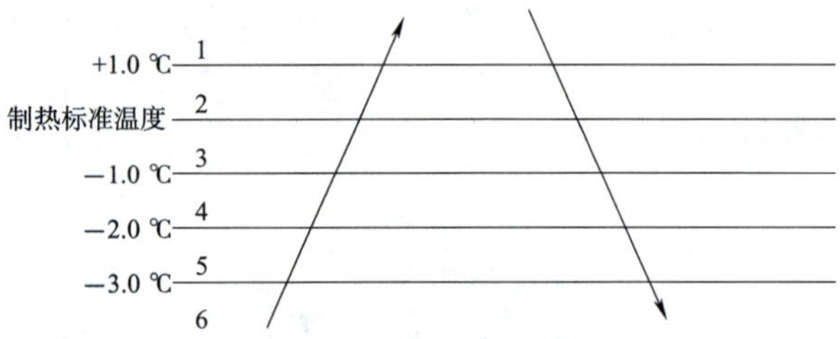

图 5-27　6 种制热运行方式示意

五、CRH2 型动车组用变频空调机组存在的问题

从 2007 年投入运用以来，CRH2 型动车组用变频空调机组存在的主要问题是不适应我国的气候条件，一方面是设计的环境温度偏低，我国铁路客车空调设计的环境干球温度为 35 ℃，相对湿度 60%，环境空气的焓值为 90.192 $kJ/kg_{干空气}$；而 CRH2 型动车组用变频空调设计的环境干球温度为 33 ℃，相对湿度 80%，环境空气的焓值为 99.122 $kJ/kg_{干空气}$，虽然环境空气的焓值比我国设计偏高，但是 CRH2 型动车组用变频空调机组安装在车下的设备舱内，由于设备舱内还有其他电气设备工作散热，设备舱内的干球温度就比车外高，当车外环境温度达到 35 ℃或以上时，设备舱内的温度有可能达到 45 ℃以上，因此 CRH2 动车组用变频空调机组会因高温而保护，影响了空调机组的正常使用。

另一方面是我国铁路沿线植树较多，每到春暖花开时，有大量的花絮漂浮在铁路沿线，这些花絮会被高速运行的动车组列车吸入到设备舱内，空调机组的冷凝风机有很大的吸力，会将这些花絮吸到冷凝器的进风侧，将冷凝器过滤网堵住，造成冷凝风量不足，使冷凝压力上升，造成压缩机高压保护。

针对以上存在的问题，经过有关部门的努力及后期国产化转化过程中，这基本得到了解决。

第三节　在地铁车辆上的应用

一、地铁车辆司机室变频空调机组

（一）司机室变频空调机组安装

司机室空调机组一般安装在司机室顶部，如图 5-28 所示。

图 5-28　地铁司机室空调装车示意

(二)司机室变频空调机组参数

地铁司机室变频空调机组参数见表5-10。

表5-10　地铁司机室变频空调机组参数

序号	技术参数	
1	型号	根据不同项目不同型号
2	类型	顶置变频冷暖一体式空调
3	供电电源	主回路:AC 380 V(AC 324 V～AC 437 V) 控制回路:DC 110 V
4	循环风量	高风:600～800 m^3/h;低风:>200 m^3/h
5	新风量	人均30 m^3/h
6	额定制冷量	≥4.5 kW
7	额定制热量(热泵)	≥4 kW 此项根据不同的地域进行选择
8	制冷剂	R407C或R410A
9	额定制冷输入功率	≤2.2 kW
10	节流方式	电子膨胀阀
11	空调重量	根据不同项目重量不同
12	机外静压	约150 Pa
13	外形尺寸	650 mm(长)×1 600 mm(宽)×390 mm(高)

二、地铁车辆客室变频空调机组

(一)概　　述

地铁车辆分为A/B/C型车,变频空调机组均有应用。

A型车,按照送风方式分为:

(1)下送下回型;

(2)端送端/下回型;

(3)两端下送下回型。

B型车,送风方式为下送下回型。

C型车,送风方式为单端送/回风型。

(二)地铁车辆客室变频空调机组说明

1. 变频空调机组安装

变频空调机组一般安装在地铁车辆客室1/4和3/4处,如图5-29所示。

几种地铁车辆客室变频空调机组可参见图5-30～图5-33所示。

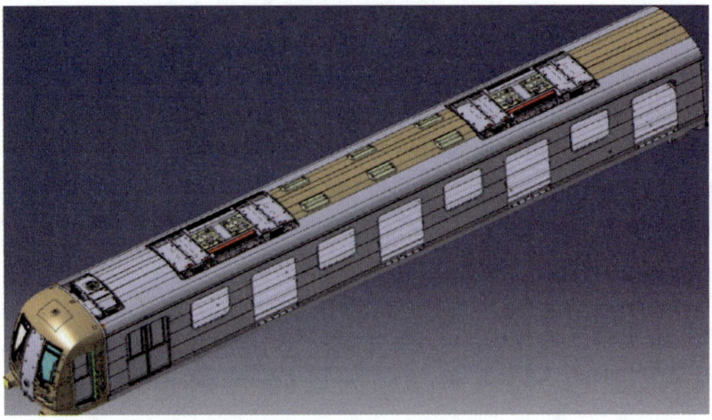

图 5-29　端部送风型地铁空调机组装车示意

图 5-30　A 型地铁车用端部送风型变频空调机组

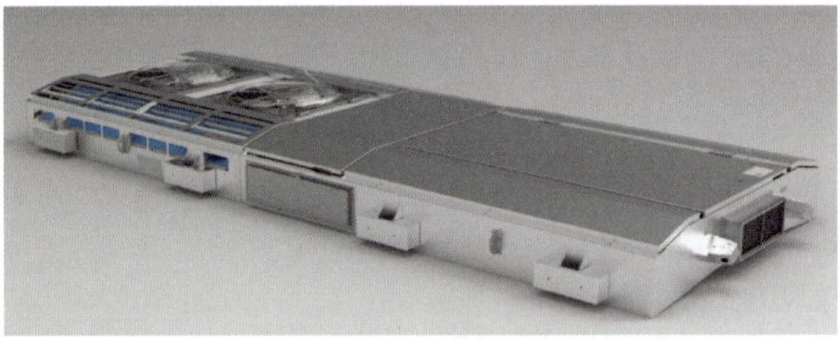

图 5-31　A 型地铁车用下部送风型变频空调机组

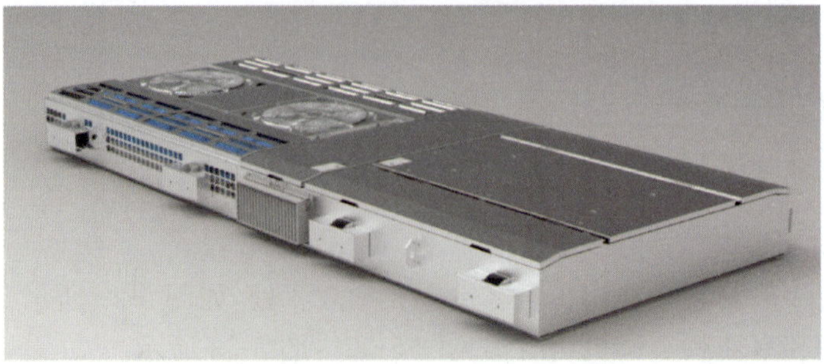

图 5-32　B 型地铁车用变频空调机组

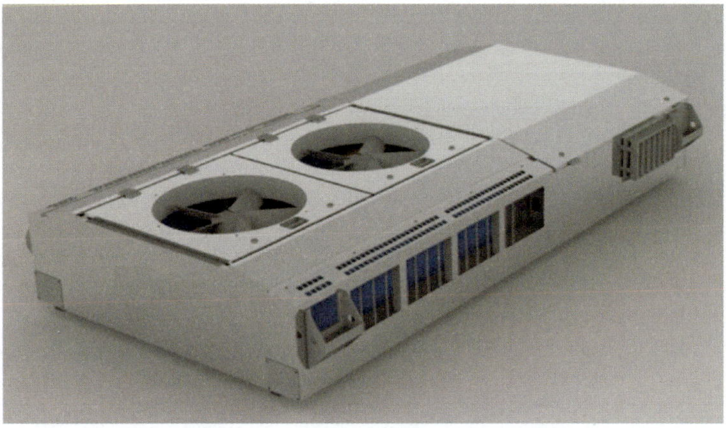

图 5-33　C 型地铁车用变频空调机组

2. 变频空调机组参数

(1)运行条件(表 5-11)

表 5-11　地铁车辆客室变频空调机组运行条件

序号	运行条件	
1	海拔高度	≤1 200 m
2	环境温度	−18～+42 ℃
3	存放极限温度	−40～55 ℃
4	环境湿度	≤94%
5	列车最高运行速度	根据不同车型确定

(2)技术参数(表 5-12～表 5-14)

表 5-12　A 型地铁车变频空调技术参数

序号	技术参数	
1	型号	根据不同项目不同型号
2	类型	单元顶置一体式变频空调机组
3	供电电源	主回路:AC 380 V(AC 324 V～AC 437 V)或 DC 750 V 或 DC 1 500 V 控制回路:DC 110 V(DC 77 V～DC 137.5 V)
4	循环风量	≥5 000 m^3/h
5	新风量	≥1 860 m^3/h
6	紧急通风量	≥3 100 m^3/h
7	额定制冷量	≥38 kW/40 kW/42 kW/44 kW (根据负荷要求不同,输出不同制冷量)
8	额定制热量(热泵)	≥20 kW 此项根据不同的地域进行选择
9	制冷剂	R407C 或 R410A
10	额定制冷输入功率	≤19 kW
11	节流方式	电子膨胀阀

续上表

序号	技术参数	
12	空调重量	根据不同项目重量不同
13	机外静压	约 150 Pa
14	外形尺寸	端送端回型： (1)4 150 mm(长)×1 600 mm(宽)×405 mm(高) (2)3 960 mm(长)×1 600 mm(宽)mm×450 mm(高) (3)3 700 mm(长)×1 600 mm(宽)mm×460 mm(高) 下送下回型： (1)4 100 mm(长)×1 600 mm(宽)×312 mm(高) (2)4 200 mm(长)×1 600 mm(宽)×320 mm(高) (3)4 000 mm(长)×1 600 mm(宽)×320 mm(高)

表 5-13　B 型地铁车变频空调技术参数

序号	技术参数	
1	型号	根据不同项目不同型号
2	类型	单元顶置一体式变频空调机组
3	供电电源	主回路：AC 380 V(AC 324 V～AC 437 V)或 DC 750 V 或 DC 1 500 V 控制回路：DC 110 V(DC 77 V～DC 137.5 V)
4	循环风量	≥4 000 m^3/h
5	新风量	≥1 300 m^3/h
6	紧急通风量	≥1 600 m^3/h
7	额定制冷量	≥27 kW/29 kW/37 kW (根据负荷要求不同，输出不同制冷量)
8	额定制热量(热泵)	≥10 kW 此项根据不同的地域进行选择
9	制冷剂	R407C 或 R410A
10	额定制冷输入功率	≤17 kW
11	节流方式	电子膨胀阀
12	空调重量	根据不同项目重量不同
13	机外静压	约 150 Pa
14	外形尺寸	(1)3 500 mm(长)×1 600 mm(宽)×310 mm(高) (2)3 800 mm(长)×1 600 mm(宽)×310 mm(高) (3)3 400 mm(长)×1 600 mm(宽)×300 mm(高) (4)3 300 mm(长)×1 600 mm(宽)×300 mm(高)

表 5-14　C 型地铁车变频空调技术参数

序号	技术参数	
1	型号	根据不同项目不同型号
2	类型	单元顶置一体式变频空调机组
3	供电电源	主回路：AC 380 V(AC 324 V～AC 437 V) 控制回路：DC 110 V(DC 77 V～DC 137.5 V)
4	循环风量	≥3 750 m^3/h
5	新风量	≥1 000 m^3/h

续上表

序号	技术参数	
6	紧急通风量	≥1 550 m³/h
7	额定制冷量	≥35 kW
8	额定制热量(热泵)	≥15 kW
9	制冷剂	R407C 或 R410A
10	额定制冷输入功率	≤17 kW
11	节流方式	电子膨胀阀
12	空调重量	根据不同项目重量不同
13	机外静压	约 150 Pa
14	外形尺寸	2 700 mm(长)×1 600 mm(宽)×480 mm(高)

3. 变频空调机组方案说明

(1)结构说明

变频空调机组由室内腔、压缩机腔、室外腔组成,室内腔分为送风腔、蒸发腔,机组布置如图 5-34、图 5-35 所示。

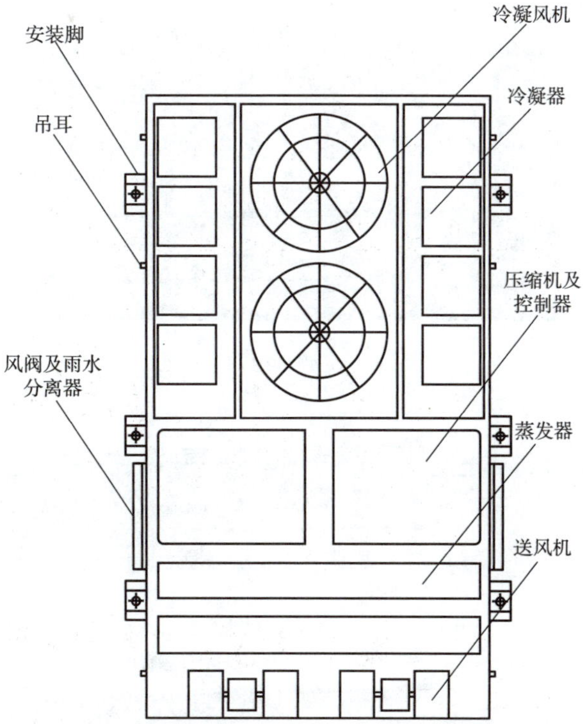

图 5-34 端部送风型变频空调机组布置

根据各自的功能,其中蒸发腔顶盖和压缩机腔顶盖采用拉紧锁和二次防护处理,同时采用空气弹簧杆(或不锈钢杆)作为支撑杆,方便部件的检修维护。送风腔顶盖采用螺栓固定。压缩机腔与室外腔由中隔板密封隔离,如图 5-36、图 5-37 所示。

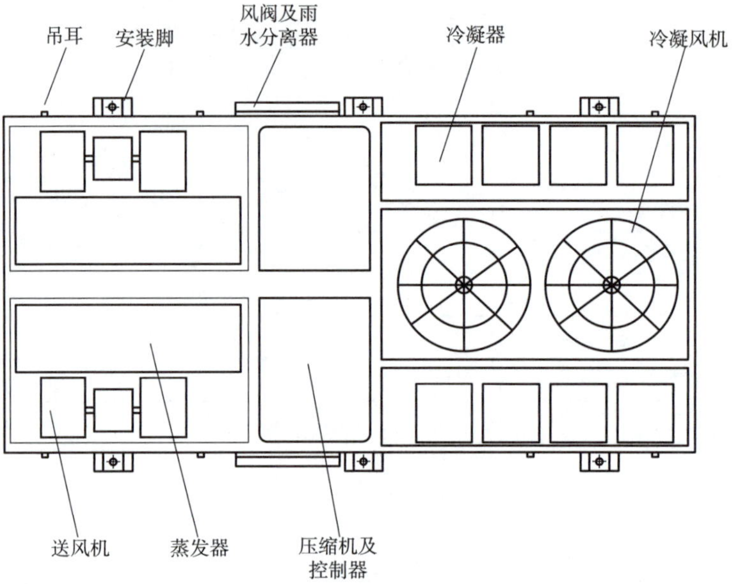

图 5-35 下部送风型变频空调机组布置

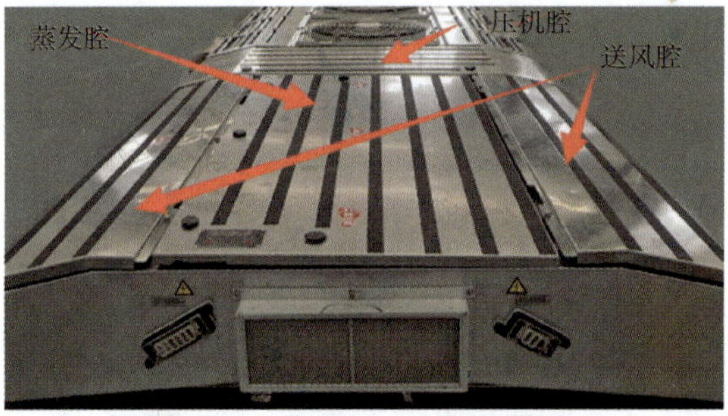

图 5-36 空调机组顶盖示意

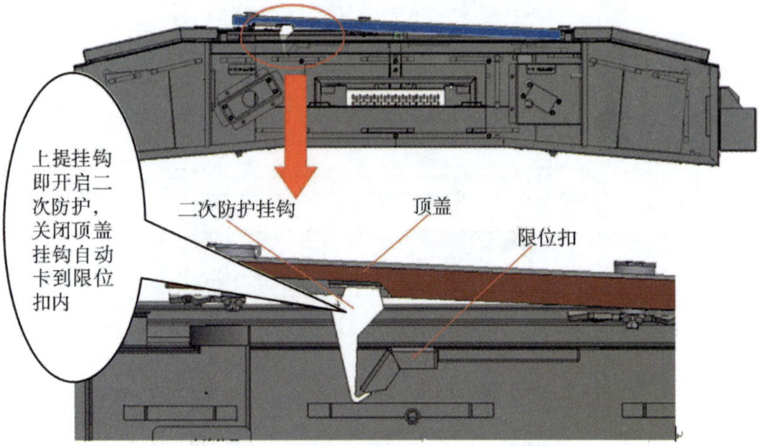

图 5-37 空调机组顶盖开启示意

电气插头安装于空调外部，防护等级为 IP67 级，满足室外使用的防尘防水要求。

机组工作时，冷凝水及雨水可顺利地从排水孔排出，出风口及回风口均无水滴吹出或滴落。

空调机组盖板可承受 1 个质量为 90 kg 的维修人员在其上站立或行走而不产生永久变形，便于维修踩踏区域设置有防滑条，如图 5-38 所示。

图 5-38　空调机组顶盖和冷凝风机示意

新风过滤网主要过滤新风进入空调机组时带入的灰尘及杂质，对新风进行初步过滤，如图 5-39 所示。新风滤网采用插入式方式固定，并通过搭扣形式拉紧防脱，不开启顶盖即可清洗和更换；新风滤网采用不锈钢材质，可以多次清洗重复使用。

图 5-39　新风过滤网示意

回风滤网主要过滤车内回风带入的灰尘及杂质，避免蒸发器脏堵造成制冷能力下降，如图 5-40、图 5-41 所示。回风滤网采用铰链结构形式，放置在回风口下部，客室顶板中顶格栅上，拆下顶板中顶格栅，通过打开快开锁即可将滤网取出并进行清洗及更换；回风滤网采用无纺布材质，符合 EN 779 G3 过滤等级，外部采用不锈钢框架固定。

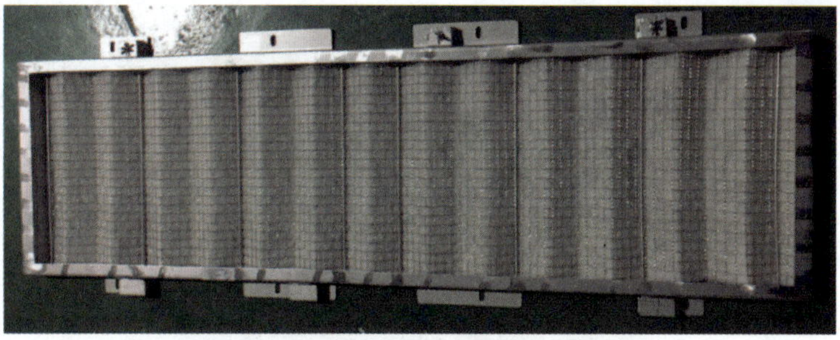

图 5-40　回风滤网示意

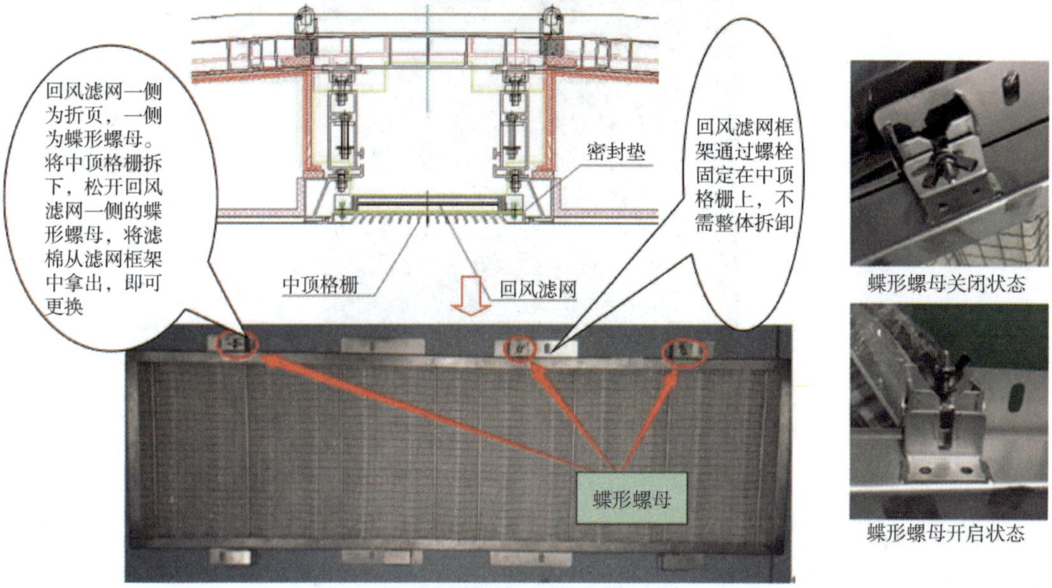

图 5-41　回风滤网安装示意

部分车辆列装空气净化装置，设备结构各项设计指标符合和适应轨道列车的实际情况，抗振能力强，安装简便，可直接安装在空调机组的回风口或者送风口等空气流通处，将空气中的污染物，如：病毒细菌、有机挥发性气体 TVOC、可吸入微颗粒物 PM2.5 及甲醛、苯等进行主动式净化消杀和分解。空气净化装置放置在空调蒸发器前部，回风口上部，对客室循环的回风进行杀菌，经蒸发器冷却后送至客室。净化器可安装至空调机组回风口，如图 5-42～图 5-44 所示。

图 5-42　空气净化器示意

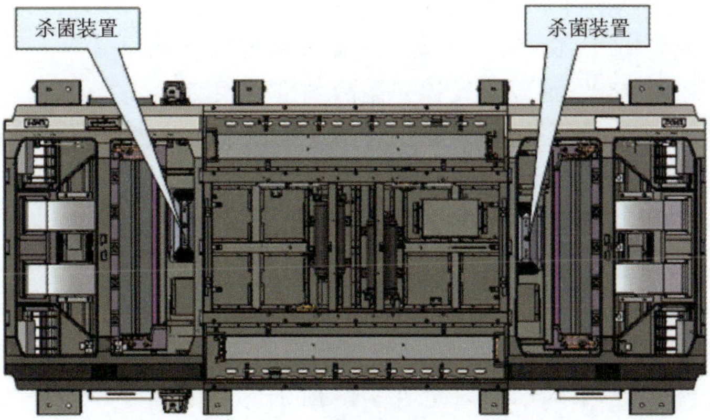

图 5-43 空气净化器安装示意(端部送风型)

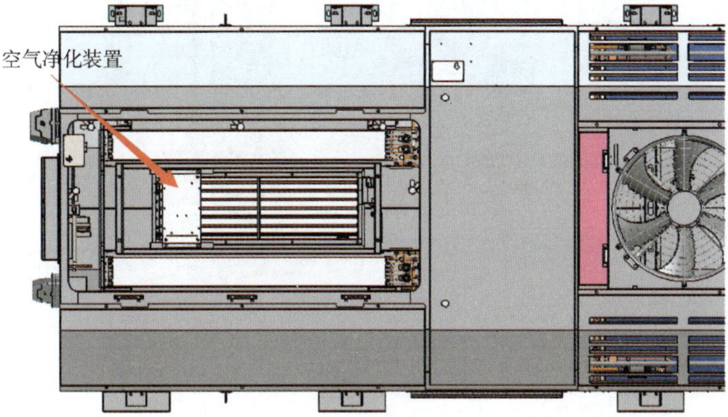

图 5-44 空气净化器安装示意(下部送风型)

(2)系统说明

①变频空调系统的组成

空调系统由 2 套独立制冷系统组成,制冷回路由压缩机、冷凝器、电子膨胀阀、蒸发器等主要部件组成,通过铜管钎焊连接形成封闭的制冷系统。

a. 压缩机。压缩和输送制冷蒸汽,将蒸发器中的低温低压气态制冷剂压缩为高温高压气态制冷剂送入冷凝器,是整个系统的心脏。变频空调机组可根据客室需要自动调节频率,实现制冷能力调节,保证在任何工况下实现空调机组制冷量和客室热负荷相匹配,保证客室舒适性。

b. 电加热。对新风及空调机组的回风组成的混合空气进行加热,实现对客室内温度的提升。

c. 冷凝器。将制冷剂在蒸发器中吸收的热量和压缩机消耗功所转化的热量排放给室外空气。

d. 干燥过滤器。吸收制冷剂中的水分和杂质,保证系统干燥洁净。

e. 电子膨胀阀。实现适时优化系统制冷剂流量,保证任何工况下的最佳能效比输出。

f. 蒸发器。制冷剂蒸发的同时吸收经过表面的室内空气热量,达到客室降温的目的。

g. 气液分离器。分离制冷剂气体和液体的部件，避免压缩机出现湿压缩。

h. 冷凝风机。强制室外空气流经冷凝器与制冷剂进行换热。

i. 通风机。强制室内空气流经蒸发器与制冷剂进行换热。

f. 四通阀。换向，实现热泵功能。

②变频空调系统原理

变频空调原理详见第四章。

(3)控制说明

地铁列车每节车厢安装 2 台变频空调机组和 1 台车控器(变频空调控制器)，空调机组采用机电一体化设计，每台空调机组包含 2 台变频通风机、2 台冷凝风机和 2 台变频压缩机，空调控制器如图 5-45 所示，整车网络控制如图 5-46 所示。

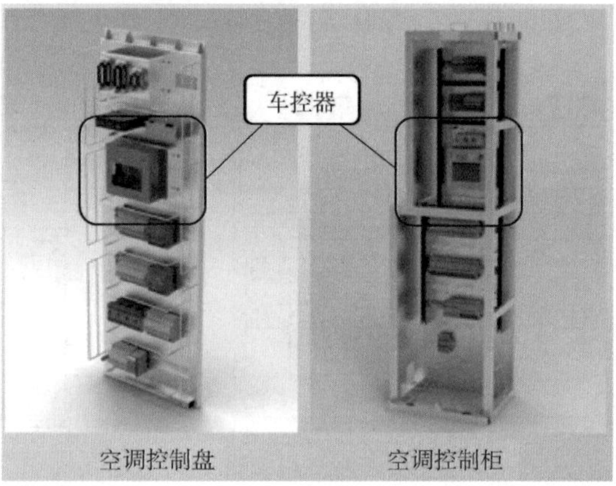

图 5-45　地铁车辆变频空调控制器示意

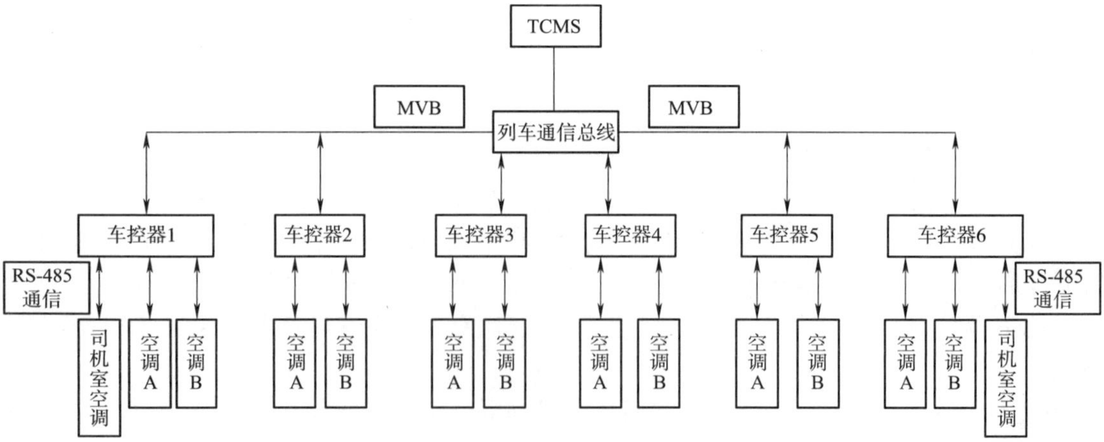

图 5-46　地铁车辆整车网络控制示意

①车控器功能

a. 具有触摸式人机界面，通过与 TCMS 通信，实现对空调机组控制。

b. 具有集控和车控方式，实现对机组的集中控制和本车单独控制。

c. 具有故障信息存储和下载功能。

变频空调机组有两种控制方式,“集控”和“本控”,可以通过车控器上的触摸屏进行设置。

当列车正常运行时,各车控器的触摸屏默认“集控”时,空调机组由司机室集中控制,为集中控制方式。

当列车检修或进行调试时,各车控器的触摸屏可以实现对本车辆的空调机组单独控制,为本控方式。

变频空调机组具有全自动/自动、制冷手动冷、制暖手动暖、半冷、半暖、停止、通风、自动、自动暖、紧急通风模式、测试模式等各种模式供用户选择。

②全自动/自动模式

a. 当空调机组接收到“全自动/自动”模式时,空调机组按“全自动/自动”模式运行。

b. 空调通过检测车厢外部温度,根据 UIC553 曲线自动设定客室内温度(参数可根据客户需求进行)。

制冷:运行方式同“制冷/手动冷”模式。

制热:运行方式同“制暖/手动暖”模式。

通风:运行方式同“通风”模式。

③制冷/手动冷模式

当空调机组收到 TCMS 发送的“制冷/手动冷”模式命令和“温度设定值”后,空调工作在“制冷/手动冷”模式。

“制冷/手动冷”模式下,客室内设定温度通过 TCMS 进行设定,本模式分为“预冷”和“制冷”两个阶段。

预冷:在初始上电开机时,空调机组收到 TCMS 发送的“制冷/手动冷”模式命令后,自动检测是否达到预冷条件,如果达到条件,直接进入预冷模式;进入预冷模式后,空调新风阀关闭,回风阀打开,空调运行在全回风模式,以使客室内温度迅速降低;当车内温度与设定温度差值小于预定值(如 3 ℃)或预冷时间达到设定时间时,将停止预冷进入正常工作状态,也可用司机室 HMI 显示屏上的预冷/预暖停止按钮退出预冷。

制冷空调反馈“手动冷”模式到 HMI,在 HMI 上显示“手动冷”模式。

④制暖/手动暖模式

当空调系统收到 TCMS 发送的“制暖/手动暖”模式命令和“温度设定值”后,空调工作在“制暖/手动暖”模式。

手动暖模式下,客室内设定温度通过 TCMS 进行设定,设定范围通常为 12～18 ℃(可根据客户需求进行设定)。本模式分为“预暖”和“制暖”两个阶段。

预暖:初始上电开机时,空调机组收到 TCMS 发送的“制暖/手动暖”模式命令后,自动检测是否达到预暖条件,如果达到条件,直接进入预暖模式;进入预暖模式后,空调新风阀关闭,回风阀打开,空调运行在全回风模式,以使客室内温度迅速升高;当车内温度与设定温度差值小于预定值(如 3 ℃)或预暖时间达到设定时间时,将停止预暖进入正常工作状态。也可用司机室 HMI 显示屏上的预冷/预暖停止按钮退出预冷。

制暖模式下,通风机和冷凝风机均工作,压缩机开始时以高频工作,达到迅速制暖的效果。当客室温度接近设定温度时,降频低功率运行,达到节能和维持温度的效果。

⑤半冷模式

a. 半冷模式控制同“制冷/手动冷模式”。

b. 半冷模式下，频率按照额定频率的一半运行。

⑥半暖模式

a. 半暖模式控制同“制暖/手动暖模式”。

b. 半暖模式下，频率按照额定频率的一半运行。

⑦自动冷模式

a. 当空调机组接收到“自动冷”模式时，空调机组按“自动冷”模式运行。

b. 自动冷模式控制同“制冷/手动冷模式”。

c. 自动模式下，设定温度按照 UIC553 曲线(参数可根据客户需求调整)进行计算。

$$T_s = 22 + 0.25(T_{a\_out} - 19) \tag{5-1}$$

式中 T_s——设定温度，℃；

T_{a_out}——环境温度，℃。

⑧自动暖模式

a. 当空调机组接收到“自动暖”模式时，空调机组按“自动暖”模式运行。

b. 自动冷模式控制同“制暖/手动暖模式”。

c. 自动模式下，设定温度按照 UIC553 曲线(参数可根据客户需求调整)进行计算：当 $T_{a\_out} < 8$ ℃时，$T_s = 14$ ℃；当 8 ℃$\leqslant T_{a\_out} \leqslant 14$ ℃时，$T_s = 16$ ℃。

⑨通风模式

通风模式下，只有通风机工作。

⑩停止模式

当空调机组接收到停机命令后，空调机组依次关闭压缩机、冷凝风机、通风机。同时新风门全开、回风门全关，此时回风门挡板处于全关位置，新风门处于全开位置。

⑪紧急通风模式

a. 当空调机组收到 TCMS 发送的“紧急通风”模式时，或在列车 3 相 380 V/50 Hz 交流电源失效的情况下，空调机组自动进入紧急通风模式。

b. 机组进入紧急通风后，通风机由空调机组内部的紧急通风逆变器供电保持运行，冷凝风机、压缩机等部件停止工作。回风阀全关，新风阀全开，空调全新风状态运行。三相电故障显示并上传 HMI。

c. 空调反馈“紧急通风”模式到 HMI，在 HMI 上显示“紧急通风”模式。

d. 紧急通风系统持续时间最长通常为 45 min。

e. 当交流电源恢复时，自动转入正常设定模式运行。

⑫测试模式

在车控器主界面触摸“测试模式”(应急模式)按键，空调进入“测试模式”界面。此时，空调的开关机由应急模式中的开关按钮控制。“测试模式”设有应急冷测试、应急通风测试、应急制热测试、关闭测试模式等。

(4)其他控制说明

①压缩机控制说明

a. 压缩机开启时

当压缩机开启个数=1 时：开启无故障的一台压缩机；都没有故障时，开启运行时间短的一台压缩机。

当压缩机开启个数=2 时:空调机组压缩机全开启。

b. 压缩机关闭时

当压缩机目标个数=1 时:如果此时空调有两台压缩机运行,则关闭运行时间较长的一台。

当压缩机目标个数=0 时:空调机组压缩机全关闭。

②风阀控制说明

根据需求设置若干挡(例如 25%、50%、75%、全开、关闭)。在正常工作模式时,新风口根据载客量信号自动开启到合适的位置。在紧急通风状态时,新风口全开,以便达到技术要求的新风摄入量。

新风量、回风量的调节通过控制器控制新风阀、回风阀开度实现。空调机组在不同工况下的风阀状态见表 5-15。

表 5-15 风阀状态

模　式	回风阀	新风阀
预冷	全开	全关
制冷	全开	自动
通风	全开	全开
紧急通风	全关	全开
停机工况	全关	全关

在正常工作时,新风阀的开度根据 TCMS 的指令进行风阀调节,当载客量信号失效时,空调机组新风阀应自动调整到全开位置。

(5)故障诊断及说明

①整车故障等级

1 级故障,列车必须在最近一站停靠、疏散乘客,空车返回基地。

2 级故障,允许列车完成运行规定的本次任务后,再返回基地。

3 级故障,允许列车完成运行规定的全天运行任务后,再返回基地。

②空调机组故障等级

根据故障对车辆运营的影响程度,将空调机组故障划分为轻微故障、中等故障、严重故障。

轻微故障,不影响部件系统功能的故障。

中等故障,限制系统功能的故障。

严重故障,严重影响系统运行的故障,系统停止工作,需立即解决。

(三)应用效果

1. 节电

山东朗进科技股份有限公司历时 8 年在 8 个城市进行节能对比试验,结果表明变频空调节电效果明显,节电率达 16%以上(表 5-16),可为客户节省运营费用。

表 5-16　各城市地铁车辆节电率统计

序号	城　市	节 电 率	备注说明
1	上海	31%	夏季节电率
2	广州	16.54%	夏季对比四压缩机节电率
3	深圳	35.45%	全年节电率
4	天津	17.09%	夏季节电率

节能对比试验方法说明：

(1)选取运行良好的两列试验车分别安装变频空调机组和定频空调机组。如图 5-47、图 5-48 所示。

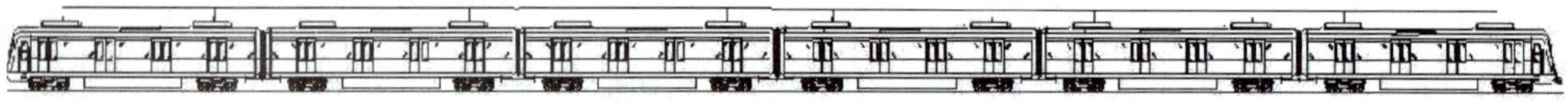

图 5-47　安装变频空调机组的列车 1

图 5-48　安装定频空调机组的列车 2

(2)电表安装

在各节车厢的空调总电源输入前端安装电表，即每节车厢装一个电度表(数字式电表)，如图 5-49 所示。

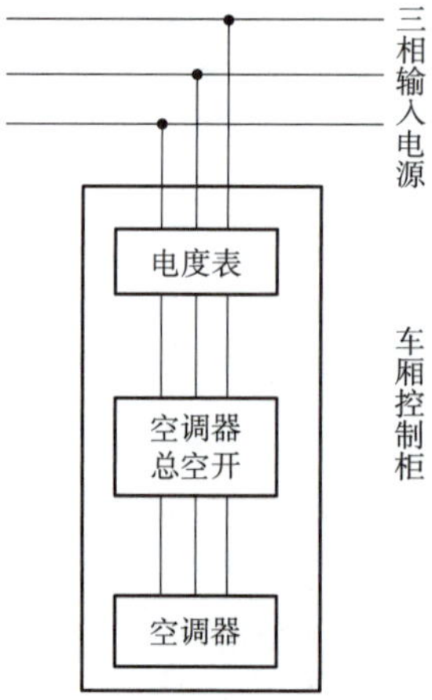

图 5-49　电度表安装示意

(3)计算方法

①制冷/暖节电率＝(定频空调车辆每公里用电数－变频空调车辆每公里用电数)/定频空调车辆每公里用电数

②每公里用电数＝制冷暖设备耗电量/列车运营公里数

另外，为了减小误差，试验中尽量安排两列试验列车连续排序上线运营；以保证两车载荷人数基本相当。

2. 舒适

通过变频无级调节技术、低温制冷技术、热力学优化技术等，变频空调可根据客室负荷实时调节冷量输出，保证客室舒适度，某次试验时采集的地铁车内温度结果如图 5-50 所示，变频机开机后，高效运行迅速达到设定温度，然后低速节能运行保持室恒温定。

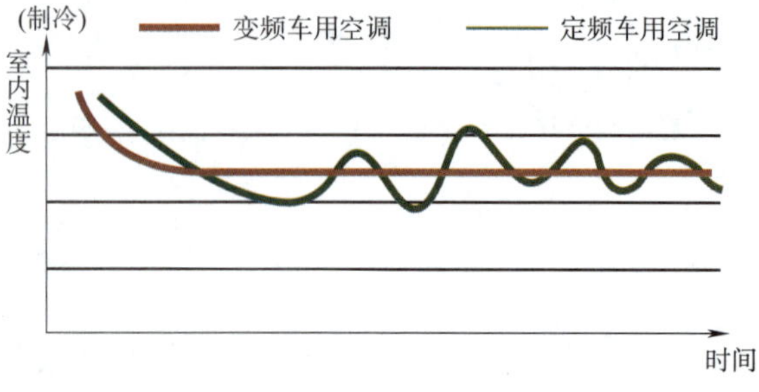

图 5-50　某次试验时采集的地铁车内温度曲线

3. 可靠

变频空调机组将电力电子变频调速技术、开关电源技术、模糊控制技术、热力学优化技术等完美地结合在一起，对电源质量要求低；抗电磁干扰能力强；启动电流从零开始，无冲击、无干扰；通过多年的正线运营验证，具有高可靠性，如图 5-51 所示。

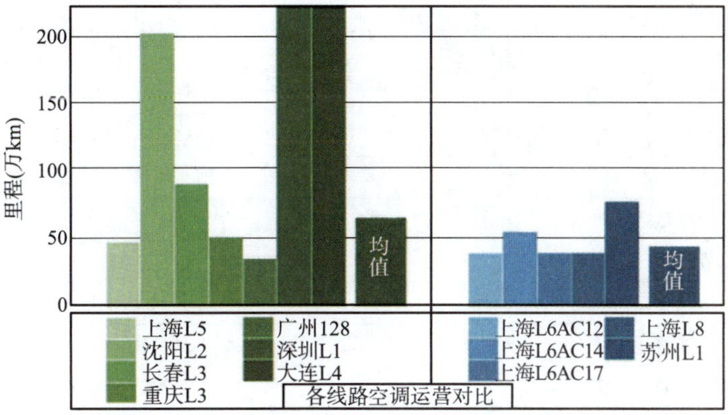

图 5-51　变频空调与定频空调的可靠性统计(左侧为变频空调，右侧为定频空调)

注：广州 128 是指广州 128 项目，上海 L6AC12、L6AC14、L6AC17 表示为 L6 线第 12、14、17 列车。

4. 智能

变频空调机组可以利用本身的构造特性、部件性能参数以及运行环境、线路条件和负载状况等相关信息，搭建预诊断系统，从而实现以下功能。

(1)对变频空调机组的健康状态进行诊断评估，预测机组可能发生的故障及潜在影响，为车辆运营方及时给出报警与处置。

(2)根据健康状况诊断，维修模式可由定时修升级为状态修，节省不必要的维护维修，减少运营维护时间，降低运营维护成本。

(3)根据变频空调机组性能变化趋势曲线，可以推断设备剩余有效使用寿命，指导地铁车辆的架修和大修。

第四节　在其他城市轨道交通车辆上的应用

其他轨道交通车辆包括有轨电车车辆、市域车车辆和单轨车辆(包含跨坐式、悬挂式等)等。

一、在有轨电车上的运用

表 5-17 以某有轨电车司机室空调机组为例，给出了相关技术参数。

表 5-17　有轨电车司机室空调技术参数

序号	技术参数	
1	型号	根据不同项目不同型号
2	类型	单元顶置一体式变频空调机组
3	供电电源	主回路：AC 380 V(AC 324 V～AC 437 V)或 DC 750 V 控制回路：DC 110 V(DC 77 V～DC 137.5 V)或 DC 24 V

续上表

序号	技术参数	
4	循环风量	≥700 m³/h
5	新风量	≥60 m³/h
6	紧急通风量	无
7	额定制冷量	≥4.0 kW
8	额定制热量(热泵)	≥3.0 kW
9	控制方式	CANOPEN 或 MVB
10	制冷剂	R407C 或 R410A 或二氧化碳
11	额定制冷输入功率	≤2 kW
12	节流方式	电子膨胀阀
13	空调重量	根据不同项目重量不同
14	机外静压	约 150 Pa
15	材质	铝合金或不锈钢
16	外形尺寸	1 220 mm×790 mm×450 mm

司机室空调系统的原理如图 5-52 所示。

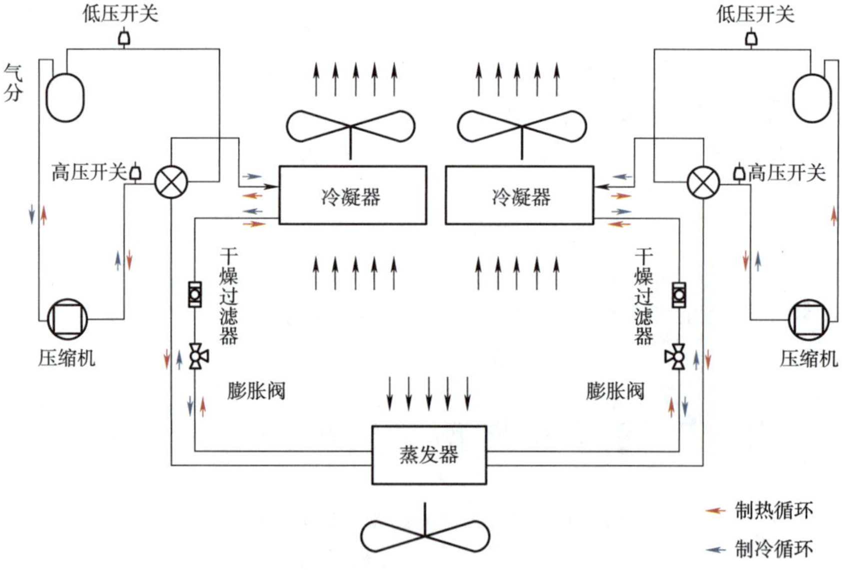

图 5-52　有轨电车司机室空调系统原理图

(1)机组采用两套独立的制冷回路,包含 2 台变频压缩机、2 台冷凝风机、1 台通风机、1 套蒸发器和 2 套冷凝器。

(2)冷媒为绿色环保冷媒 R410A。

(3)机组采用 2 台变频压缩机,可根据客室需要自动调节频率,实现制冷能力调节,保证在任何工况下实现空调机组的最大制冷能力输出。

(4)节流装置采用电子膨胀阀,可实现适时优化系统冷媒流量,保证任何工况下的最佳能效比输出。

(5)压力开关、温度传感器可在系统出现故障时,进行自动保护,直到故障排除。

二、在市域车上的运用

某型市域车装用图 5-53 所示的变频空调机组，其主要技术参数见表 5-18。

图 5-53　某型市域车辆变频空调示意

表 5-18　某型市域车用变频空调机组主要技术参数

序号	技术参数	
1	型号	根据不同项目不同型号
2	类型	单元顶置一体式变频空调机组
3	供电电源	主回路：AC 380 V(AC 324 V～AC 437 V)或 DC 750 V 或 DC 1 500 V 控制回路：DC 110 V(DC 77 V～DC 137.5 V)
4	循环风量	市域车：≥5 000 m^3/h 有轨电车：≥4 500 m^3/h(根据不同的制冷量要求) 单轨车辆：≥3 000 m^3/h
5	新风量	≥1 860 m^3/h
6	紧急通风量	≥3 100 m^3/h
7	额定制冷量	≥22/38/40/42 kW (根据负荷要求不同，输出不同制冷量)
8	额定制热量(热泵)	≥20 kW 此项根据不同的地域进行选择
9	制冷剂	R407C 或 R410A 或二氧化碳
10	额定制冷输入功率	≤19 kW
11	节流方式	电子膨胀阀
12	空调重量	根据不同项目重量不同
13	机外静压	约 150 Pa
14	外形尺寸	端送端回型： (1)4 150 mm(长)×1 600 mm(宽)×405 mm(高) (2)3 960 mm(长)×1 600(宽)mm×450 mm(高) 下送下回型： (1)4 200 mm(长)×1 600 mm(宽)×320 mm(高) (2)2 800 mm(长)×1 800(宽)mm×510 mm(高) (3)4 000 mm(长)×1 600 mm(宽)×330 mm(高) (4)2 800 mm(长)×1 570 mm(宽)×575 mm(高)

三、其他城市轨道交通车辆用变频空调机组控制说明

1. 整车控制说明

空调机组工作模式分为集控和维护两种方式。通过列车 CAN 总线空调机组内部控制器

通信，将命令传达给空调机组。通过 PC 机连接空调机组网络维护端口，也可对空调机组进行单独控制，如图 5-54 所示。

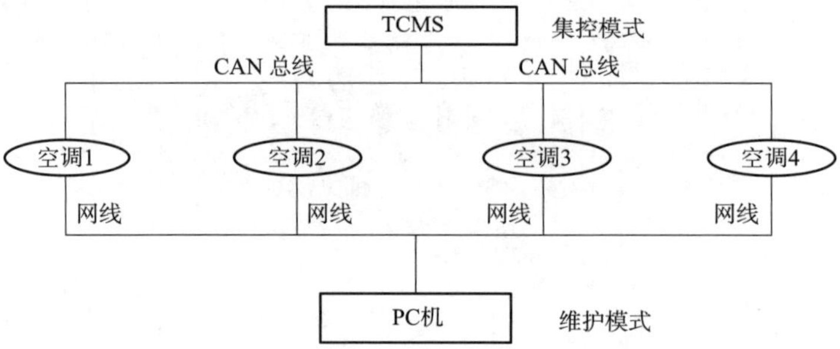

图 5-54　有轨电车(CANOPEN 网络)整车网络控制示意

2. 控制说明

控制说明详见本章第三节。

第六章　轨道交通车辆空气调节系统的试验

轨道交通车辆空调作为车内环境控制的最主要设备，在完成生产制造后，必须通过试验台试验、装车后热工试验室内整车空调性能静置试验、整车线路运行试验等一系列的试验考核，这不仅是对空调机组本身的试验，也是对轨道交通车辆本身性能与空调机组配套后整车性能的综合评价。

在空调机组性能试验台进行试验，是用于评价空调机组本身的性能是否符合设计要求，各项指标是否达到标准要求，以确定空调机组是否具备出厂的条件。

空调机组装车后，车辆本身的性能会影响到空调机组的工作效果，如隔热性能不同，会对车内产生不同的传热量，隔热性能好的车辆，在车内外温差相同的情况下通过车体的传热量少，车内的热负荷就少，空调机组制冷或制热的负荷减小，从而可以减少空调机组的能源消耗；而隔热性能差的车辆，在车内外温差相同的情况下通过车体的传热量多，车内的热负荷就多，空调机组制冷或制热的负荷增大，从而会增加空调机组的能源消耗。

车体的气密性能也是影响车内热负荷的一项重要因素，车体的气密性越好，车内外空气的交换量越少，车内环境温度和相对湿度就越容易控制。反之，车体的气密性不好，车内空气可随便泄漏车外，而车外的空气可随时进入车内，车内的环境难以控制，通过空调机组控制车内温度就难以实现。当列车高速运行时，列车行驶的前方是迎风面，车辆的迎风面处于正压区，车外的空气会通过车体的缝隙侵入车内，而车辆的背风面是负压区，车内的空气会通过车体的缝隙流出车外，从而影响了车内温度和相对湿度的稳定。这种车外空气对车内环境的影响是不可控的，会受到列车运行速度、车外风速、是否通过隧道等因素的影响，为此，当列车运行速度达到 200 km/h 及以上时，要求车体具有一定的气密性，以保证车内环境温度和相对湿度的稳定，同时减少车外噪声向车内的传播。

轨道交通车辆空调试验包括 3 个阶段，第 1 阶段是对空调机组本身的试验，第 2 阶段是在空调机组装车以后进行整车空调性能试验，第 3 阶段是列车编组完成后在线路上进行运行试验。3 个阶段试验考核的重点不同，第 1 阶段是考核空调机组本身性能是否完全达到设计和标准要求；第 2 阶段是考核车辆和空调机组结合后的整车空调性能；第 3 阶段是考核列车在实际线路上以设计速度运行时，受到冲击振动、风压、太阳辐射、雨雪天气以及不同环境温度和相对湿度影响下，车辆空调工作的可靠性、稳定性，车内环境控制的精确度和稳定性等，进而为新造列车投入正式运营提供可靠的数据。

轨道交通车辆空调试验还有一项重要的内容，即对空调机组能源消耗的评价。空调机组用电量占列车辅助供电的 30%左右，是耗能的“大户”，对空调机组能源消耗进行评价的目的就是要促进轨道交通车辆制造相关方对节能的重视，使车辆和空调机组制造达到更高的节能水平，为铁路运输事业的可持续发展和建设生态文明社会做出应有的贡献。

第一节　空调机组试验台试验

一、试验标准

目前，我国铁路系统针对轨道交通车辆空调机组进行试验的标准主要有两个，一个是国家铁路局颁布的标准 TB/T 1804—2017《铁道车辆空调　空调机组》（以下简称 TB/T 1804—2017），该标准适用于铁路车辆（含高原铁路车辆）及动车组空调机组，其他轨道车辆、机车和司机室空调机组可参照使用。该标准对空调机组的各项性能指标进行了规定，并给出详细的试验方法。另一个为国家标准 GB/T 19842—2005《轨道车辆空调机组》，该标准适用于运行速度小于或等于 200 km/h 的轨道交通车辆的空调机组，运行速度大于 200 km/h 的轨道交通车辆的空调机组可参照执行。该标准对空调机组的各项性能指标进行了规定，并给出了详细的试验方法。

二、试验标准的执行

TB/T 1804—2017 是干线铁路车辆（含高原铁路车辆）及动车组空调机组使用较多的行业标准，以下重点介绍执行该标准的注意事项。

（一）标准中需要说明的问题

1. 关于制冷能效比的规定

TB/T1804—2017 第 4 部分分类型号与基本参数中，表 2 额定工况下的制冷能效比与以往的标准有所不同，分别对不同高度空调机组的制冷能效比规定了 4 种能效比指标，4 级为最低级，最低能效比为 1.7（是指空调机组高度最小时），1 级为最高级，最高级能效比为 2.7。TB/T 1804—2009 版标准仅规定制冷能效比和制热性能系数（COP）应大于 2.1，采用环保制冷剂应大于 1.9。新标准提出更高的制冷能效比指标，就是鼓励空调机组制造厂家生产出更加节能的产品，促进铁路空调机组的技术进步。

2. 关于空调机组内可安装电加热器最大功率的说明

TB/T 1804—2017 第 4.3.3 条规定：空调机组额定制热量优先选用系列如下（单位为 kW）：3.0、6.0、9.0、12.0、18.0、24.0、30.0。采用电加热器制热的空调机组，一台客室空调机组的电加热器功率不宜大于 30 kW，一台司机室空调机组的电加热器功率不宜大于 3 kW，采用热泵制热的空调机组其热泵制热量不受上述最大值的限制。这里主要是考虑到铁路车辆留给空调机组的空间有限，在如此小的空间内选用太大的电加热功率，存在安全隐患。

3. 关于空调机组使用电源

TB/T 1804—2017 表 3 空调机组的电源中给出了 13 种主电路电源，其中：10 种交流电源，3 种直流电源。这里主要是考虑到动车组用空调机组的供电电源品种多，基本要涵盖现有动车组用的各种电源。

在电气化铁路系统中，电力机车从电网取电后经过降压整流成直流 DC 1 500 V 或 DC 750 V，整流后的电源除给机车牵引供电外，还直接给旅客列车的辅助系统供电，特别是给空调机组供电，省去传统的空调列车发电车，增加旅客列车的车辆编组，同时减少运营成本。地铁列车大多采取这种供电方式，因此在铁路已有 DC 600 V 供电的基础上，增加了 DC 1 500 V 和 DC 750 V 供电的电源制式要求。

4. 关于电气插头插座、冷凝风机和通风机的防护等级

TB/T 1804—2017 第 5.2.7 条规定：空调机组用电气插头插座、冷凝风机防护等级不应小于 GB/T 4208—2008 中规定的 IP55，通风机的防护等级不应小于 GB/T 4208—2008 中规定的 IP54，如有其他特殊要求，由供需双方协商确定。TB/T 1804—2009 版的 4.2.7 条规定：空调机组用电气插头插座，冷凝风机、通风机等车外电机的 IP 值不应小于 56，其余车内电气件的 IP 值不应小于 54。

TB/T 1804—2017 的防护等级降低了，主要是因为在执行 TB/T 1804—2009 版规定时发现，若冷凝风机采用较高的 IP56 防护等级，电动机工作发热时产生的凝结水无法排出，反而增加了冷凝风机的故障率。

5. 关于使用制冷剂

TB/T 1804—2017 第 5.2.8 条规定：空调机组应使用环保型制冷剂（如 R134a、R407C、R410A 等），并符合有关技术要求，使用 R22 过渡型制冷剂时应符合 GB/T 7373 的规定。

这里所列出的 3 种制冷剂都是目前使用较多的环保型制冷剂，R134a 的制冷效率较低，需要的制冷设备较大，不太适合空间有限的运输设备使用；R407C 是三元混合制冷剂，虽然在轨道交通车辆空调中大量应用，可是一旦发生泄漏，三元制冷剂的比例就会改变，制冷剂的性能就会发生巨大变化，直接影响到制冷效果，所以发现泄漏就要全部更换制冷剂，维护成本相当高；R410A 是近年来广泛使用的二元制冷剂，制冷效率高，所需压缩机的体积和重量都较小，可以提高空调机组的能源利用效率，但是排气压力较大，要求管路和各零部件的承压能力提高，焊接牢固可靠，随着小管道和微通道换热器的使用及工艺水平的提高，R410A 已经大量用于民用空调和汽车空调，其节能效果十分明显，因此，采用 R410A 也是轨道交通车辆空调的发展方向。

6. 关于电加热器的安全要求

TB/T 1804—2017 第 5.3.17 条“电加热器的安全要求”规定：进行电加热器安全性试验时，在二级保护器动作之后，不应引起明火，电加热器所在腔内的顶板、侧壁、电线等处最高表面温度不应超过 270 ℃，无部件损坏，无安全隐患。

TB/T 1804—2009 版 4.3.11 条规定：空调机组电热器应有过热保护和超高温保护两级保护装置，超高温保护功能在控制器故障时应起保护作用，该保护作用需人为干预才能恢复。在超高温保护动作之后，发热元件（电热管）表面最高温度点不应超过 240 ℃。

TB/T 1804—2017 规定的最高温度点不是在电加热器表面，而是在电加热器所在腔内。随着高速铁路动车组的使用，空调机组内部的电加热器已经不单单只有以前的新风预热功能，而是具有对车内进行加热的功能，对于用在非高寒地区的车辆，当空调机组内的电加热器功率达到或接近 30 kW 时，车内基本不需要另设电加热器（除非走廊、厕所等空调送风难以达到的区域），因此，如此大功率的电加热器，一旦启动加热，其表面温度将远远超过 240 ℃，而电加热器的表面温度超过 240 ℃并不会对电加热器本身的安全造成影响，对空调机组的安全造成影响的是电加热器周围的物品是否能承受电加热器二级保护器动作之后所产生的高温冲击。

大量的试验测试表明，电加热器二级保护器动作之后，电加热器所在腔内的顶板、侧壁、电线等处可以测到较高的温度，尤其是内顶板的温度较高，而内顶板一般使用隔热材料表面敷设一层铝箔，可耐温度在 200 ℃左右。由于电加热器二级保护器动作之后所产生的热量是一种余热，几分钟后此热量消失，温度也就降下来了，因此不会对顶板、侧壁、电线处产生持续的高温加热。此外，在大量的二级保护试验中，对电加热器所在腔内的最高温度及电加热器所在腔内的顶板、侧壁、电线等处的损坏情况（不超过 270 ℃时不会有安全隐患）进行测试与检查，表明规定最高表面温度不应超过 270 ℃是可行的。

7. 关于变频空调性能调节的规定

TB/T 1804—2017 第 5.3.25 条“变频空调机组制冷和制热性能调节”规定：变频空调机组的压缩机、风机等可变频部件应可平稳地工作在设计要求的频率范围内，当负荷变小时，压缩机可在最低转速下长期工作。

这里主要是规定在热负荷变小时，变频空调机组的压缩机应可在最低转速下长期工作。定频空调压缩机在热负荷变小时，只能停止 1 台压缩机工作，当热负荷再度变小时，只能 1 台压缩机启、停工作，这是轨道交通车辆在春秋过渡季节运用中经常遇到的情况，对于定频压缩机而言，这样的工作方式不仅造成车内控温不稳定，而且压缩机的使用寿命会因频繁启停受到影响。

8. 关于空调机组的性能系数

TB/T 1804—2017 第 5.3.26 条性能系数规定了 3 条：5.3.26.1“制冷季节能效比”、5.3.26.2“制冷综合部分负荷性能系数”和 5.3.26.3“全年性能系数”。

从铁路车辆空调机组使用季节和环境温度变化来看，与民用空调的使用情况相当，同样存在空调机组大量时间使用在部分负荷的情况，因此测试空调机组部分负荷条件下的性能系数，用以评价空调机组综合部分负荷性能系数，最终计算空调机组季节能源消耗，得到能源效率等级，对推进铁路车辆空调系统的节能具有现实意义。故 TB/T 1804—2017 中增加了空调机组季节能效评价的 3 个指标要求：①制冷季节能效比（SEER）；②制冷综合部分负荷性能系数[IPLV(c)]；③全年性能系数（APF），试验参考 GB/T 17758—2010 附录 C：“单元式空气调节机季节能源消耗的试验和计算”进行。

TB/T 1804—2017 把这 3 个指标定为研究性试验指标，目的是通过试验获得各型空调机组的试验数据，通过分析计算，研究制定出适合铁路空调机组使用的试验计算方法，为以后制定相应的技术条件或标准提供依据。因此在新标准颁布实施后，有关空调厂家和试验研究单位应积极开展这 3 项指标的研究性试验，编写试验研究分析报告。

9. 增加了对 RAMS 的要求

TB/T 1804—2017 第 5.3.27 条“RAMS 要求”规定：RAMS 要求应符合 GB/T 21562—2008 的规定，可靠性目标由供需双方协商确定。

这是新增要求，空调机组工作的可靠性是列车运行可靠性的重要环节，特别是高速列车运行途中，一旦空调机组出现故障，没有制冷和通风功能，30 min 后车内的温度和相对湿度将急剧上升，二氧化碳浓度增加，旅客会感到难以忍受。

10. 关于冲击与振动

TB/T 1804—2017 第 5.3.28 条“冲击与振动”规定：空调机组冲击与振动性能应由供需双方协商确定符合 GB/T 21563 或 IEC 61373:2010 的规定，冲击与振动试验后空调机组应能正常工作无损坏。

在 TB/T 1804—2017 修订完成时，GB/T 21563 正在修订中，可能对振动的严酷等级进行重新划分，因此在修订的新标准中没有给出该标准的年代号，考虑到 GB/T 21563 适用于没有或很少采用微电子元器件的空调机组，而 IEC 61373:2010 主要是适用于采用大量微电子元器件、变频控制器的空调机组，所以标准规定：空调机组冲击与振动性能应由供需双方协商确定，这里的“协商确定”一方面是指空调机组本身使用的微电子元器件的情况，另一方面是指安装在车辆上的实际运用情况。

11. 关于电磁兼容性能

TB/T 1804—2017 第 5.3.29 条“电磁兼容性能”规定：空调机组控制装置、变频器、变流器等电磁兼容性能应符合 GB/T 24338.4 中有关规定。

这是新增要求，由于高速铁路车辆和提速铁路车辆大量采用微电子元件和电气设备，无线和网络通信普及，因此电磁兼容性是保证空调机组工作不受外界干扰、安全可靠的重要方面。

（二）TB/T 1804—2017 执行中需要注意的问题

1. 新增气密性试验

TB/T 1804—2017 规定：安装于速度大于或等于 200 km/h 车辆或有气密性要求的空调机组，应进行气密性测试。这是对高速铁路列车用空调机组的要求。

实际上许多城轨地铁列车运行在多隧道的线路上，虽然城轨地铁列车的运行速度在 100 km/h 以下，但是受隧道断面的影响，车内外压差变化较大，乘客能感觉到车内压力的变化，因此，很多城轨地铁列车对运行时的车内压力提出了保持正压的要求。对于运行速度为 160 km/h 的城际列车，如果有多隧道或频繁会车区间，也应对空调机组的气密性提出要求。

2. 电加热器的安全试验

TB/T 1804—2017 第 6.4.20 条将试验分 3 个步骤进行，即：(1)正常工作模式测试，以检验电加热器在正常情况下能否安全可靠地工作；(2)一级温度保护器测试，在前一个正常工作模式测试通过后进行的试验，以检验一级温度保护器动作的正确性；(3)二级温度保护器测试，在前面 2 个试验完成后进行的试验，因为二级温度保护器动作后将切断电加热器电源，真正起到保护作用。

TB/T 1804—2017 中规定：PTC 电加热器的安全试验除外。PTC 电加热器是需要有风通过才能产生热量的，无风时没有热量，也就是当风机故障无风通过 PTC 电加热器时，PTC 电加热器自动保护。

三、能效评价

TB/T 1804—2017 的表 2 规定能效比是在额定制冷工况下测试，表 10 中的额定制冷工况规定了室内侧进气参数和室外侧进气参数，也就是说按照表 10 的额定制冷工况测试出来的能效比只能反映一个工况的结果。实际运用中空调机组使用的环境温度不仅仅是额定工况规定的 35 ℃，更多时候是使用在低于 35 ℃的环境。

额定制冷工况实际上是设计空调机组能力时的名义工况，通过额定制冷工况试验得到的能效比只是一个名义的能效比，不能反映空调机组在全年工作状态下的实际能效指标。

在空调机组试验台上进行能耗试验如图 6-1 所示。

图 6-1　在空调机组试验台上进行能耗试验

第二节　整车空气调节系统热工试验室试验

一、整车热工试验标准

目前，我国针对整车热工性能试验的标准主要有 4 个：

(1)GB/T 33193.2—2016《铁道车辆空调　第 2 部分：型式试验》

GB/T 33193.2—2016 的适用范围是除市郊车辆、地铁、有轨电车和司机室以外的客运干线铁路车辆及动车组。

这是我国轨道交通车辆使用最多的整车热工性能试验标准，我国制造的国内干线铁路车辆及动车组的整车热工性能试验都执行该标准。

(2)UIC 553-1:2005《客车的通风、采暖和空调型式试验》

UIC 553-1:2005 的适用范围是用于国际交通中的座车、餐车、卧铺车和卧车。

这是国际铁路联盟制定的标准，适用于国际铁路旅客列车的热工试验，试验对象包括座车、餐车、卧铺车和卧车。出口车辆一般都执行该标准。

(3)EN 13129:2016《铁路应用　干线铁路车辆空调—舒适度参数和型式试验》

EN 13129:2016 的适用范围是除市郊车辆、地铁、有轨电车和司机室以外的客运干线铁路车辆。

这是欧洲用于干线铁路车辆的热工试验标准，适用于所有干线铁路车辆。

(4)EN 14750-2:2006《铁路应用　城市和郊区铁道车辆用空调　第 2 部分：型式试验》

EN 14750-2:2006 的适用范围是市郊车辆和/或地方车辆，也适用于装有制冷和/或采暖/通风系统的地铁和有轨电车。

这是欧洲用于城市和郊区旅客列车的车辆热工试验标准，包括地铁车辆和有轨电车。我国制造的城轨地铁车辆也参考这一标准进行试验。

下面主要介绍 GB/T 33193.2—2016《铁道车辆空调　第 2 部分：型式试验》的相关内容。

二、整车热工试验

2015 年以前我国没有整车热工试验国家标准，只有铁路行业标准 TB/T 1675—2001《铁道客车空气调节试验方法》(已废止)和 TB/T 1676—1991《铁路客车防寒采暖试验方法》2 个标准,2016 年我国发布了 GB/T 33193.2—2016《铁道车辆空调　第 2 部分:型式试验》,这是目前客运干线铁道车辆及动车组整车热工试验使用最多的标准。

以往我国进出口铁路车辆,一般都采用 UIC 553-1 标准进行整车热工试验,该标准主要是为欧洲制定的,标准中所设的试验温度和相对湿度与我国有一定的差别,如果完全按照 UIC553-1 标准进行试验,并不适合我国国情。

随着干线铁道车辆及动车组制造水平提高及产能升级,我国制造和运营的铁路旅客列车越来越多,迫切需要编制适合中国国情的标准进行试验和验证,国家标准 GB/T 33193.2—2016《铁道车辆空调　第 2 部分:型式试验》于 2016 年 12 月 13 日发布,2017 年 7 月 1 日实施。以下重点介绍执行该标准时的有关注意事项。

1. 标准中需要说明的问题

(1)关于建议对应用热成像仪进行研究的说明

用热成像仪拍摄和研究车辆隔热壁的传热状态有利于找到冷桥,从而可以在设计车辆隔热壁时采取适当措施,提高旅客区的舒适性和减少空调系统的能量消耗。

因此,建议对热成像仪在整车热工试验中的应用进行研究。

(2)关于模拟运行风速试验的说明

目前,我国还没有铁道车辆风洞试验室,不能进行模拟风速试验,但该条作为建议性条款保留,以满足今后发展的需要。

从我国近几年高速铁路快速发展的情况看,想要进一步发展高速铁路,打造世界高速铁路制造大国,需要建设一个相当于欧洲维也纳的热工试验站,该试验站可模拟的列车运行速度可达 300 km/h。

(3)关于制热方式的性能试验中气候条件的说明

①考虑到Ⅰ区的最低外部温度是按照－10 ℃划分的,在功能试验中将进行－15 ℃试验,因此,其试验气候条件与 GB/T 33193.1—2016《铁道车辆　第一部分:舒适度参数》相同,与国外标准 UIC 553、EN 13129 也相同。

②考虑到Ⅱ区的最低外部温度是按照－25 ℃划分的,在调节试验中将进行－10 ℃试验,因此,其试验气候条件与 GB/T 33193.1—2016《铁道车辆　第一部分:舒适度参数》相同,调节试验与国外标准 UIC 553、EN 13129 也相同。

③考虑到Ⅱ区的最低外部温度是按照－40 ℃划分的,在调节试验中增加－35 ℃试验,而不进行极端低温－45 ℃试验(因为进行低于－40 ℃的极端低温试验,有可能冻坏部分设备),因此,将极端低温－45 ℃的功能试验取消。

④GB/T 33193.2—2016 第 7 部分“极端外部环境下的性能试验”中规定:气候区Ⅲ区不进行极端低温功能试验。

这里主要是考虑 GB/T 33193.2—2016 表 1 规定气候区Ⅲ区的最低试验温度为－40 ℃,近十几年来我国很少有地区能达到这一低温,若要进行极端外部环境下的性能试验,试验温度需设在－45 ℃,这样对车辆设备的耐低温性能就要提出更高的要求,而车辆实际运用中又几乎不会遇到这样的低温,因此,规定气候区Ⅲ区不进行极端低温功能试验。

(4)关于增加模拟太阳辐射强度方法 B 的说明

我国既有车辆热工试验室有一部分试验室没有配备太阳辐射灯,无法在试验中模拟太阳辐射对车辆的影响。TB/T 11957—1991(2014 年调整均为中国铁路总公司企业标准 Q/CR 205—2014)提供了关于太阳辐射强度的计算方法,通过计算太阳辐射传入车内的热量,也可以实现模拟太阳辐射对车辆热工性能的影响,因此采用在车内加入计算太阳辐射热量的方法,也可以达到模拟太阳辐射试验的目的。

(5)关于 GB/T 33193.2—2016 附录 B 中项点的说明

GB/T 33193.2—2016 附录 B 中给出很多试验项点,这些项点是对各种车型、各种环境条件给出的全面项点,在实际试验中可以根据车辆的使用情况选择试验项点,有些项点必须进行以考核性能,有些项点则作为研究性试验可选择性进行,由于以前的标准没有明确规定哪些是必做,哪些是可选择,容易给车辆制造厂和用户造成歧义,因此,附录 B 中对必须进行试验的项点作出了规定,其他项点则作为可选项。

(6)关于 GB/T 33193.2—2016 附录 B 的说明

GB/T 33193.2—2016 附录 B 所列的试验程序包括了所有可能的程序,对于产品而言,不需要进行全部的试验项点,可以根据产品使用的地区、环境条件和用户要求,有选择地进行其中部分试验,就可以达到考核车辆通风、隔热、制冷、制热、防冻等性能的目的,对于调节工况,可以有选择地进行几项试验,满足对车辆热工性能的评价即可。

2. 标准执行中需要注意的问题

(1)试验项点的选择

选择试验项点时,首先要考虑的是车辆的使用区域。我国以前轨道交通车辆的制造能力有限,数量也不多,要求车辆可以在全国各地运行,也就是要求通用性非常高,既要适应南方的高温又要适应北方的严寒,故车辆的隔热性能要求也就非常高,车内外设备的耐高、低温度性能也要非常好,因此车辆的制造成本也就相应提高。

对于市郊和城轨地铁车辆,主要是考虑运行区间的极端最高温度和最低温度,以及车辆的运行时间区间,设计的车辆和设备要保证列车全年的正常运行。

①干线铁路车辆

随着我国铁路车辆制造能力的提高,铁路车辆保有量增加,铁路车辆资产逐渐实现由各地区铁路局负责保持和维护,因此,对于干线铁路车辆来说,已经具备按照使用区域配备车辆的条件。以前我国铁路系统的习惯是以北京以南和北京以北来划分铁路车辆的使用范围,见 GB/T 12817—2004《铁道客车通用技术条件》,夏季车外空气统一按照干球温度 35 ℃,相对湿度 60%计算,冬季分出运行在北京以南和非限定运用区间两部分,运行在北京以南的车外计算温度为−14 ℃,非限定运用区间的车外计算温度为−35 ℃。

以北京来划分车辆使用区域的原因在于,北京作为我国首都,是发往全国各地铁路列车最多的城市,北京的车外环境条件几乎是所有干线铁路车辆都要满足的基本条件。

对于常年运用在北京以南地区的铁路车辆,应以北京的环境温度−14 ℃作为冬季采暖的设计参数,对于运用在北京以北,或者非限定运用区域的铁路车辆,可以按照非限定运用区间的车外计算温度−35 ℃作为冬季采暖的设计参数。这样,运行在北京以南的旅客列车按照北京的冬季环境温度设计车辆和车装设备,车辆的隔热性能、设备的防冻性能、车内的采暖设备功率和空调机组的预热器功率都可以设计的比寒冷地区的功率小一些,不仅节约制造成本,也节约维护成本,有助于节能环保。

对于在北京以南和北京以北跨区域运行的列车,以及运行在北京以北的列车,可以按照非限定区域的要求设计车辆的性能和加热设备的功率，冬季仅使用这种可跨区域使用的车辆，满足冬季采暖的要求。

夏季则可以不按照北京以南或非限定区域设计的车辆进行跨区域运行，让列车夏季运行在不同的轨道上，解决轮轨、受电弓磨合等运用中的实际问题。这种冬季严格按照设计使用区域运用，夏季可以混跑的运行模式，既可以节约车辆设计制造和维护成本，又可以满足冬季采暖的要求，是一种可以探讨实践的运用模式。

因此，GB/T 12817—2004 按照北京以南和非限定运用区间两部分要求铁路车辆的冬季计算车外温度，不仅可用于热工试验，更重要的是应用在车辆设计、制造和运用中，可以降低运用在北京以南区域的车辆制造和运用成本。

对照 GB/T 33193.1—2016 标准划分的区域设计制造使用在不同区域的铁路车辆，并依据 GB/T 33193.2—2016 标准附录 B 规定的试验程序进行试验，对于干线铁路车辆而言，北京以南区域基本上包含了Ⅰ区，而非限定运用区间基本上包含了Ⅱ区和Ⅲ区，因此，目前设计干线铁路车辆时，以环境温度－25 ℃进行区域划分，运用在－25 ℃以上的为非高寒车，运用在－25 ℃以下为高寒车。

②市郊和城轨地铁车辆

对于市郊和城轨地铁车辆，其运行的区域相对较小，故日内车外环境温度变化小，没有干线铁路列车跨区域运用时所面对的车外温度大幅变化的情况，因此，市郊和城轨地铁车辆在制定设计方案时，可以根据所运用区域的环境温度和相对湿度确定设计指标，在满足运用要求的前提下，尽量不要提高夏季的环境温湿度设计条件，也不要将冬季的最低温度设计在当地不太可能达到的低温，以降低车辆的制造和运用成本。

按照当地的环境温湿度条件设计市郊和城轨地铁车辆，不仅是降低制造和运用成本的需要，还是建设节能型社会、节约资源的需要。市郊和城轨地铁车辆的热工设计，可以按照所在地区对应 GB/T 33193.1—2016 标准划分的区域进行选择。

市郊和城轨地铁车辆热工试验程序可以按照所在地区对应 GB/T 33193.2—2016 标准附录 B 的规定实施。

(2)与国外标准的对接

我国 GB/T 33193.1—2016 标准和 GB/T 33193.2—2016 标准是参考 UIC 553:2004、UIC 553—1:2005、EN 14750—1:2006、EN 14750—2:2006 标准以及 EN 13129:2016 标准制定的，在这 7 个标准中，除了 EN 13129:2016 标准的最低环境温度为－45 ℃，最高环境温度为 45 ℃外，其他 6 个标准的最低环境温度为－40 ℃，最高环境温度为 40 ℃，也就是说这 6 个标准的温度范围一样，但是相对湿度有所不同。

用于国内运输的铁路车辆，满足 GB/T 33193.1—2016 标准和 GB/T 33193.2—2016 标准即可满足热工性能要求。对于出口国外的车辆，如果使用国的环境条件与我国的环境条件相近，可以建议采用我国标准，如果使用国的环境条件与我国的环境条件相差很大，可以根据使用国的环境条件选择其他合适的标准。

三、能效评价

GB/T 33193.2—2016 的表 1“制热方式的性能试验气候条件”和表 2“制冷方式的性能试

验气候条件”只规定了车外平均温度、相对湿度和等效太阳辐射强度，并没有规定车辆在某一试验工况或几种试验工况下的能源消耗指标。

以前一般是将设计的额定工况试验所测得的能源消耗作为评价车辆的能效指标。比如夏季以车外空气温度 35 ℃、相对湿度 60%作为制冷设计的额定工况进行考核，显然，以这个额定工况的试验结果进行车辆制冷的能效评价是不全面的。因为车辆空调机组使用的环境温度不仅仅是额定工况规定的 35 ℃，更多时候是使用在低于 35 ℃的环境。与空调机组制冷试验相同，通过额定制冷工况试验得到的能效比，不能反映车辆空调系统在全年工作状态下的实际能效指标。

要准确评价一辆车在一年运用过程中的能源消耗，不仅要考核设计工况下的能耗，还要考虑过渡季节时的能耗，不同季节的环境温度不同，运用时间与能源消耗也不同，因此，要评价整车空调机组能源消耗，需要研究在热工试验室能进行试验的方法，通过试验数据与运用时间的加权计算，得出一辆铁路车辆的空调机组在某一个特定城市、环境、线路等条件下的能源消耗。

EN 13129:2016 标准对整车在一天中随车外风速、旅客热负荷、车外温度和相对湿度以及太阳辐射强度变化对车内舒适度的影响进行了探讨，进行夏季、冬季和春季/秋季三个典型日的试验，以检查空调装置和控制装置的运行状态。

根据 EN 13129:2016 标准的附录 I 给出的试验程序，为典型日试验设置平均外部温度、风速、太阳负荷、相对湿度和旅客负荷的变化参数和变化梯度。试验将从稳定状态开始，试验时对应的平均外部的温度（T_{em}）应持续稳定 30 min。当最后一个参数组完成时，试验结束。

EN 13129:2016 标准没有对整车能耗试验提出要求，只是要求在各项试验时记录所消耗的功率，由于典型日项目试验时，车外风速、旅客热负荷、车外温度、相对湿度以及太阳辐射强度 5 个参数是不断变化的，没有长时间的稳定，所测出的电功率消耗也不够准确，因而难以进行整车空调机组能源消耗的评价。

在整车热工试验室进行典型车辆能耗试验的有关照片如图 6-2 所示。

(a) 时速250 km标准动车组TC01车

(b) 时速160 km动力集中动车组普通座车

图 6-2

(c) 青岛地铁13号线中间车车内

(d)青岛地铁13号线中间车车外

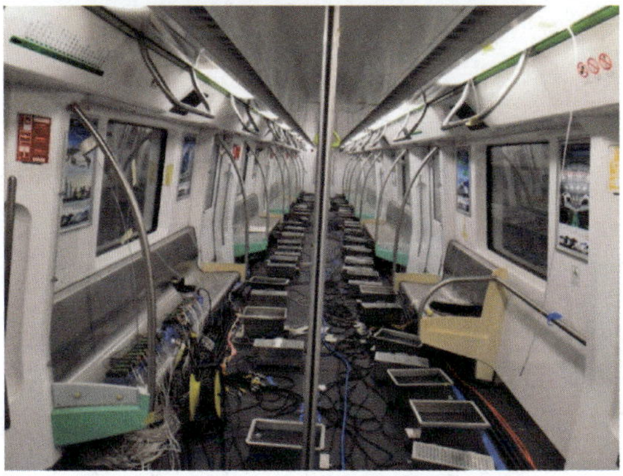

(e) 石家庄地铁1号线车车内

(f) 石家庄地铁1号线车车外

图 6-2 空调系统整车能耗试验

第三节 空气调节系统线路运营试验

一、试验标准

TB/T 2433—2019《铁路客车及动车组空调装置运用试验方法》规定了铁路客车和动车组空调装置运用试验时，整车空调装置运用的试验条件、内容和方法，适用于铁路车辆（含高原铁路车辆、带司机室的铁路车辆）和动车组空调装置装车后的测试，其他轨道车辆、司机室空调装置可参照使用，但是不适用于装有锅炉采暖装置铁路车辆的采暖试验。

二、试验的执行

（一）标准中需要说明的问题

1. 关于试验对象和试验内容

TB/T 2433—2019 标准的试验对象是组装完成的整车或整列的铁路客车和动车组，并且空调出厂运转试验已经完成并合格，整车满足出厂条件或交付状态。试验内容包括气候试验室整车空调装置静置性能试验和实际线路环境整车空调装置运用性能试验。整车空调静置性能试验包括空调装置制冷性能、通风性能、采暖性能等试验。实际线路环境空调装置运用性能试验包括车辆静止状态下空调运行试验和车辆按规定速度运行时空调运行试验。

2. 关于试验测点布置

TB/T 2433—2019 规定空调制冷运行试验和采暖运行试验的测点布置方法，按照 GB/T 33193.2—2016《铁道车辆空调　第 2 部分：型式试验》执行，这样车辆静置试验和运用试验的测点布置一致，所测的数据可以进行比较。

3. 关于线路运行试验对环境温度的要求

以前的标准对线路运行试验的环境温度要求为 35 ℃±2 ℃、相对湿度为 60%±5%，这个环境温度和相对湿度的范围太小，随着列车运行速度提高，以最高速度运行的高铁 2 h 可到达 600 km 以外区域，不同区域的温度和相对湿度会有较大的差异，给试验的实施带来困难。

根据近几年的试验情况，将夏季线路运行试验的温度范围由以前标准的 35 ℃±2 K、相对湿度 60%±5%，改为 35 ℃±5 K，相对湿度 60%±30%，特殊情况下可以超过限值，但干球温度不应低于下限值。这样在不降低要求的前提下扩大了环境温湿度范围，试验的可实施性大大提高。

以前的标准没有空调采暖试验的规定，TB/T 1676－1991《铁路客车防寒采暖试验方法》适用于装有燃煤温水锅炉采暖的各型铁路车辆，而燃煤温水锅炉采暖方式在目前列车上已很少采用，该标准规定在外气温度为－33～－37 ℃条件下进行试验，但随着气候变暖，在试验线路上出现设计极端低温的情况越来越少，在设计极端低温条件下进行运行试验的机会也很少，实际实施起来相当困难。

另外在试验室试验时已经根据设计极端低温对铁路车辆进行了静置试验，考核了设备功能。车辆线路运行试验的目的主要是考核铁路车辆和设备在一定低温环境下，特别是有风雪、结冰等恶劣天气条件下线路运行的适应性。

TB/T 2433—2019 规定冬季试验的外气温度宜为设计规定最低温度＋15 K 以下，即设计规定最低温度为－25 ℃时，可以在－10 ℃以下进行试验；设计规定最低温度为－40 ℃时，可以在－25 ℃以下进行试验，这样的低温试验条件既可以起到运行试验考核的目的，又具备实施的条件。

4. 增加了线路运行试验模拟旅客热负荷的计算和要求

以前的标准没有规定模拟旅客热负荷的计算方法和要求，实际运行试验在运用车载旅客状态下进行，而旅客数量和旅客上下车行为是不可控的。TB/T 2433—2019 标准采用电加热器模拟旅客热负荷，加热功率可以根据设计要求进行调节，并规定了模拟旅客热负荷的计算方法和要求，保证了模拟旅客热负荷的稳定性，有利于试验的实施。

5. 增加了夏季线路运行试验外气温度低于设计温度和没有太阳辐射时补偿传热计算及太阳辐射热计算方法

以前的标准要求夏季试验在外气温度为 35 ℃±2 ℃时进行，从近十几年的试验情况看，这种情况是很难保证的，为此，TB/T 2433—2019 标准将外气温度条件放宽到 35 ℃±5 ℃，当外气温度在 30 ℃时，车体的传热负荷会减少很多，为了使试验接近设计工况，有必要通过车内加热来补偿车体传热的热负荷。

当外气温度在 30 ℃时，新风的热负荷也低于设计要求值，此时可将新风量调到最大，补偿新风热负荷的不足。

当试验期间没有太阳辐射时，车内的热负荷也会减少很多，为使试验接近设计工况，通过在车内加入热量来补偿太阳辐射热负荷。

当外气温度在 30 ℃时，通过补偿传热的热负荷、新风热负荷和太阳辐射热负荷，使空调机组的负荷更接近设计工况，更能考核空调机组的工作性能。

（二）标准执行中需要注意的问题

1. TB/T 2433—2019 标准 4.1.2 条关于车外温度低于 35 ℃时的传热补偿

TB/T 2433—2019 标准 4.1.2 条规定：当试验期间车外温度低于 35 ℃时，应通过在车内加入电加热量来补偿车体传热的不足，补偿车体传热量 Q 计算方法见附录 B。

由于运行试验环境温度的不可控，当车外温度低于设计要求的 35 ℃时，增加了补偿车体传热量的要求，使试验时车内的热负荷接近设计工况要求，试验的结果更能说明车辆的性能。

2. TB/T 2433—2019 标准 4.1.2 条关于车外温度低于 35 ℃时的新风热负荷补偿

TB/T 2433—2019 标准 4.1.2 条规定：当试验期间车外温度低于 35 ℃时，应适当增加新风量补偿新风热负荷的不足。当试验期间车外温度大于或等于 35 ℃时，新风调节门的开度调到设计规定位置。

与上一条的情况一样，当车外温度低于设计要求的 35 ℃时，同样的新风量所带入车内的热量是偏低的，为此，需要通过增加新风量来补偿新风量的热负荷不足。

3. TB/T 2433—2019 标准 4.1.2 条关于没有太阳辐射的传热补偿

TB/T 2433—2019 标准 4.1.2 条规定：当试验期间没有太阳辐射时，应在车内使用电加热设备加入热量来补偿太阳辐射热，太阳辐射热量 Φ 计算方法见附录 B。

在车辆空调系统设计时，要求夏季制冷工况有太阳辐射的热作用，可是运行试验都是按照铁路部门安排的线路和时间进行的，当试验日没有太阳辐射时，要通过在车内使用电加热设备加入热量来补偿太阳辐射热，这样，试验时车内的热负荷基本上就与有太阳辐射时相当了。

4. TB/T 2433—2019 标准 4.1.2 条关于采暖试验的特殊情况

TB/T 2433—2019 标准 4.1.2 条规定：采暖运行试验期间，静止试验车外温度宜为 0 ℃以下，运行试验车外温度宜为设计规定最低温度＋15 K 以下，特殊情况下运行试验车外温度可在－5 ℃以下。试验宜在无阳光的气候状态下进行。

这里的特殊情况主要是指环境温度条件不能满足试验的低温要求，因为环境温度无法人为控制，比如暖冬就很难达到试验要求的低温，此时允许在－5 ℃以下进行运行试验。实际执行时还要看该被试车是否通过了热工试验室的静置试验，因为在热工试验室内进行的静置试验，是严格按照设计的采暖温度要求进行试验的，如果通过热工试验室的静置试验，说明车辆本身的防寒采暖性能满足要求，运行试验是考核在运行状态下车辆和设备的工作状态，这种运行状态只能在线路运行时才能进行，因此，在环境温度偏离设计要求的低温时，只要能达到试验的基本目的，还是可以被接受的，但是这种特殊情况不能作为常态来进行。

三、能效评价

TB/T 2433—2019 标准是一个试验方法标准，并没有规定整车能效评价的内容，也就是说没有涉及能效评价。

但是，为了掌握运用车的实际能源消耗，很多铁路部门对铁路车辆空调机组每年的能耗进行了测试统计，比如济南铁路局对干线铁路的两列车进行一年的空调机组用电量测试统计，其中一列车装用定频空调机组，另一列车装用变频空调机组；上海、广州、深圳地铁公司也对其运用的部分线路中的部分列车进行定频空调机组与变频空调机组的用电量统计，有的列车对比试验时间长达几年以上，试验结果表明，采用变频空调机组节能效果明显。

上海地铁 16 号线列车空调机组冬季能耗试验如图 6-3～图 6-5 所示。

(a) 试验车外照片　　(b) 试验车内照片

图 6-3　上海地铁 16 号线 1636 列车和 1638 列车库内试验

(a) 1636车内布点　　(b) 1638列司机室布点

图 6-4　上海地铁 16 号线 1636 列车和 1638 列车布点情况

(a) 车内布点　　(b) 1638列车测试电表

图 6-5　上海地铁 16 号线 1638 列车测试情况

上海地铁 16 号线列车空调机组夏季能耗试验如图 6-6 所示。

(a) 试验列车库内静止　　(b) 车内布点情况

图 6-6　上海地铁 16 号线试验列车库内静止试验

广州地铁 2 号线列车空调机组夏季能耗试验如图 6-7、图 6-8 所示

(a) 试验列车库内静止　　(b) 车内布点情况

图 6-7　广州地铁 2 号线试验列车试验情况

(a) 空调机组能耗测试电表　　(b) 空调机组能耗测试电表模块

图 6-8　广州地铁 2 号线列车空调机组能耗测试

深圳地铁 1 号线列车空调机组夏季能耗试验照片如图 6-9、图 6-10 所示。

(a) 试验立车库内静止　　(b) 车内布点情况

图 6-9　深圳地铁 1 号线列车库内静止试验

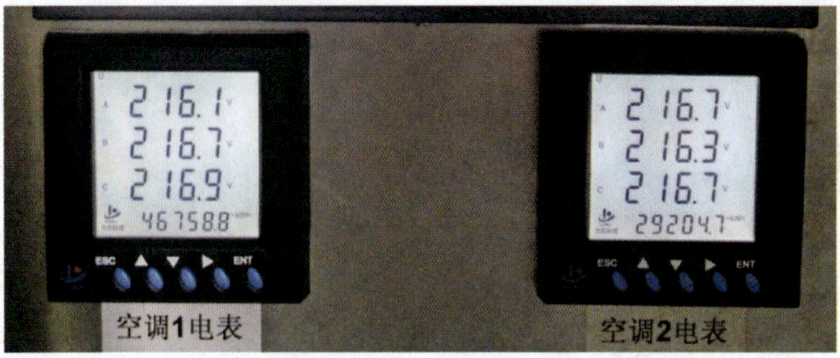

图 6-10　深圳地铁 1 号线列车空调能耗测试电表

长春轻轨 3 号线列车空调机组冬季能耗试验如图 6-11～图 6-13 所示。

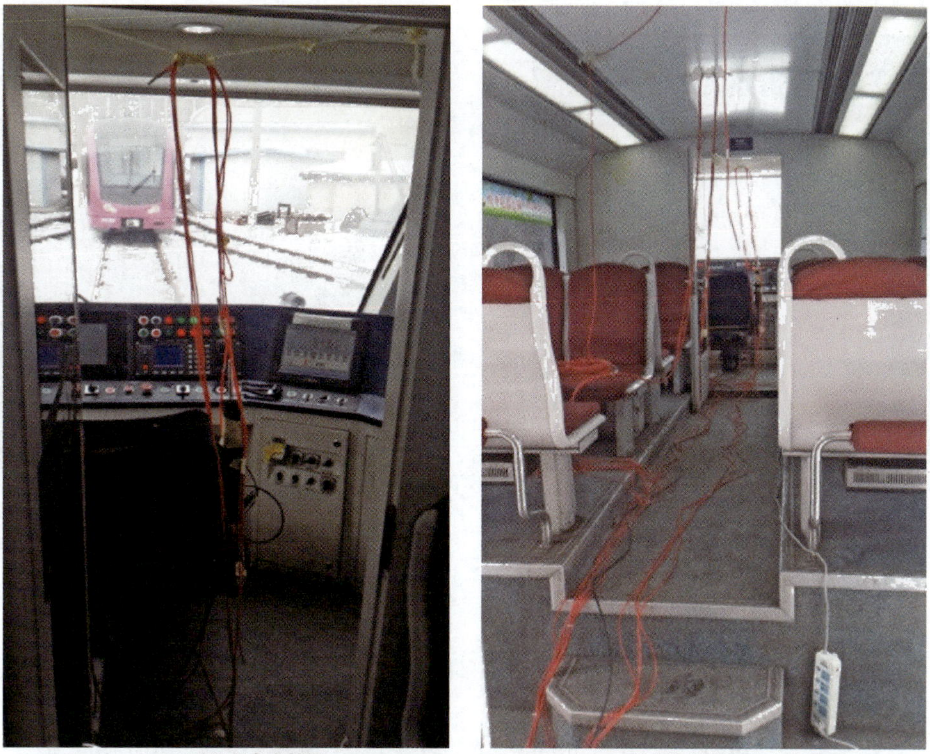

(a) 司机室布点情况　　(b) Mc车高地板车内布点情况

图 6-11　长春轻轨 3 号线列车 3027 列车司机室布点情况

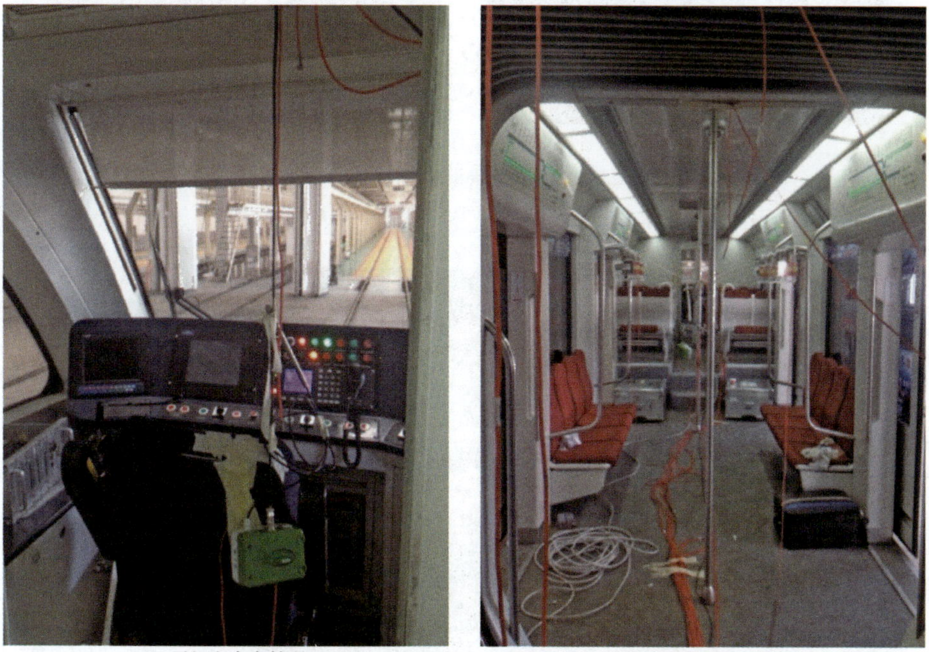

(a) 司机室布点情况　　(b) Mc车内布点情况

图 6-12　长春轻轨 3 号线 3028 列车司机室布点情况

重庆地铁 6 号线夏季静止能耗试验如图 6-14、图 6-15 所示。

图 6-13　长春轻轨 3 号线能耗试验电表

图 6-14　重庆地铁 6 号线夏季能耗试验 06045 列车在库外露天线路静止停放

(a) TC1车司机室内司机室布点情况　　(b) MP1车内布点情况

图 6-15　重庆地铁 6 号线夏季能耗车内温湿度测点布置情况

重庆地铁 6 号线冬季静止能耗试验如图 6-16～图 6-18 所示。

图 6-16　重庆地铁 6 号线冬季能耗试验 06045 列车在线路静止停放

(a) TC1车司机室内司机室布点情况　　(b) 被试车车内模拟空载状态

图 6-17　重庆地铁 6 号线冬季能耗试验 TC1 车司机室内温湿度测点布置情况

图 6-18　重庆地铁 6 号线冬季能耗试验被试车车内模拟旅客负荷状态布置情况

重庆地铁 6 号线列车空调能耗试验数据采集设备如图 6-19 所示。

图 6-19　重庆地铁 6 号线列车空调能耗试验能耗采集仪安装照片

由于在运用车上进行空调机组用电量测试，需要在每车的电气控制柜上安装电量测量仪表以采集有关数据，费时费力，因此有必要制定一种准确、高效的空调机组用电量测试和计算评价方法。

另外，在能效评价过程中，列车所在地的环境气象参数是一个重要的影响因素，有必要对其进行采集与分析。2014 年，中车青岛四方车辆研究所有限公司获批中国北车重大项目“城市轨道交通车辆 HVAC(采暖通风空调)系统能耗研究”，在项目进行过程中，对重庆某地区环境气象参数进行了采集(图 6-20)，利用无线电子气象站采集当地空气温度、相对湿度及太阳辐射强度等参数，用于具体的能效评价过程。

图 6-20　气象参数采集

第七章　轨道交通车辆空调的能源效率评价

2008 年施行的《中华人民共和国节约能源法》第十五条规定，国家实行固定资产投资项目节能评估和审查制度，2010 年国家发展和改革委员会颁布《固定资产投资项目节能评估和审查暂行办法》，自此建设项目节能评估及其审查意见作为项目审批核准或开工的前置性条件，正式进入实际操作阶段。固定资产投资项目节能评估和审查工作作为一项节能管理制度，对深入贯彻落实节约资源基本国策，全面推进资源节约型、环境友好型社会建设具有重要的现实意义。2013 年，北京市质量技术监督局发布北京市地方标准 DB 11/T 1035—2013《城市轨道交通能源消耗评价方法》。2013 年，中国铁路总公司计划统计部发布施行《建设项目节能评估工作管理暂行办法》。

2019 年，EN 50591：2019《Railway applications—Rolling stock—Specification and verification of energy consumption》颁布实施，规定了轨道交通车辆牵引系统、牵引辅助系统和空调系统的能耗测试和计算方法，主要为车辆采购提供支持，要求写入采购合同中，用于全生命周期成本评价。这就表明，国际上已经开展对轨道交通车辆空调能效进行评价。

在列车辅助设备中，轨道交通车辆空调是用电量最大的设备，约占辅助设备用电量的 70%，空调能源效率对列车节能有很大的影响。本章对全球节能形势进行介绍，对于轨道交通车辆空调能耗评价的典型工况进行探讨，并基于权重法对典型能耗工况进行构建，提出空调系统能耗数值计算方法。介绍了空调能耗台架试验台、能耗评价指标、能效评价的实施，并对轨道交通车辆空调能耗评价做进一步探讨。

第一节　节能形势概况

随着国民经济的持续增长，能源短缺和环境污染问题逐渐成为全球性问题，节能减排越来越受到世界各国的重视。

目前，轨道交通已成为世界运输发展的主要潮流，它不仅具有明显的节能环保效应，更重要的是能够实现电力牵引作业，具有“以电代油”的特点，从而大幅度降低了整个铁路运输对石油的依赖，优化了能耗结构，降低了碳排放，有助于能源的可持续发展和“低碳经济”的实现。2012 年全球运输所带来的二氧化碳排放占全球二氧化碳排放的 23.1%，其中运输排放量的 3.6%来源于铁路部门。铁路系统共计消耗了 2.2×10^{18} J 的能量，其中能源大部分来源于石油和电力，使用煤炭的能源只有 1×10^{17} J 以下。自 1975 年起，铁路的能源消耗量一直下降，目前，铁路部门的客运、货运业务，每公里能源使用率已减少了 62%，进而使二氧化碳的排放量不断下降，接近每人每公里 16g 二氧化碳。铁路仅占直接使用柴油的温室气体排放量的 0.6%，如果考虑到发电量的话，铁路运输约占 1.5%，公路运输占运输二氧化碳排放量的 71.9%，而航空和航运分别占 12.6%和 14.4%。

在 2014 年 9 月的联合国气候变化峰会上，国际铁路联盟 UIC 提出了“低碳铁路运输挑战”，目标是使铁路运输向低碳可持续方式改变。UIC 内部设定了减少能源消耗的目标，即到

2030 年能耗降低 50%，到 2050 年能耗降低 60%。二氧化碳的平均排放量在 2030 年降低 50%，2050 年降低 75%。

在全球气候变暖的背景下，以低能耗、低污染为基础的“低碳经济”成为全球热点，国际学者在 20 世纪 90 年代开始进行节能、减排、可持续发展的系统研究，许多组织纷纷建立了相应的碳排放评价标准，其中 GHG Protocol 已经成为国际主流的碳排放评价标准。

伦敦地铁使用了 GHG Protocol 标准评价和降低其碳排放。首先，通过 GHG Protocol 标准全面评价了系统年度运营阶段的碳排放，并对结果进行统计与分析。然后，在评价结果的基础上采取了以下碳排放减少措施。

(1)重点研究碳排放较多以及节能空间大系统的节能减排方法，并利用 GHG Protocol 标准对节能减排方法进行验证。

(2)把因碳排放带来的环境问题贯彻到商业中，让员工参与到环境保护的实践中，建立完整的监督报告系统，该系统能够提出日常及策略性环保措施。

(3)管理碳排放及提升能源利用率，研究高能源利用率的新型系统以及发展可再生能源技术，并建立碳排放指标。

最后，伦敦地铁通过多种节能优化方法来降低其运营碳排放，成功通过了英国碳信托标准认证，成为轨道交通领域首例获得碳信托公司认证的单位。

欧洲开展了专门致力于提高铁路能效的铁路能量工程“Railenergy”，并有效降低了系统碳排放。该工程首先利用评价标准评价了系统运营碳排放；从系统整体研究了运营中节能减排的优化方法；通过评价标准验证了碳排放减少效果，并通过“Railenergy”软件实现。

英国 RSSB 研究机构从全生命周期角度研究了降低英国铁路碳排放的方法。首先，将整个城市轨道交通系统分成若干个子系统，利用 GHG Protocol 标准评价了各子系统的全生命周期各阶段的碳排放。然后，提出了一套全生命周期碳排放管理策略。预估各个子系统在设计、建设、运营等阶段的节能潜力，并提出了降低碳排放的方法。日本东京学者建立了城市轨道交通系统碳排放评价基本模型，从系统建设、运营、维护及处理全生命周期各阶段评价了城市轨道交通系统的碳排放。

铁路是我国重要的交通运输方式，从运输方式上比较，电气化铁路相较公路和航空等运输形式，具有运力大、节能高效、污染小等特点。随着铁路的持续高速发展，铁路能耗日益增大，带来一定的能源和环境问题。

发达国家的经验表明，通过制定并实施严格的燃料消耗量标准及排放法规，推动节能先进技术的研发应用，是控制污染物排放和降低能耗的最有效措施。

因此，随着产业结构的优化和经济发展趋于稳定增长，在节能减排的社会大背景下，国内外对轨道交通能耗问题的研究越来越广泛，近年来，我国也逐步推出相应的政策法规以引导和约束行业发展。

目前国内虽然没有制定整车级的能效标准，但对关键能耗系统都有相应的能效考核指标，如牵引系统的能效指标不低于 0.85，2016 年修订的铁道客车空调标准建立空调额定能效指标、季节能效指标和全年能效指标的考核标准。2013 年末，北京市地方标准中发布了“城市轨道交通能源消耗评价方法”，规定了城市轨道交通能耗的计量器具安装要求、统计内容与要求、评价指标、能耗评价方法。2014 年中车青岛四方车辆研究所有限公司获批中国北车重大项目“城市轨道交通车辆 HVAC(采暖通风空调)系统能耗研究”，对空调系统的运营能耗进行系统研究，建立了轨道车辆计算—试验室静止试验—实际线路运行试验三合一预测平台，该平台预测的整车 HVAC 系统全年能耗精度控制在 85%左右，初步建立了试验考核方法，同时提出以人均百公里能耗作为城市轨道交通车辆 HVAC 系统能耗评价标准。2017 年中车青岛四方车辆研究所有限公司获批中国中车重大专项“轨道交通装备节能评价体系研究”，进一步对轨道交通车辆整车空调系统能耗评价体系进行了深入研究，建立了中国轨道交通车辆空调能耗的试验方法和评价方法。

2019 年 8 月 EN 50591：2019《Railway applications—Rolling stock—Specification and verifica tion of energy consumption》颁布实施，该标准在 2013 版基础上增加空调系统能耗内容，规定了轨道交通车辆牵引系统、牵引辅助系统和空调系统的能耗测试和计算方法，主要为车辆采购提供支持，用于全生命周期成本评价。该标准与空调系统能耗相关的内容主要如下。

（1）试验方法分类

轨道交通车辆空调系统能耗试验可分为：环境试验室试验和非环境试验室试验，环境试验室试验是指所有试验在环境试验室内进行，试验室条件满足 EN 13129：2016《铁路应用—主干线铁路车辆用空调—舒适度参数和型式试验》的要求；非环境试验室试验是指试验在室外环境进行，其试验条件相比于环境试验室试验，要适当放宽。

（2）车辆状态划分

将车辆分为三大状态：车辆载客运营状态（In-service with commercial operation mode）、车辆非载客准备状态（In-service without commercial operation mode）、车辆泊车状态（Parking mode），其中车辆载客运营状态为车辆空调系统正常开启处于正式载客运营状态，车辆非载客准备状态为车辆空调系统正常开启、不载客处于待命状态，车辆泊车状态为车辆静止不载客、空调处于泊车状态。

（3）能耗试验工况

根据车辆状态并按照 EN 13129：2016 对于型式试验工况和试验方法的规定，3 种车辆状态对应 3 个不同的试验工况设定，分别见表 7-1～表 7-3。

表 7-1　车辆载客运营状态下空调系统能耗试验工况

<table>
<tr><th>外气空气温度
（℃）</th><th>外气空气相对湿度
（%）</th><th>载客量
（%）</th><th>太阳辐射强度
（W/m^2）</th></tr>
<tr><td>−10</td><td>90[a]</td><td>100</td><td>0</td></tr>
<tr><td>0</td><td>90[a]</td><td>100</td><td>0</td></tr>
<tr><td>10</td><td>90[a]</td><td>50</td><td>0</td></tr>
<tr><td>15</td><td>90</td><td>50</td><td>0</td></tr>
<tr><td>22</td><td>80</td><td>100</td><td>0</td></tr>
<tr><td rowspan="3">28</td><td>70（Ⅰ）</td><td rowspan="3">100</td><td rowspan="3">600</td></tr>
<tr><td>70（Ⅱ）</td></tr>
<tr><td>45（Ⅲ）</td></tr>
<tr><td>40（Ⅰ）</td><td>40（Ⅰ）</td><td rowspan="3">100</td><td>800（Ⅰ）</td></tr>
<tr><td>35（Ⅱ）</td><td>50（Ⅱ）</td><td>700（Ⅱ）</td></tr>
<tr><td>NA（Ⅲ）</td><td>NA（Ⅲ）</td><td>NA（Ⅲ）</td></tr>
</table>

注：（Ⅰ）、（Ⅱ）和（Ⅲ）表示依据 EN 13129：2016 划分的 3 个气候区；载客量是指车辆最大载客量的百分比；[a] 表示仅用于安装热泵空调的车辆。

表 7-2　车辆非载客准备状态下空调系统能耗试验工况

<table>
<tr><th>外气空气温度
(℃)</th><th>外气空气相对湿度
(%)</th><th>载客量
(%)</th><th>太阳辐射强度
(W/m²)</th></tr>
<tr><td>NA(Ⅰ)</td><td rowspan="3">90[a]</td><td rowspan="3">0</td><td rowspan="3">0</td></tr>
<tr><td>−20(Ⅱ)</td></tr>
<tr><td>−40(Ⅲ)</td></tr>
<tr><td>−10</td><td>90[a]</td><td>0</td><td>0</td></tr>
<tr><td>0</td><td>90[a]</td><td>0</td><td>0</td></tr>
<tr><td>15</td><td>80</td><td>0</td><td>0</td></tr>
<tr><td>22</td><td>80</td><td>0</td><td>0</td></tr>
<tr><td>40(Ⅰ)</td><td>40(Ⅰ)</td><td rowspan="3">0</td><td>800(Ⅰ)</td></tr>
<tr><td>35(Ⅱ)</td><td>50(Ⅱ)</td><td>700(Ⅱ)</td></tr>
<tr><td>28(Ⅲ)</td><td>70(Ⅲ)</td><td>600(Ⅲ)</td></tr>
</table>

注:(Ⅰ)、(Ⅱ)和(Ⅲ)表示依据 EN 13129:2016 划分的 3 个气候区;载客量是指车辆最大载客量的百分比;[a] 表示仅用于安装热泵空调的车辆。

表 7-3　车辆泊车状态下空调系统能耗试验工况

外气空气温度 (℃)	外气空气相对湿度 (%)	载客量 (%)	太阳辐射强度 (W/m²)
0	90[a]	0	0
15	80	0	0
28	80	0	0

注:[a] 表示仅用于安装热泵空调的车辆。

EN 13129:2016 给出的空调系统能耗试验工况不考虑空调预冷或预热状态,同时所有试验都在车辆静止状态下进行的,不考核车辆速度对空调能耗的影响。

(4)空调全年能耗和计算

依据上述 3 种车辆状态空调系统能耗试验工况表,按照 EN 13129:2016 的试验方法要求,测出每个试验工况下的空调系统平均功率值,并乘以其工况对应的全年小时数得到每个试验工况对应的全年能耗,每个车辆状态下其所有工况的全年能耗相加即可得到对应车辆状态的空调全年能耗,3 种状态下的空调系统能耗相加即为整车空调系统全年能耗。

该标准计算空调系统全年能耗时不考虑车辆空调预冷或预热状态,所有试验都在车辆静止状态下进行,即不考核车辆运行速度对空调系统能耗的影响。标准中只提供空调系统全年能耗试验方法和计算方法,所以该标准不适用于不同种类车辆的空调系统能效比较。另外,EN 13129:2016 将中主控司机室空调系统的能耗计算在牵引辅助系统能耗中。

第二节　能耗评价典型工况的确定方法

对于轨道交通车辆而言,获得其空调系统能耗最准确的方法是在运行状态下直接测量。但是直接测量一方面只能对已上线运行的车辆能耗进行试验,而不能在被采购之前对其进行测试和评价;另一方面,哪怕对同一辆列车而言,不同的运行环境也会对能耗结果产生较大影响，故很难利用在不同条件下获得的有限的试验数据对不同车辆的能耗进行对比。因此，为了对轨道车辆能耗进行评价和对比，必须制定统一的工况条件。

获得轨道交通车辆整车空调系统能耗评价典型工况的方法主要有：典型天法、正交试验法和权重法等。

一、典型天法

典型天法是通过构造能够代表一段时间气候条件及车辆运行条件的一个完整天对列车空调能耗进行评价。用典型天内每一时刻的气候条件及运行条件代表该段时间中该时刻的气候条件及运行条件，一般取该段时间内每一天中某时刻的气候条件及运行条件平均值作为典型天该时刻的气候条件，假设用 n 个完整天构建典型天工况，则该典型天内 t 时刻的某一气候条件或运行条件 $f(t)$ 可以表示为

$$f(t)=\frac{\sum_{j=1}^{n}F(t)_j}{n} \tag{7-1}$$

式中　$F(t)_j$——所选时间段内的第 j 个完整天内 t 时刻的同一气候条件或运行条件；

n——该时间段内的总天数。

可见典型天内的气候条件或运行条件对其所代表的时间段的气候条件或运行条件具有统计意义。

构造典型天时，需要自行选定时间段的长短，当该时间段取的较长时，虽然典型天数量减少，相应的试验工况减少，但由于时间持续较长，时间段内气候条件或列车运行条件差异较大，典型天无法很好地表征该段时期内的气候及运行条件，因此结果可能不够准确。而如果时间段选的较短，则结果相对准确，但是试验次数相对较多。因此需要根据当地的气候条件及车辆运行情况选择适当的时间段长度。

通过数值计算或者试验测试的方法得到整车空调系统典型天的完整能耗后，可以根据构造各个典型天时使用的各时间段长短，加权累加获得总的车辆能耗，该数据一般为全年能耗。例如，想要获得 m 天内的列车能耗数据，根据当地气候条件适当选取各典型天表征的时间段长度后(例如将 m 天等比例划分为 k 个时间段)，那么各典型天内气象数据可以表示为

$$f^{(1)}(t)=\frac{\sum_{j=1}^{\frac{m}{k}}F(t)_j}{n} \tag{7-2}$$

$$f^{(2)}(t)=\frac{\sum_{j=\frac{m}{k}+1}^{\frac{2m}{k}}F(t)_j}{n} \tag{7-3}$$

$$f^{(3)}(t)=\frac{\sum_{j=\frac{2m}{k}+1}^{\frac{3m}{k}}F(t)_j}{n} \tag{7-4}$$

…

$$f^{(k)}(t)=\frac{\sum_{j=\frac{(k-1)m}{k}+1}^{m}F(t)_j}{n} \tag{7-5}$$

式中　$f^{(k)}(t)$——第 k 个典型天内 t 时刻的气象数据；

$F(t)_j$——所选时间段内的第 j 个完整天内 t 时刻的气候条件。

获得典型天各个时刻的气象数据后，可以以此构造试验或计算条件，获得各个典型天内的能耗数据：$Y^{(1)}$，$Y^{(2)}$，…，$Y^{(k)}$。m 天内的总能耗可以表示为

$$Y_{\text{sum}}=Y^{(1)}\cdot d^{(1)}+Y^{(2)}\cdot d^{(2)}+\cdots+Y^{(k)}\cdot d^{(k)}=\sum_{i=1}^{k}Y^{(i)}\cdot d^{(i)} \tag{7-6}$$

式中　$d^{(i)}$——第 i 个典型天所表征的天数。

如果时间段选取合适，典型天具有一定的代表性。但是，一天当中气候条件往往是时刻在发生变化的，试验手段往往较难复现时刻变化的气候条件或运行条件。这时可以适当增加式(7-1)中 t 的间隔，标准 EN 13129：2016 给出的典型天工况最小变化时间为 1 min，这对于试验室能力要求是极高的。当选取较小 t 间隔时，可以使用数学模型对能耗进行求解。

在线路运行车辆空调系统能耗测试中也可以应用该方法，但此时典型天是选取的，不是构造的。

二、正交试验法

正交试验法利用正交表来对试验进行整体设计、综合比较、统计分析，从大量的试验点中挑选适量的具有代表性的点，利用已经构造好的表格即正交表来安排试验并进行数据分析。

该方法在计算整车空调系统的全年能耗时，首先计算各个工况下空调的小时能耗 Y，然后将 Y 累加起来即得全年总能耗 Y_{sum}。

计算整车空调系统能耗的关键在于能耗与各变量之间关系式的确定。将全年分为夏季、过渡季和冬季，关系式的形式也相应分为制冷时段空调每小时能耗 Y_1，通风时段空调每小时能耗 Y_2，采暖时段空调每小时能耗 Y_3。

为了区别上述 3 种季节并判断某一时段处于制冷时段、通风时段还是采暖时段，再加入两个阈值：允许制冷最低车外温度 T_1 和允许采暖最高车外温度 T_2。如果某一小时的车外温度大于 T_1，则判定为制冷时段，利用 Y_1 对应的关系式计算该小时能耗；如果某一小时的车外温度在 T_1 与 T_2 之间，则判定为通风时段，利用 Y_2 对应的关系式计算该小时能耗；如果某一小时的车外温度小于 T_2，则判定为采暖时段，利用 Y_3 对应的关系式计算该小时能耗。最后，将计算所得 Y_1、Y_2、Y_3 累加得到 $Y_{1\text{sum}}$、$Y_{2\text{sum}}$、$Y_{3\text{sum}}$，得到空调系统全年能耗。即

$$Y_{\text{sum}}=Y_{1\text{sum}}+Y_{2\text{sum}}+Y_{3\text{sum}} \tag{7-7}$$

为了确定能耗与各变量之间的关系式。需要对研究对象进行试验或者数值计算。以 7 个变量，每个变量 3 个水平为例，不论是通过数值计算还是通过试验方法，要确定关系式需要至少 $3^7=2\ 187$ 个工况，这显然不现实，正交试验法正好解决了此问题。对于有 7 个变量，每个变量设为 3 个水平的案例，选取正交表 $L_{18}(3^7)$ 来安排正交试验，仅需要 18 个工况即可确定空调系统能耗与各变量之间的关系式。

确定好工况后，采取试验或者数值计算的方式，可以求得各个工况下的整车空调系统能耗。得到能耗数据后填入正交表中，并进行数据的回归分析，可以求得空调系统能耗关系式。确定各个参数的数值后，通过编程即可求得整车空调系统能耗。

该方法虽然通过试验室测试或者数值计算得到整车空调系统能耗，但其使用的前提是空调系统能耗与各变量之间是线性关系式，其通适性仍在研究中。

三、权重法

权重法与典型天类似，但是不再以典型天进行表征，而是以一个固定条件的工况进行表征。在统计总能耗时，赋予每个工况一定权重，并进行相加得到。例如，为了获得列车全年总能耗，根据当地气候条件选取 k 个特征工况用来表征全年气候条件，对应工况代表的相应时间长度为d_j，$j=1,2,\cdots,k$，每个工况对应能耗值为Y_j，则全年能耗可以表示为

$$Y_{\text{sum}}=Y_1\cdot w_1+Y_2\cdot w_2+\cdots+Y_k\cdot w_k=\sum_{j=1}^{k}Y_j\cdot w_j \tag{7-8}$$

式中　w_j——对应工况的权重。

一般以时间计算权重，若以天为单位，且Y_j为工况持续一天的能耗值时，相应工况的权重为

$$w_j=d_j \tag{7-9}$$

权重法构建的工况是稳定工况，具备在试验室进行测试的条件，同时，由于其工况稳定，因此不需要像典型天法那样，工况要运行很长时间，当工况稳定或出现周期性波动后，即可开始试验，而最终计算能耗时，需要根据实际工况运行时间调整式(7-9)对权重进行重新计算。

与典型天法一样，该方法也需要根据当地气候条件的实际情况划分工况，每个工况要求尽量能够表征其所代表时间的气候条件，此外，除了考虑当地气候条件之外，对于列车具体运行条件，如载客量等，也应该进行考虑。

该方法由于试验工况统一稳定，便于实现，如果构建工况合理，能耗差异主要决定于车辆本身技术参数和空调装置的效率，可以真实反映车辆空调的能源效率水平，是目前研究的重点方向。

第三节　基于权重法的典型能耗工况构建示例

基于权重法的典型能耗工况的构建原则是公平性、准确性和简易性。

公平性：所有的车辆评价在统一的条件下进行。

准确性：通过该方法测试的空调系统能耗数据能够真实反映实际车辆空调的能效水平。

简易性：工况较少，可同步融合于型式试验中，减少试验成本和周期。

利用权重法构建空调系统能耗典型工况要以当地气候条件为依据，并结合车辆运行环境，进行综合考量。本节以示例的形式，分别对不同运行环境车辆构建其空调系统能耗典型工况。

一、城轨地铁车辆

（一）空调制冷能耗工况

为了便于不同城市间城轨地铁车辆进行对比，首先需要制定统一的工况。按照我国铁路

以往进行车辆热工计算的惯例，北京以南地区制冷季气候以武汉作为代表城市，以 GB/T 17758—2010 给出的租赁商铺为代表的建筑类型计算空调机组运行时间（每天 13 h）为基础，考虑城轨地铁车辆每天实际使用空调机组运行的时间为 18 h，空调机组的运行时间相比商铺增加 38.46%，修正后的空调机组在制冷季节需要制冷的各温度发生时间见表 7-4，表中制冷总小时数为 2 700 h，加权平均外温为 28 ℃。

表 7-4　武汉市制冷季节需要制冷的各温度发生时间（3 月 30 日～11 月 2 日）

序号	室外温度（℃）	制冷时长（h）	序号	室外温度（℃）	制冷时长（h）	序号	室外温度（℃）	制冷时长（h）
1	22	169	8	29	245	15	36	36
2	23	213	9	30	195	16	37	25
3	24	169	10	31	187	17	38	14
4	25	213	11	32	154	18	39	0
5	26	241	12	33	130	19	40	0
6	27	241	13	34	107			
7	28	295	14	35	66			

将夏季制冷外界温度范围划分成 4 个区：22～25 ℃、26～29 ℃、30～33 ℃和 34～40 ℃。按各区时长进行加权平均计算可以得出各区对应的典型工况温度为

$$T^{(i)} = \frac{\sum_{j=1}^{n} t_j^{(i)} \cdot d_j^{(i)}}{\sum_{j=1}^{n} d_j^{(i)}} \tag{7-10}$$

式中　$T^{(i)}$——第 i 区对应的典型工况温度值；

$t_j^{(i)}$——第 i 区中第 j 个温度值；

$d_j^{(i)}$——第 i 区中第 j 个温度值对应的制冷时长（小时数）。

计算结果分别为：得到夏季制冷时各区的典型工况温度值分别为 23.6 ℃、27.5 ℃、31.3 ℃和 35.1 ℃，参照 GB/T 33193.2—2016《铁道车辆空调　第二部分：型式试验》中相应标准工况后，修约夏季制冷时各区的温度值为 22 ℃、28 ℃、31.5 ℃和 35 ℃。参考 GB/T 33193.2—2016，上述 4 个典型温度值对应的相对湿度分别为 80%、70%、65%和 60%。

载客量参照 GB/T 17758—2010 划分为 25%、50%、75%和 100%定员 4 个节点，考虑到城轨地铁车辆存在载客量较少甚至空载的情况，增加载客量 0 定员节点。

由于城轨地铁车辆运行过程中分为地下段和地上段，有的线路兼有地上段和地下段，因此，在制定工况时，兼顾有无太阳辐射情况。根据 GB/T 33193.2—2016《铁道车辆空调　第 2 部分：型式试验》表 2 中区间Ⅱ的规定，22 ℃、28 ℃、35 ℃对应的太阳辐射强度分别为 500 W/m^2、600 W/m^2、700 W/m^2，31.5 ℃对应的太阳辐射强度采用差值法可知为 650 W/m^2。考虑到城轨地铁车辆有一部分时间运行在地下无太阳辐射地区，增加太阳辐射为 0 W/m^{2}的情况。

由此可得出城轨地铁车辆空调系统能耗典型工况，见表 7-5。

表 7-5　城轨地铁车辆空调制冷能耗典型工况

序号	车外空气平均温度（℃）	车外空气相对湿度（%）	模拟太阳辐射强度（W/m^2）	模拟载客量（%）	温度调节装置的设定位置
1	22	80	500	0	中间位
2	22	80	500	25	中间位
3	22	80	500	50	中间位
4	22	80	500	75	中间位
5	22	80	500	100	中间位
6	22	80	0	0	中间位
7	22	80	0	25	中间位
8	22	80	0	50	中间位
9	22	80	0	75	中间位
10	22	80	0	100	中间位
11	28	70	600	0	中间位
12	28	70	600	25	中间位
13	28	70	600	50	中间位
14	28	70	600	75	中间位
15	28	70	600	100	中间位
16	28	70	0	0	中间位
17	28	70	0	25	中间位
18	28	70	0	50	中间位
19	28	70	0	75	中间位
20	28	70	0	100	中间位
21	31.5	65	650	0	中间位
22	31.5	65	650	25	中间位
23	31.5	65	650	50	中间位
24	31.5	65	650	75	中间位
25	31.5	65	650	100	中间位
26	31.5	65	0	0	中间位
27	31.5	65	0	25	中间位
28	31.5	65	0	50	中间位
29	31.5	65	0	75	中间位
30	31.5	65	0	100	中间位
31	35	60	700	0	中间位
32	35	60	700	25	中间位

续上表

序号	车外空气平均温度(℃)	车外空气相对湿度(%)	模拟太阳辐射强度(W/m^2)	模拟载客量(%)	温度调节装置的设定位置
33	35	60	700	50	中间位
34	35	60	700	75	中间位
35	35	60	700	100	中间位
36	35	60	0	0	中间位
37	35	60	0	25	中间位
38	35	60	0	50	中间位
39	35	60	0	75	中间位
40	35	60	0	100	中间位

(二)空调采暖能耗工况

采暖季以北京作为代表城市，考虑到全年的连续性和完整性，采暖季时间为 11 月 3 日至次年 3 月 29 日。空调机组在采暖季节需要制热的各温度发生时间见表 7-6，表中制热总小时数为 2 482 h，加权平均外温为 1.2 ℃。

表 7-6　北京市采暖季节需要制热的各温度发生时间(11 月 3 日～次年 3 月 29 日)

序号	室外温度(℃)	采暖时长(h)	序号	室外温度(℃)	采暖时长(h)	序号	室外温度(℃)	采暖时长(h)
1	12	57	11	2	162	21	−8	60
2	11	76	12	1	144	22	−9	38
3	10	71	13	0	161	23	−10	32
4	9	68	14	−1	178	24	−11	21
5	8	93	15	−2	145	25	−12	9
6	7	126	16	−3	130	26	−13	4
7	6	145	17	−4	112	27	−14	2
8	5	126	18	−5	103	28	−15	0
9	4	128	19	−6	82			
10	3	143	20	−7	66			

将冬季制热时整个外界温度划分成 3 个区，6～12 ℃、−2～5 ℃、−15～−3 ℃，通过式(7-10)计算出 3 个温度区的试验点温度为 8.39 ℃、1.32 ℃和−5.87 ℃，将其修约为 TB/T 1804—2017《铁道车辆空调　空调机组》中相应标准工况的温度值后，温度节点分别为 7 ℃、2 ℃和−7 ℃。由此构建出采暖能耗典型工况，见表 7-7。

表 7-7　城轨地铁车辆空调采暖能耗典型工况

序号	车外空气平均温度(℃)	车外空气相对湿度(%)	模拟太阳辐射强度(W/m^2)	模拟载客量(%)	温度调节装置的设定位置
1	7	51	0	0	中间位
2	7	51	0	25	中间位

续上表

序号	车外空气平均温度（℃）	车外空气相对湿度（%）	模拟太阳辐射强度（W/m^2）	模拟载客量（%）	温度调节装置的设定位置
3	7	51	0	50	中间位
4	7	51	0	75	中间位
5	7	51	0	100	中间位
6	2	85	0	0	中间位
7	2	85	0	25	中间位
8	2	85	0	50	中间位
9	2	85	0	75	中间位
10	2	85	0	100	中间位
11	−7	72	0	0	中间位
12	−7	72	0	25	中间位
13	−7	72	0	50	中间位
14	−7	72	0	75	中间位
15	−7	72	0	100	中间位

二、铁道车辆

(一)空调制冷能耗工况

空调制冷能耗典型工况中的制冷环境温度和相对湿度的选取按照我国铁路以往进行车辆热工计算的惯例，以武汉作为代表城市，与城轨地铁车辆一致。

由于铁道客车及动车组的定员量与城轨地铁车辆相比较小，载客量比较稳定，绝大部分时间段的载客量都在定员量的 50%以上，空调新风根据车外空气温度调节，不会随载客量变化，在额定制冷工况下，满定员下乘客负荷不超过总车内热负荷的 30%，所以在空调制冷能耗工况中将车内旅客模拟负荷定为 100%定员。

整车空调系统能耗试验是在车辆满足乘车舒适性前期条件下进行的，所以车内空气温度及相对湿度要满足 GB/T 33193.1—2016《铁道车辆空调　第 1 部分：舒适度参数》的要求。由于车内温度对空调能耗影响很大，所以空调制冷能耗试验工况中车内平均温度不超过目标温度±0.5 ℃，平均相对湿度不超过 65%。

综合以上分析可得空调制冷能耗工况，见表 7-8。

表 7-8　铁道车辆空调制冷典型工况表

序号	车外空气平均温度（℃）	车外空气相对湿度（%）	模拟太阳辐射强度（W/m^2）	模拟载客量（%）	温度调节装置的设定位置
1	22	80	0	100	中间位
2	28	70	600	100	中间位
3	31.5	65	650	100	中间位
4	35	60	700	100	中间位

（二）空调采暖能耗工况

对于铁道车辆的采暖工况，由于冬季全国各地温差较大，我国铁道客车可以分为非高寒列车和高寒列车，分别对其冬季采暖典型能耗工况进行构建。

1. 非高寒铁道客车及动车组

中国铁道行业非高寒车辆空调采暖工况温度条件是以北京地区的温度条件为基准制定的。采暖季时间为 11 月 3 日至次年 3 月 29 日。空调机组在采暖季节需要制热的各温度发生时间见表 7-9，表中制热总小时数为 2 482 h，加权平均外温为 1.2 ℃。

表 7-9　北京市制热季节需要制热的各温度发生时间

序号	室外温度（℃）	制热时长（h）	序号	室外温度（℃）	制热时长（h）	序号	室外温度（℃）	制热时长（h）
1	12	57	11	2	162	21	−8	60
2	11	76	12	1	144	22	−9	38
3	10	71	13	0	161	23	−10	32
4	9	68	14	−1	178	24	−11	21
5	8	93	15	−2	145	25	−12	9
6	7	126	16	−3	130	26	−13	4
7	6	145	17	−4	112	27	−14	2
8	5	126	18	−5	103	28	−15	0
9	4	128	19	−6	82			
10	3	143	20	−7	66			

将冬季制热时整个外界温度划分成 3 个区，7～12 ℃、−7～6 ℃、−15～−8 ℃，通过式(7-10)计算出 3 个温度区的试验点温度为 9.09 ℃、0.07 ℃和−9.40 ℃，将其修约为 GB/T 33193.2—2016《铁道车辆空调　第二部分：型式试验》中相应标准工况的温度值后，空调采暖能耗工况中外界空气温度分别制定为 10 ℃、0 ℃和−10 ℃。

非高寒铁道车辆及动车组空调采暖能耗典型工况见表 7-10。

表 7-10　铁道车辆空调采暖能耗典型工况（非高寒）

序号	车外空气平均温度（℃）	车外空气相对湿度（%）	模拟太阳辐射强度（W/m^2）	模拟载客量（%）	温度调节装置的设定位置
1	−10	—	0	100	中间位
2	0	—	0	100	中间位
3	10	—	0	100	中间位

2. 高寒铁道客车及动车组

高寒车辆空调采暖工况温度条件以哈尔滨地区的温度条件为基准制定。哈尔滨市制热季节需要制热的各温度发生时间详见表 7-11，表中制热总小时数为 4 817 h，加权平均外温为−7.7 ℃。

表 7-11 哈尔滨市制热季节需要制热的各温度发生时间(10 月 2 日～次年 5 月 4 日)

序号	室外温度(℃)	制热时长(h)	序号	室外温度(℃)	制热时长(h)	序号	室外温度(℃)	制热时长(h)
1	12	43	15	−2	141	29	−16	172
2	11	54	16	−3	150	30	−17	149
3	10	72	17	−4	148	31	−18	157
4	9	73	18	−5	108	32	−19	161
5	8	86	19	−6	116	33	−20	135
6	7	103	20	−7	115	34	−21	118
7	6	104	21	−8	122	35	−22	106
8	5	125	22	−9	138	36	−23	92
9	4	131	23	−10	174	37	−24	74
10	3	142	24	−11	171	38	−25	47
11	2	152	25	−12	158	39	−26	40
12	1	145	26	−13	161	40	−27	19
13	0	147	27	−14	155	41	−28	8
14	−1	137	28	−15	166	42	−29	2

将冬季制热时整个外界温度划分成 4 个区，7～12 ℃、−5～6 ℃、−19～−6 ℃、−29～−20 ℃，通过式(7-10)计算出 4 个温度区的试验点温度为 9.04 ℃、0.43 ℃、−12.84 ℃和−22.48 ℃，将其修约为 GB/T 33193.2—2016《铁道车辆空调　第二部分：型式试验》中相应标准工况的温度值后，空调采暖能耗工况中外界空气温度分别制定为 10 ℃、0 ℃、−10 ℃和−25 ℃。

高寒铁道车辆及动车组空调采暖能耗典型工况见表 7-12。

表 7-12 铁道车辆空调采暖能耗典型工况(高寒)

序号	车外空气平均温度(℃)	车外空气相对湿度(%)	模拟太阳辐射强度(W/m^2)	模拟载客量(%)	温度调节装置的设定位置
1	−25	—	0	100	中间位
2	−10	—	0	100	中间位
3	0	—	0	100	中间位
4	10	—	0	100	中间位

第四节 空调系统能耗数值计算

在以典型天法、正交试验法或权重法构建典型工况后，还需要具体的实践才可以获得相应的能耗，而具体的实践既包括试验手段，也包括数值计算手段。本节主要讨论通过数值计算方法获得空调系统能耗值所使用的计算模型。

一、换热器模型

空调系统换热器包括蒸发器和冷凝器两大部分。翅片管式换热器是目前风冷制冷系统中应用最广的一种换热器，其管内制冷剂通过管壁和翅片与管外空气进行热交换。

换热器模型采用分布参数模型，可以反映换热器内制冷剂和空气不均匀流动对于换热器及其系统性能的影响。在翅片管式换热器建模时，将换热器模型分解为微元模型，通过微元的组合，实现不同形式的换热器建模。每个翅片管式微元模型都可视为1个独立的子换热器，对各微元建立制冷剂和空气的守恒方程组，求解其制冷剂和空气的出口状态、压降及微元的换热量，并将出口状态传递给下一微元，作为其进口状态，重复此过程，直至换热器模型计算完毕。

在建立模型时，进行如下简化：(1)制冷剂的管内流动是沿轴向的一维流动；(2)制冷剂在垂直于流动方向的截面上，各点的物性参数和运动参数是一致的。

根据导热方程和对流换热方程，换热器的换热系数可以表示为

$$U=\frac{1}{\alpha_i}+R_w+\frac{A_i}{\alpha_o A_o} \tag{7-11}$$

利用对数平均温差，则换热器换热量 Q_r 为

$$Q_r=UA_i\Delta T_m=UA_i\frac{T_{r,in}-T_{a,out}-(T_{r,out}-T_{a,in})}{\ln\left(\dfrac{T_{r,in}-T_{a,out}}{T_{r,out}-T_{a,in}}\right)} \tag{7-12}$$

式中 U——冷凝器总表面传热系数，$W/(m^2\cdot K)$；

α_i——制冷剂侧表面对流换热系数，$W/(m^2\cdot K)$；

R_w——管壁热阻，$(m^2\cdot K)/W$；

α_0——空气侧表面对流换热系数，$W/(m^2\cdot K)$；

A_i——冷凝器管内有效传热面积，m^2。

A_0——冷凝器管外有效传热面积，m^2；

Q_r——制冷剂换热量，W；

ΔT_m——对数平均温差，℃；

$T_{r,in}$——制冷剂入口温度，℃；

$T_{a,out}$——空气出口温度，℃；

$T_{r,out}$——制冷剂出口温度，℃；

$T_{a,in}$——空气入口温度，℃。

二、毛细管模型

对工程毛细管常常进行如下假设：

(1)毛细管内流动是一维的；

(2)不考虑毛细管沿流动方向的导热；

(3)毛细管内流体流动为绝热流动。

在以上假设条件下，毛细管内流动的基本控制方程如下。

连续性方程为

$$m=\frac{\pi}{4}D^2G=\text{常数} \tag{7-13}$$

能量方程为

$$h+\frac{1}{2}G^2v^2=\text{常数} \tag{7-14}$$

动量方程为

$$-\mathrm{d}p=G^2\mathrm{d}v+\frac{f}{2D}vG^2\mathrm{d}L \tag{7-15}$$

式中　m——制冷剂质量流量，kg/s；

D——毛细管内径，m；

G——制冷剂质量通量，kg/(m^2·s)；

h——制冷剂比焓，J/kg；

v——制冷剂比容，m^3/kg；

p——制冷剂的压力，Pa；

f——沿程阻力系数；

L——毛细管长度，m。

三、车厢热系统模型

(一)车体围护结构传热

由于车体厚度远小于车体长度和宽度，因此把围护结构导热简化为沿厚度方向的一维导热。将围护结构适当分层，围护结构如图 7-1 所示。

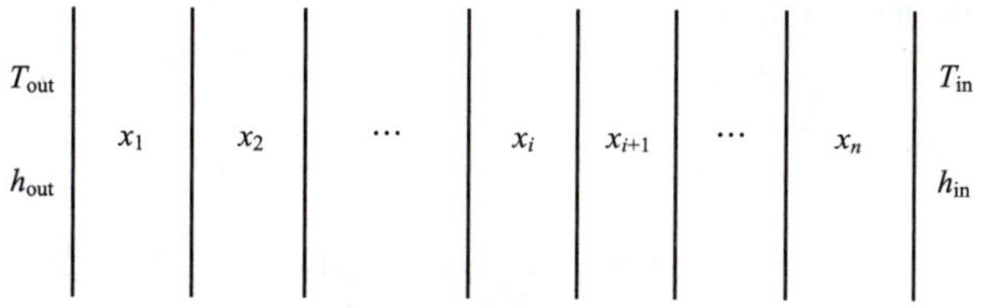

图 7-1　围护结构示意

由能量守恒可知，每一层材料的内能变化等于进出隔热层热流量的代数和，由此列出式(7-16)～式(7-18)。

$$\rho_1 c_1 \delta_1 \frac{dT_1}{d\tau} = h_{out}(T_{out} - T_1) - \lambda_1 \frac{T_1 - T_2}{\delta_1} \tag{7-16}$$

$$\rho_i c_i \delta_i \frac{dT_i}{d\tau} = \lambda_{i-1} \frac{(T_{i-1} - T_i)}{\delta_{i-1}} - \lambda_i \frac{T_i - T_{i+1}}{\delta_1} \tag{7-17}$$

$$\rho_n c_n \delta_n \frac{dT_n}{d\tau} = \lambda_{n-1} \frac{(T_{n-1} - T_n)}{\delta_{n-1}} - h_{in}(T_n - T_{in}) \tag{7-18}$$

式中　ρ_i——第 i 层材料的密度，kg/m^3；

T_i——第 i 层材料的温度，℃；

c_i——第 i 层材料的比热容，J/(kg·℃)；

δ_i——第 i 层材料的厚度，m；

λ_i——第 i 层材料的导热系数，W/(m·K)；

τ——时间，s；

T_{out}——环境温度，℃；

T_{in}——车厢内温度，℃；

h_{out}，h_{in}——分别为车壁面外侧、内侧的空气传热系数，W/(m^2·K)。

被试车运行时，对于时速 160 km 铁路客车，h_{out}按照 TB 1951—1987《客车空调设计参数》计算如下

$$h_{out}=9+3.5\,\omega^{0.66} \tag{7-19}$$

式中　ω——列车运行速度，km/h。

（二）太阳辐射

车体外壁面受到的太阳辐射包括直射辐射和散射辐射，车顶和车身侧围各壁面辐射强度为

$$I_{C,t}=I_{S,Z}+I_{S,S} \tag{7-20}$$

$$I_{C,j}=I_{C,Z,j}+\frac{I_{S,S}+I_D}{2} \tag{7-21}$$

式中　$I_{C,t}$——车顶辐射强度，W/m²；

$I_{S,Z}$——水平面上直射辐射强度，W/m²；

$I_{S,S}$——水平面上散射辐射强度，W/m²；

$I_{C,j}$——车身侧围各壁面辐射强度，W/m²；

$I_{C,Z,j}$——车身侧围各壁面垂直面上的直射辐射强度，W/m²；

I_D——地面反射辐射强度，W/m²。

对于车底，不受太阳直射辐射及散射辐射，只受地面的反射辐射，一般可忽略不计。

（三）车窗传热

车窗上的太阳辐射包括直射辐射和散射辐射。太阳辐射经车窗玻璃反射、吸收后，余下部分透过车窗进入车厢，经车内材料吸收的太阳辐射热，最终以对流换热方式传递给车厢内的空气。也就是说，由太阳辐射通过车窗传入车内的热量包括两部分。

(1)由于车窗玻璃透射而直接进入车内的热量；

(2)由于玻璃吸收太阳辐射，进而通过热传导进入车内的热量。

由太阳辐射通过车窗进入车内的热量可以写为

$$Q_2^{(i)}=\left[q_r^{(i)}+\frac{\alpha_B^{(i)}q_p^{(i)}}{\alpha_B^{(i)}+\alpha_H^{(i)}}\right]A_e^{(i)}S^{(i)} \tag{7-22}$$

式中　$Q_2^{(i)}$——通过 i 车窗玻璃的传热量，W；

$q_r^{(i)}$——透过 i 车窗玻璃进入车内的辐射热，W/m²；

$q_p^{(i)}$——车窗玻璃吸收的太阳辐射热，W/m²；

$\alpha_B^{(i)}$——内表面的表面传热系数，W/(m²·K)；

$\alpha_H^{(i)}$——外表面的表面传热系数，W/(m²·K)；

$A_e^{(i)}$——车窗玻璃的传热面积，m²；

$S^{(i)}$——i 车窗的遮阳系数。

式(7-22)中透过车窗玻璃进入车内辐射热$q_r^{(i)}$可以表示为

$$q_r^{(i)}=I_{ZC}^{(i)}\cdot\tau_Z^{(i)}+I_{SC}^{(i)}\cdot\tau_S^{(i)} \tag{7-23}$$

式中　$I_{ZC}^{(i)}$——太阳对车窗的直射辐射强度，W/m²；

$I_{SC}^{(i)}$——太阳对车窗的散射辐射强度，W/m²；

$\tau_Z^{(i)}$，$\tau_S^{(i)}$——分别为车窗的直射辐射透过率和散射辐射透过率。

式(7-22)中车窗玻璃吸收的太阳辐射热量$q_p^{(i)}$可以表示为

$$q_p^{(i)}=I_{ZC}^{(i)}\cdot\rho_Z^{(i)}+I_{SC}^{(i)}\cdot\rho_S^{(i)} \tag{7-24}$$

式中 $\rho_Z^{(i)}$、$\rho_S^{(i)}$——车窗玻璃的直射辐射吸收率和散射辐射吸收率。

则通过车窗进入的总太阳辐射热为

$$Q_2 = \sum_{i=1}^{n} Q_2^{(i)} \tag{7-25}$$

式中 n——车窗数量。

（四）人体散热散湿

人体皮肤表面通过对流和辐射，散发给周围空气的热量叫显热。此外，人体的皮肤和呼吸，还会有一定的水分蒸发，由于水分蒸发吸热，车内空气含湿量增加的同时，还增加了水蒸气所含的潜热。所以，人体散发的总热量为显热和潜热之和，计算公式为

$$Q_3 + Q_4 = qn\varphi \tag{7-26}$$

式中 Q_3——乘客散出的显热量，W；

Q_4——乘客散出的潜热量，W；

n——人数，按实际统计人数计算；

q——平均每人散热量，W；

φ——群集系数，取 0.955。

人员的散湿量m_w为

$$m_w = 0.278 \times n \times \varphi \times g \times 10^{-6} \tag{7-27}$$

式中 g——成年男子的小时散湿量，g/h。

（五）车内设备散热

车内的主要散热设备有照明设备、蒸发风机以及控制柜等。车内设备散热量的计算公式为

$$Q_{照明} = N_{照明} \cdot n_1 \cdot n_2 \tag{7-28}$$

$$Q_{风机} = N_{风机} \cdot a_1 \cdot a_2 \cdot a_3 \tag{7-29}$$

$$Q_5 = Q_{照明} + Q_{风机} + Q_{其他} \tag{7-30}$$

式中 $Q_{照明}$——照明设备散热量，W；

$N_{照明}$——照明所需功率，W；

n_1——镇流器消耗功率系数；

n_2——灯罩隔热系数；

$Q_{风机}$——蒸发风机散热量，W；

$N_{风机}$——蒸发风机所需功率，W；

a_1——电动机容量系数，取 0.9；

a_2——负荷系数，取 0.8；

a_3——使用系数，取 1.0；

Q_5——车内设备总散热量，W；

$Q_{其他}$——车内其他设备散热量，W。

（六）新风带来的热量

为了保证车内二氧化碳含量不超过规定的范围，需不断地向车内提供一定量的新风。在夏季，由于新风的焓值高于车内空气的焓值，其焓差与新风空气质量的乘积即为新风带来的热量Q_6，计算公式为

$$Q_6=\frac{\rho \cdot q_{V,w}\Delta h_J}{3.6} \tag{7-31}$$

式中 ρ——空气密度，kg/m^3；

$q_{V,w}$——新风体积流量，m^3/h；

Δh_J——车内外空气的比焓差，J/kg。

四、控制方程

（一）质量守恒方程

轨道交通车辆车内保持微正压，不考虑渗透风的影响，进入车厢内的空气只考虑新风的影响。新风和回风混合后经过蒸发器降温通入车厢，而排风系统会排出相应的风量保持平衡。空气的质量守恒方程见式(7-32)、式(7-33)。

$$\frac{\mathrm{d}m}{\mathrm{d}t}=m_1-m_2 \tag{7-32}$$

$$\frac{\mathrm{d}(mw)}{\mathrm{d}t}=m_1 w_s+m_v-m_2 w_R \tag{7-33}$$

式中 m——车厢内的空气质量，kg；

m_1——新风量，m^3/s；

m_2——排风量，m^3/s；

w——含湿量，g/kg；

t——时间，s；

m_v——车内湿负荷，g/s；

w_s——送风的含湿量，g/kg；

w_R——车内空气含湿量，g/kg。

（二）能量守恒方程

根据能量守恒定律，单位时间进入车厢的能量减去单位时间内流出车厢的能量等于车厢储存能的变化率，公式为

$$Q_1+Q_2+Q_3+Q_4+Q_5+c_a m_a(t_s-t_h)=m c_a\frac{\mathrm{d}t_h}{\mathrm{d}\tau} \tag{7-34}$$

式中 Q_1——车体隔热壁逐时传热量，W；

Q_2——太阳辐射逐时传热量，W；

c_a——空气比热容，J/(kg·℃)；

m_a——送风质量流量，m^3/s；

t_s——送风温度，℃；

t_h——回风温度，℃；

m——车厢内空气质量，kg。

五、模型建立

把轨道交通车辆整车空调系统耦合起来即可求得包括空调系统能耗在内的各个参数。参数化建模过程如图 7-2 所示。

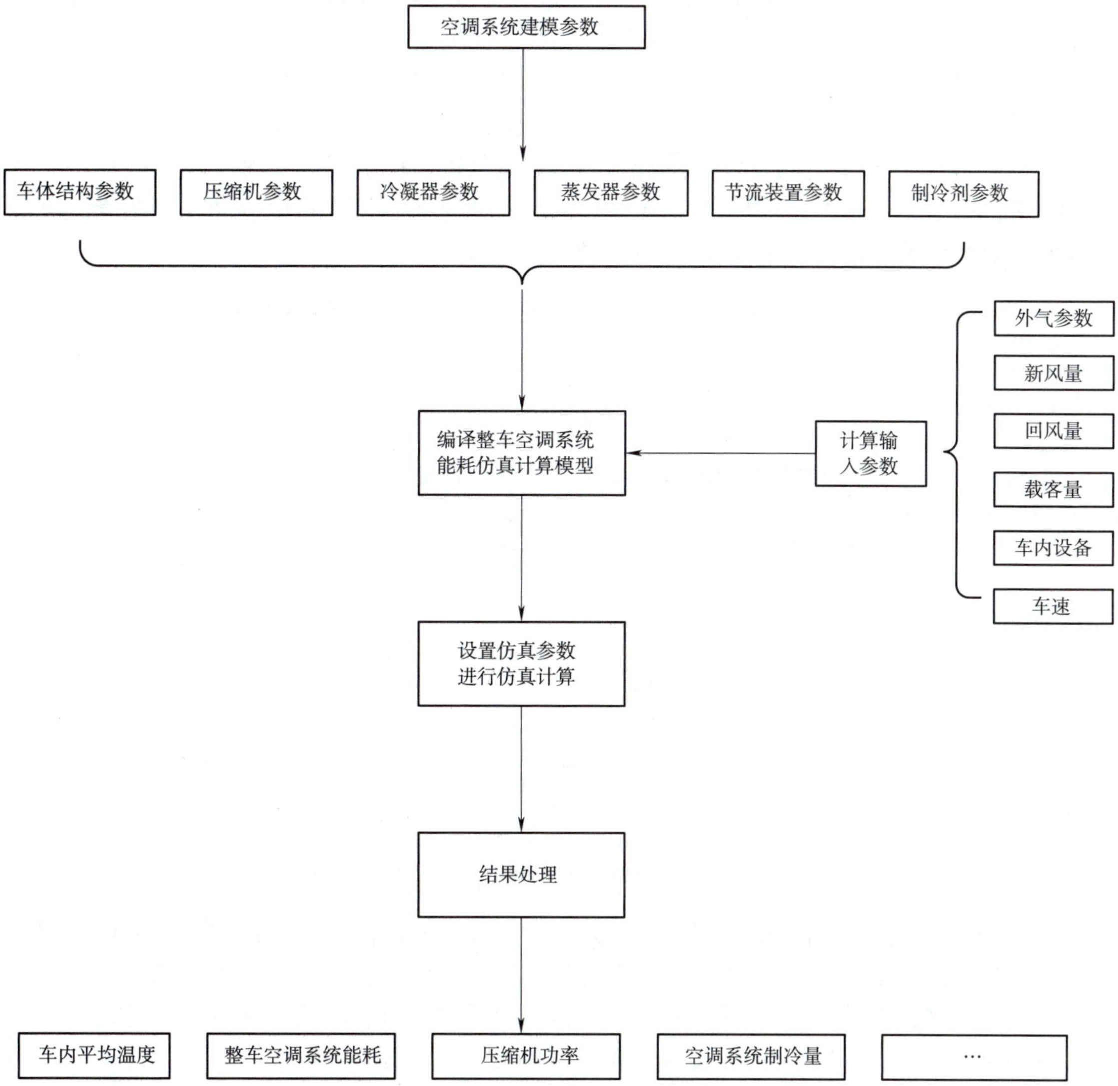

图 7-2　参数化建模示意

第五节　空调能耗台架试验台

前文介绍的主要是针对整车空调系统能耗，是以单节车厢或者整辆车作为研究对象。这也是能耗评价的最重要环节。对于未装车的空调机组也应该有相应的能耗评价，可以利用空调机组台架能耗测试系统对其进行测试，该系统应该能模拟整车实际的负荷情况。

在给出车体传热系数指标 K 值的情况下，考虑车辆外界温度和相对湿度、车内温度和相对湿度、车内人员负荷、新风负荷、电气设备负荷、太阳辐射等因素，利用试验台模拟出车内温度变化，并反馈给空调机组，使空调机组根据其温度变化进行能量调节，测出空调机组工作时的电流、电压、功率等参数，从而对空调机组能效进行评价。

本节以中车青岛四方车辆研究所有限公司空调能耗试验台为例，介绍其工作原理及试验流程。

一、系统组成与原理

空调机组台架能耗测试系统主要包括计算机、电气控制柜、数据采集柜、室内侧试验间、室外侧试验间、模拟箱、采集箱、电加热和电加湿设备、通风量测试设备以及功率可调稳压电源等。空调机组台架能耗测试系统原理示意图如图 7-3 所示。

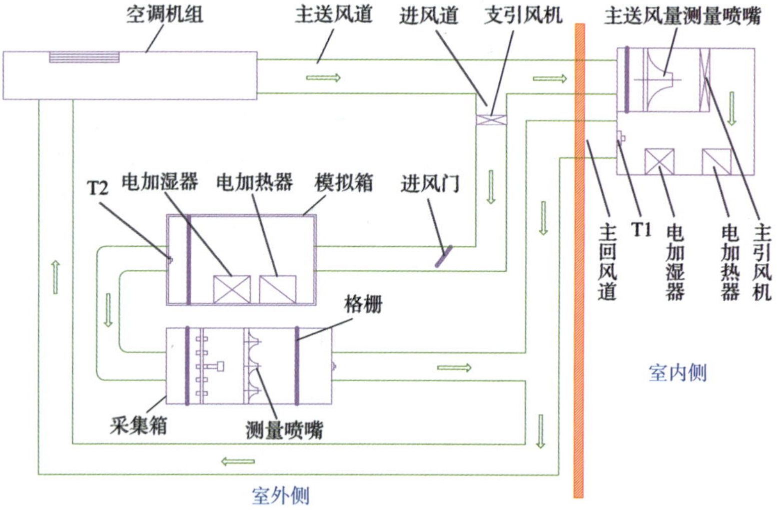

图 7-3　空调机组台架能耗测试系统原理示意

T1—主回风温湿度传感器；T2—模拟箱内温湿度传感器

如图 7-3 所示，试验台包括空调机组、模拟箱与室内侧部分。其中，模拟箱用来向空调机组提供其所需的控制信号(这里为温度)，用来控制空调机组动作。为使试验台架上空调机组与装车后的空调机组动作一致，该部分提供的信号应尽量接近车内真实情况。室外侧用来维持车外的真实环境，空调机组的冷凝风机及新风口均位于该处。室内侧主要为了修正流经模拟箱的热通量与真实情况下流经空调蒸发器热通量之间的偏差，该偏差主要由模拟箱与整车尺寸差异巨大而造成空气流量的不一致所导致。空调机组在事先设定好的环境温湿度和新风量下工作时，向主送风道送出经过调节的风，送风分成 2 支，一支送风经过进风道送到模拟箱内，在模拟箱内被模拟车内负荷的电加热器、电加湿器加热加湿，离开模拟箱的回风被 T2 测量；另一支送到室内侧进行温湿度、流量测量，经过电加热器、电加湿器加热加湿后，调节到与模拟箱内相同的温度后，与流经模拟箱内的空气一起回到空调机组的回风口，被空调机组吸入，经过空调机组调节后，再次送出到主送风道形成循环。

制冷时，T2 测得的模拟箱内温度 T_2 将比送风口温度高，当模拟箱内的温度高于设定温度值时，空调机组将增大制冷量，当模拟箱内的温度低于设定温度值时，空调机组将减少制冷量；制热时，T_2 将比送风口温度低，当模拟箱内的温度低于设定温度值时，空调机组将提高制热量，当模拟箱内的温度高于设定温度值时，空调机组将降低制热量。试验时，T1 测得的主回风温度 T_1 会与整车回风温度不一致，此时，应以整车回风温度为准，调节 T_1 使之与整车回风温度一致。控制 T_2 与整车车内温度一致，使空调机组的工作状态与装车工作模式相同，即可测出空调机组工作时压缩机启停以及压缩机、风机、电加热等设备的电流、电压、功率等用电参数。

二、试验控制

在进行空调台架能耗试验前需按照 TB/T 1804—2017《铁道车辆空调空调机组》规定的型式试验方法测试空调机组的额定制冷量、额定制热量、输入功率、制冷系数 EER、制热系数 COP 等参数，判断其是否全部符合标准要求。在空调机组台架能耗试验台上模拟空调机组装在车上的运用情况，环境温湿度应与整车试验时一样，通过调节模拟箱内的热负荷，在整车负荷已知的条件下，可以使模拟箱内温度的波动与整车试验时车内温度波动一致。

（一）环境温度和模拟负荷的控制

空调机组和模拟箱所在室外侧的温湿度按照设计环境温湿度进行控制，温度偏差在±0.5 ℃以内，湿度偏差在±5%以内，保证空调机组和模拟箱的环境温湿度与整车试验时的温湿度控制相同。模拟箱内模拟负荷采用电加热器和电加湿器进行控制，加热功率和加湿功率与模拟负荷偏差不超±3%。

（二）模拟箱内温度与主回风温度的控制

T_2 即为模拟箱内温度，此温度由空调机组进行调控，受空调机组工作方式变化的影响，应保证模拟箱内温度和湿度符合整车试验标准要求。T_1 即为主回风温度，通过室内侧的电加热器进行调节，使其与模拟箱内温度保持一致。室内侧的回风温度、湿度与模拟箱出风温度、湿度偏差分别不超过±0.5 ℃和±5%。

（三）新风量和进风量的控制

试验时空调机组新风口处于开启状态，新风量应满足对应试验工况的要求，新风量与要求值偏差不超过±5%。模拟箱进风量可以通过进风门和支引风机进行调节，并可通过喷嘴装置准确测量，以采集箱进风量测量喷嘴前测得的空气参数来计算喷嘴前的空气状态，保证风量测试准确，以满足不同车型、不同空调机组送风量的变化要求，风量误差精确控制在±5%以内。

三、负荷计算

为了使模拟箱内空气温度与真实车内温度一致，需要根据已知的车内负荷调整模拟箱内的负荷。

由能量守恒可知，车内有如下关系

$$\Delta E = Q_{in} - Q_{out} \tag{7-35}$$

式中　Q_{in}、Q_{out}——进入车厢的热量和流出车厢的热量，J；

ΔE——车内空气内能变化，J。

ΔE 可以表示为

$$\Delta E=\Delta T c_p m \tag{7-36}$$

式中 ΔT——车内空气温度变化，K；

c_p——空气比热，J/(kg·℃)；

m——车内空气质量，kg。

对于模拟箱同样有如上关系

$$\Delta E'=Q'_{in}-Q'_{out} \tag{7-37}$$

$$\Delta E'=\Delta T' c'_p m' \tag{7-38}$$

式中 $\Delta E'$——模拟箱内空气内能，J；

Q'_{in}——进入模拟箱的热量，J；

Q'_{out}——流出模拟箱的热量，J；

$\Delta T'$——模拟箱内空气变化，K；

c'_p——模拟箱内空气比热容，J/(kg·℃)；

m'——模拟箱内空气质量，kg。

为使车内温度与模拟箱内有相同的温度变化，则有

$$\Delta T=\Delta T' \tag{7-39}$$

将式(7-36)～式(7-38)代入式(7-39)，有

$$\frac{Q_{in}-Q_{out}}{c_p m}=\frac{Q'_{in}-Q'_{out}}{c'_p m'} \tag{7-40}$$

由于车内和模拟箱内温度差别很小，因此可以假设空气比热容为定值，则两端消去比热容，有

$$\frac{Q'_{in}-Q'_{out}}{Q_{in}-Q_{out}}=\frac{m'}{m} \tag{7-41}$$

因此，如果要时模拟箱内的空气温度变化与车内一致，则需要满足式(7-41)。

对式(7-41)做进一步分析，将其中由于空气流入和流出的热量单独列出，则可将$Q'_{in}-Q'_{out}$和$Q_{in}-Q_{out}$分别表示为

$$Q'_{in}-Q'_{out}=Q'_{wind,in}-Q'_{wind,out}+Q'_{other,in}-Q'_{other,out}=\Delta Q'_{wind}+\Delta Q'_{other} \tag{7-42}$$

$$Q_{in}-Q_{out}=Q_{wind,in}-Q_{wind,out}+Q_{other,in}-Q_{other,out}=\Delta Q_{wind}+\Delta Q_{other} \tag{7-43}$$

其中下标 wind 代表由于气流进出所引入(或流出)的热量；other 代表其他因素引起的热量交换。代入式(7-41)中，可得

$$\frac{\Delta Q'_{wind}+\Delta Q'_{other}}{\Delta Q_{wind}+\Delta Q_{other}}=\frac{m'}{m} \tag{7-44}$$

设模拟箱内流入的风量与真实车内的送风量有如下关系

$$\dot{V}'=c\dot{V} \tag{7-45}$$

式中 $\dot{V}'$——模拟箱的送风量，m^3/s；

$\dot{V}$——实际车内的送风量，m^3/s；

c——比例系数。

假设当模拟箱内与实际车内温度一致时，即满足式(7-39)时，空调的运行状态是一致的，

空调送风温度一致，则模拟箱内由送风引起的热量交换与车内的实际热量交换仅仅与二者的流量相关，即

$$\Delta Q_{\text{wind}} = c\Delta Q'_{\text{wind}} \tag{7-46}$$

代入式(7-44)，有

$$\frac{c\ \Delta Q_{\text{wind}} + \Delta Q'_{\text{other}}}{\Delta Q_{\text{wind}} + \Delta Q_{\text{other}}} = \frac{m'}{m} \tag{7-47}$$

由式(7-47)可知，若令$\Delta Q'_{\text{other}} = c\Delta Q_{\text{other}}$，则相应的$c = \frac{m'}{m}$，说明只要满足

$$c = \frac{m'}{m} \tag{7-48}$$

$$\Delta Q'_{\text{other}} = c\Delta Q_{\text{other}} \tag{7-49}$$

即可使得模拟箱和真实车内的温度条件一致。即首先根据车内送风量要求，调节模拟箱空气流量，使其满足式(7-48)，之后根据车内实际热负荷调节模拟箱内负荷，使其满足式(7-49)。式(7-49)中$\Delta Q'_{\text{other}}$和ΔQ_{other}分别表示模拟箱和车内除去送风和排风引起的热量交换之外的所有负荷。

四、试验流程

根据负荷计算过程编制一套负荷计算软件，利用此软件即可方便地计算输出工况表，再将工况表录入空调机组台架能耗测试系统中，系统可以自动完成工况并输出结果。空调机组台架能耗测试流程如图 7-4 所示。

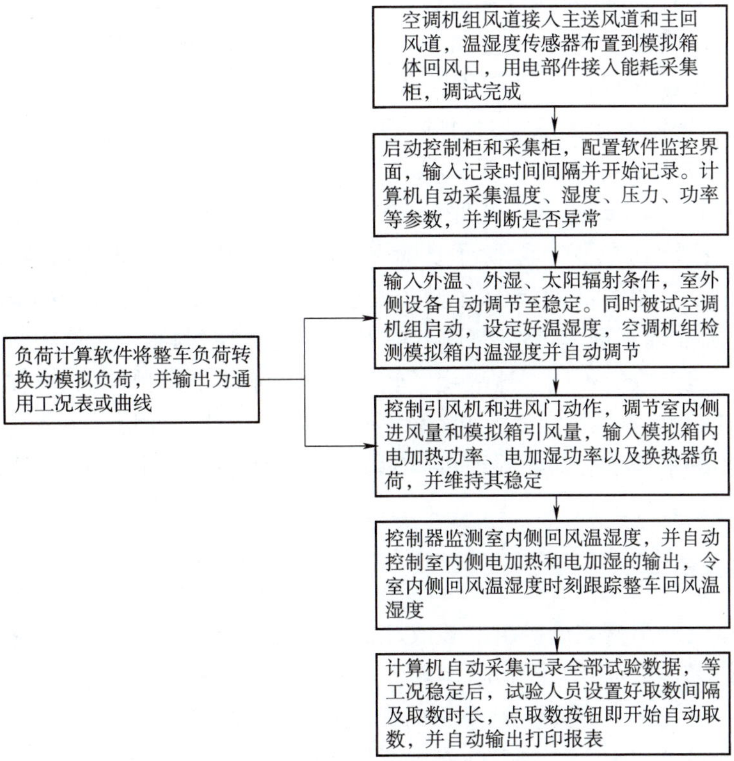

图 7-4 空调机组台架能耗测试流程

控制器首先对室内侧、室外侧、模拟箱、采集箱的温度、湿度、压力和空调各部件电参数进行采集，判断是否异常。然后调节室外侧的温度、湿度、太阳辐射等环境值并使其稳定，调节空调机组新风量达到要求值，调节室内侧引风机使主风道风量维持在客室单台空调机组需求值上，开启进风门和引风机调节风量使进入模拟箱内的空调机组总送风量满足式(7-48)，软件调节模拟箱的内电加热、电加湿功率值，使其满足式(7-49)。计算机对室内侧回风口的温度与模拟箱内回风口的温度值进行比较，并控制室内侧电加热、电加湿，使室内侧回风口温度能够与模拟箱内回风温度一致。模拟箱内测得的温度信号传输给被试空调机组控制柜(同时传输给空调机组台架能耗测试系统控制器)，控制空调机组升频、降频、启、停或旁通等状态，从而使该点的温度在空调机组设定的温度范围内。

第六节　能耗评价指标

轨道交通车辆空调系统一般都是由顶置式空调机组、通风系统以及控制系统三大部分组成。其中顶置式空调机组基本上均采取单元式空调机组，即压缩机、冷凝器、节流装置、蒸发器、风机及电气装置等各部件均安装于一个箱体内，组成一个完整的空调单元。通过设置在其上面的送回风口和电源连接器与室内通风系统、配套控制系统之间实现连接，形成一个集制冷、通风、控制于一体的空调通风系统，具有结构紧凑、体积小、互换性好等特点。

空调机组的制冷量大、通风量大、送风距离远，并且部分负荷特性明显，但是空调机组的尺寸空间受到限制，增大空调机组内的换热器面积比较困难。空间的限制使得对空调提出更高的要求，在合理利用空间的同时达到性能最优化，并能够节能减排。

除了提高机组本身的性能外，还要与车辆达到优异的匹配效果。随着社会和科技的进步，对车内舒适性的要求也在提高。要求的提高也会促进技术的发展，以除湿为例，在负载较大时，可以通过空调系统制冷达到除湿的目的，但在负荷较低时多采用电加热进行除湿。这是目前普遍采用的除湿方法，虽然提高了舒适度，但大大增加了空调系统能耗。为了能够促进行业的健康发展，需要对空调系统进行能耗评价，在满足各项要求的前提下，达到节能减排的目的。

轨道交通车辆空调具有多变性，除了负荷在不断变化的同时，空调系统本身的冷凝风量和新风量在运行中也是变化的，这也导致了轨道交通车辆空调系统能耗评价的复杂性。

此外，城市轨道交通车辆地域性差别较大，载客量也存在差异；干线铁路跨度比较大，运行区间的不同导致环境参数的不同。这决定了轨道交通车辆不能以单纯的运行能耗高低进行评价，需要找出合适的测试、计算方法，尽可能公平公正地进行能耗评价。

对轨道交通车辆空调系统的能耗评价应能从机组装车前即空调机组本身、机组装车后和车辆运行后等角度进行评价。

一、机组能耗评价指标

目前对于轨道交通车辆空调机组的能效评价指标主要分为名义性能评价指标和季节性能指标。名义性能指标包括：制冷能效比、制热性能系数、名义制冷量(制热量)等。季节性能评价指标包括：空调系统全年能耗、制冷综合部分负荷性能系数(IPLV)、制冷季节能效比(SEER)、全年性能系数(APF)。名义性能指标是在单一工况下对空调机组的性能进行评价，它是一种快速、简单而且直观的评价指标，对于空调机组在实际应用中的工作性能很难做出评判。因此，对空调机组本身性能的能耗评价目前采用的是季节能效比。季节能耗比不仅考虑了稳态效率，还考虑了变化的环境和开关损失，是评价空调机组节能效果的最佳方法之一，是一个较为合理的指标。

二、整车空调系统能耗评价指标

目前轨道车辆整车空调能耗主要有以下评价指标。

(1)客流量能耗指标

客流量能耗指标定义为运营过程中空调系统总耗电量与对应的客流量之比，其单位为(kW·h)/人次，该指标反映了单位乘车人次所消耗的空调系统电量。我国幅员辽阔，不同地区客流量差异明显，即使是同一地区不同线路之间的轨道列车客流量也可能有较大差异，为了使具有不同客流量的列车之间的能耗对比有意义，可以使用该指标进行对比。

(2)车辆周转量能耗指标

车辆周转量能耗指标定义为运营过程中空调系统总耗电量与运行里程之比，单位为(kW·h)/km，该指标反映了单位运营里程空调系统的耗电量，使不同运营里程车辆间的能耗对比具有意义。

(3)客运周转量能耗指标

客运周转量能耗指标定义为运营过程中空调系统总耗电量与运送人次和距离乘积之比，其单位为(kW·h)/(人次·km)，该指标反映了运送单位人次单位距离空调机组所消耗的电量。由于客运列车主要目的是运送客流至指定地点，因此该指标可以较为全面地反应列车运行能耗水平，同时使得不同运送距离。不同载客密度的列车之间的能耗对比具有意义。表 7-13 列出了几种不同车辆的空调系统客运能耗指标。

表 7-13　以客运周转量为指标的空调系统能耗

车　型	欧洲之星—373	双层 TGV	新干线 700 列车	阿尔斯通 AGV
运营速度(km/h)	300	300	270	300
能量消耗[(kW·h)/(人次·km)]	0.055	0.037	0.029	0.033

(4)运输质量能耗指标

运输质量能耗指标定义为空调系统总能耗与运行里程和匀送质量乘积之比，其单位为(kW·h)/(t·km)。该指标反映了运送单位质量单位距离空调机组所消耗的电量。该指标不单独考虑人员质量和车体质量，而是将人和车按质量标准统一起来，使空调系统能耗指标随着人数的变化具有可调整空间。表 7-14 表示不同车次的运送质量能耗指标。

表 7-14　以运输质量为指标的空调系统能耗

车次	起止车站	启停次数	能耗(kW·h)	单耗[(kW·h)/(万 t·km)]
D7001	广州—深圳	5	2 107.17	285.56
D7002	深圳—广州	2	1 517.29	205.62
D7011	广州东—深圳	4	1 868.68	266.83

续上表

车次	起止车站	启停次数	能耗 (kW·h)	单耗 [(kW·h)/(万 t·km)]
D7012	深圳—广州东	4	1 832.68	261.69
D7014	深圳—广州	5	2 066.17	280.00
D7065	广州东—深圳	1	1 327.27	183.52
平均单耗	—	—	—	224.52

轨道交通车辆空调系统能耗是以总用电量为基础,以完成输送乘客为主要任务而必需的能耗。对于轨道交通车辆空调而言,与民用空调不同之处是空调机组随车移动,民用空调能耗与使用时间有关,与距离无关,而轨道交通车辆主要用来输送旅客或物品,行驶距离长短涵盖了车速与时间的积分关系,空调系统的能耗随着载客量和运输距离的增加而增大。因此,评价方法应考虑轨道交通车辆空调的负荷随着列车运行时间、地点以及外界条件的不同而不断变化的特点。

2014 年中车青岛四方车辆研究所有限公司承担了中国北车重大项目“城市轨道交通车辆 HVAC(采暖通风空调)系统能耗研究”,通过对重庆地铁 6 号线的现场地面及运营能耗试验和能耗数值计算,分析了车辆载客量、车辆运行速度、车外空气温度、车外空气相对湿度、太阳辐射强度、车辆气密性、车体隔热系数对空调系统能耗的影响,以车外空气温度、车外空气相对湿度、太阳辐射强度和车辆载客量作为城市轨道交通车辆空调系统能耗试验的工况参数,建立了城市轨道交通车辆空调系统能耗试验方法。

随后对深圳地铁 1 号线、广州地铁 2 号线进行能耗试验,并综合我国现有城市轨道交通车辆 HVAC 系统能耗数据特点,将车辆周转量能耗指标和客运周转量能耗指标作为城市轨道交通车辆 HVAC 系统能耗评价标准,在计算时利用车辆定员代替客运流量,用设计速度与时间的乘积构建列车行驶里程。表 7-15 和表 7-16 为使用两种指标对城市轨道交通车辆 HVAC 系统能耗进行评价的示例。

表 7-15 深圳地铁 1 号线百公里能耗和人均百公里能耗

时 间	百公里能耗[(kW·h)/(100 km)]		人均百公里能耗[(kW·h)/(人·100 km)]	
	定频空调	变频空调	定频空调	变频空调
2013.08	63.00	48.33	0.71	0.54
2013.09	56.67	42.33	0.64	0.48
2013.10	46.00	36.00	0.52	0.40
2013.11	42.00	31.33	0.47	0.35
2013.12	24.67	16.33	0.28	0.18
2014.01	23.33	15.67	0.26	0.18
2014.02	27.00	17.67	0.30	0.20
2014.03	36.33	21.33	0.41	0.24
2014.04	44.00	25.67	0.49	0.29
2014.05	54.67	32.00	0.61	0.36
2014.06	64.67	39.33	0.73	0.44

续上表

时　间	百公里能耗[(kW·h)/(100 km)]		人均百公里能耗[(kW·h)/(人·100 km)]	
	定频空调	变频空调	定频空调	变频空调
2014.07	74.67	42.67	0.84	0.48
2014.08	75.00	44.00	0.84	0.49
平均值	48.62	31.74	0.55	0.36

注:深圳地铁128列车一端安装变频空调(4车、5车、6车),另外一端安装定频空调(1车、2车、3车);表中百公里能耗和人均百公里能耗均是指单节车厢空调系统能耗。

表7-16　广州地铁2号线百公里能耗和人均百公里能耗

时　间	百公里能耗[(kW·h)/(100 km)]		人均百公里能耗[(kW·h)/(人·100 km)]	
	定频空调	变频空调	定频空调	变频空调
2015.01	24.33	22.83	0.21	0.20
2015.02	28.50	24.17	0.25	0.21
2015.03	34.33	31.00	0.30	0.27
2015.04	47.17	37.50	0.41	0.32
2015.05	66.67	51.33	0.57	0.44
2015.06	72.00	61.50	0.62	0.53
2015.07	76.67	66.67	0.66	0.57
2015.08	69.17	60.00	0.60	0.52
2015.09	71.50	57.17	0.62	0.49
平均值	54.48	45.80	0.47	0.39

注:测试车辆为广州地铁2号线;表中百公里能耗和人均百公里能耗均是指单节车厢空调系统能耗。

2017年中车青岛四方车辆研究所有限公司承担了中国中车重大专项课题“轨道交通装备节能评价体系研究”,进一步对轨道交通车辆空调系统能耗评价体系进行了研究,通过整车典型工况能耗试验、空调台架能耗试验以及能耗数值计算等方式进行体系验证,结合整车空调制冷采暖型式试验工况条件,建立了中国轨道交通车辆空调能耗的试验方法和评价方法。

依据“选择尽量少的代表性指标,反映最主要和最全面的能耗信息”的原则,采用客运周转量能耗指标作为轨道交通车辆空调系统能耗初步评价标准,且以(kW·h)/(人·1 000 km)作为轨道车辆空调系统能耗评价的计量单位。表7-17为按照建立的中国轨道交通车辆空调能耗的试验方法和评价方法得出的人均千公里能耗计算结果。

表7-17　车辆参数和试验数据汇总

项目名称	单　位	时速250 km标准动车组TC01车	时速200～250 km动力集中型动车组M02车	时速160 km动力集中动车组普通座车	时速250 km标准动车组TP03车
设计速度	km/h	250	250	160	250
定员	人	48	60	103	90

续上表

项目名称		单　位	时速 250 km 标准动车组 TC01 车	时速 200～250 km 动力集中型动车组 M02 车	时速 160 km 动力集中动车组普通座车	时速 250 km 标准动车组 TP03 车
非高寒	空调夏季加权平均功率消耗	kW	23.70	15.10	14.13	19.35
	空调冬季加权平均功率消耗	kW	16.67	11.71	11.02	14.41
	空调系统全年加权平均功耗	kW	20.89	13.74	12.88	17.37
	空调系统全年能耗评价值	(kW·h)/(人·1 000 km)	1.74	0.92	0.78	0.77
高寒	空调夏季加权平均功率消耗	kW	23.70	15.10	14.13	19.35
	空调冬季加权平均功率消耗	kW	19.66	15.16	12.69	16.38
	空调系统全年加权平均功耗	kW	21.68	15.13	13.41	17.86
	空调系统全年能耗评价值	(kW·h)/(人·1 000 km)	1.81	1.01	0.81	0.79

通过案例分析，表明确立以(kW·h)/(人·1 000 km)为单位的能耗评价指标能对车辆节能设计和节能运营提供技术支持和依据。

无论是城轨地铁车辆还是铁道车辆，全年运营里程都很大，在确定统一城市轨道交通车辆和干线铁道车辆(含高速列车)能耗评价指标时，经过综合权衡，采用将人均千公里能耗作为轨道车辆空调系统能耗评价标准。

为了便于不同设计车辆之间的对比，计算人均千公里能耗时，以车辆设计速度和车辆定员为基础进行计算。

第七节　能耗评价的实施

对轨道交通车辆空调系统的能耗评价是从机组装车前即空调机组本身、机组装车后和车辆运行后等角度进行评价的，能效评价的实施应也从这几方面着手。

一、空调机组试验台试验评价

对空调机组本身性能的能耗评价是在空调机组试验台完成的。空调机组试验台利用焓差法进行试验，试验系统由两个空气调节房间组成：一个是室内侧试验室，调节被试空调机组回风的温度和相对湿度，测试被试空调机组出风的温度和相对湿度以及风量；另一个是室外侧试验室，调节被试空调机组冷凝器的进风温度，使该温度与设计外气温度一致。图 7-5 为空调机组试验台测试系统流程。

对空调机组本身性能的能耗评价目前采用的是季节能效比。TB/T 1804—2017《铁道车辆空调　空调机组》将空调机组制冷季节能效比、制冷综合部分负荷性能系数和全年性能系数

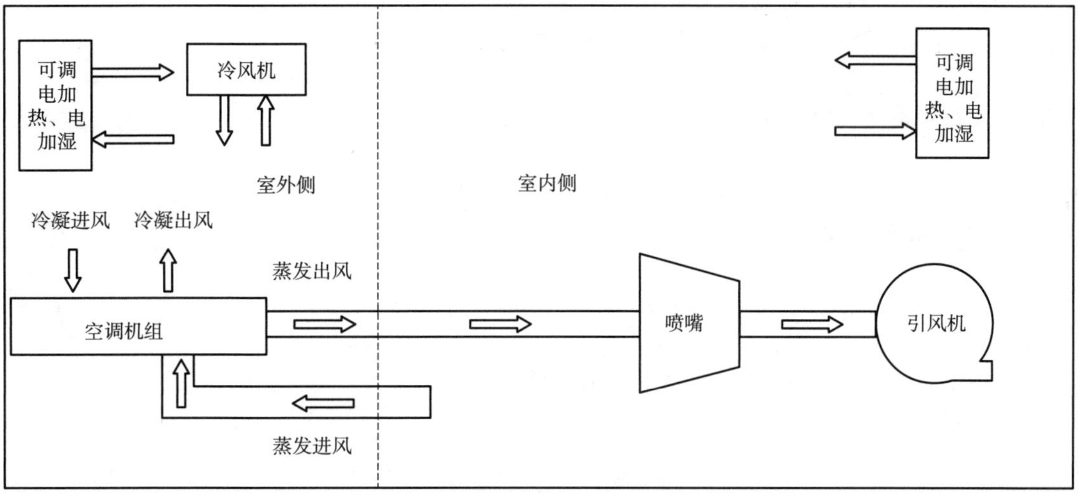

图 7-5　空调机组试验台测试系统流程

列为研究性试验内容，希望空调机组生产单位积极开展铁路客车空调机组的能效评价试验，积累试验工况的选择和试验方法等方面的经验，把空调机组能效评价列为正式标准内容当中。本节利用季节能效比指标对空调能耗进行评价。

GB/T 17758—2010《单元式空气调节机》对空调机组季节能效比做了规定，提出了空调制冷季节能效比 SEER 和制热季节能效比 HSPF。参照本章第 3 节，夏季制冷时整个外界温度划分成 4 个区段：22～25 ℃、26～29 ℃、30～33 ℃、34～40 ℃。按照各地区、各区段统计出空调机组的工作时间n_{jc}后，通过式(7-10)构建每个区的时间加权平均温度t_{jc}，并获得t_{jc}温度下的空调制冷负荷$BL_C(t_{jc})$后，制冷季节总负荷 $CSTL$ 为

$$CSTL = \sum_{jc=1}^{4} BL_c(t_{jc}) \cdot n_{jc} \tag{7-50}$$

式中　jc——对应制冷时不同外界温度的区段，$jc=1,2,3,4$；
$BL_c(t_{jc})$——对应外界 jc 温度区的制冷负荷，W；
t_{jc}——对应外界 jc 温度区时的时间加权平均温度，℃；
n_{jc}——对应外界 jc 温度区的空调机组的工作时间，h。

参照本章第 3 节内容，冬季制热时整个外界温度划分成 3 个区段：6～12 ℃、－2～5 ℃、－15～－3 ℃。按照各地区、各区段统计出空调机组的工作时间n_{jh}后，通过式(7-10)构建每个区的时间加权平均温度t_{jh}，并获得t_{jh}温度下的空调制热负荷$BL_h(t_{jh})$后，制热季节总负荷 $HSTL$ 为

$$HSTL = \sum_{jh=1}^{4} BL_h(t_{jh}) \cdot n_{jh} \tag{7-51}$$

式中　jh——对应制热时不同外界温度的区段，$jh=1,2,3$；
$BL_h(t_{jh})$——对应外界 jh 温度区时的制热负荷，W；
t_{jh}——对应外界 jh 温度区的时间加权平均温度，℃；
n_{jh}——对应外界 jh 温度区空调机组的工作时间，h。

按照上述区域划分，并通过试验方法获得t_{jc}温度下的空调制冷耗电量$P_c(t_{jc})$，及t_{jh}温度下的空调制热耗电量$P_h(t_{jh})$，制冷季节总耗电量 $CSTE$ 为

$$CSTE = \sum_{jc=1}^{4} P_c(t_{jc}) \cdot n_{jc} \tag{7-52}$$

式中　$P_c(t_{jc})$——对应外界 jc 温度区的制冷耗电量，W。

制热季节总耗电量 $HSTE$ 为

$$HSTE = \sum_{jh=1}^{3} P_h(t_{jh}) \cdot n_{jh} \tag{7-53}$$

式中　$P_h(t_{jh})$——对应外界 jh 温度区的制热耗电量，W。

制冷季节能效比 $SEER$ 为

$$SEER=\frac{CSTL}{CSTE} \tag{7-54}$$

制热季节能效比 $HSPF$ 为

$$HSPF=\frac{HSTL}{HSTE} \tag{7-55}$$

全年耗电量 APC 为

$$APC=CSTE+HSTE \tag{7-56}$$

全年性能系数 APF 为

$$APF=\frac{CSTL+HSTL}{CSTE+HSTE} \tag{7-57}$$

二、热工试验室试验评价

对于空调机组已经装车的车辆可以在热工试验室进行能耗试验进而进行能耗评价。热工试验室测试环境稳定，可以最大限度排除环境和负荷波动带来的影响，能够公平、公正地对被试车能耗指标进行评价。图 7-6 为热工试验室现场。

图 7-6　热工试验室现场

基于权重法进行热工试验室试验评价。本章第 3 节构建的典型工况是热工试验室试验评

价所需要测试的工况。热工试验室试验评价实施的步骤如下。

(1)按照被试车的类型选取典型测试工况和计算权重系数。

(2)根据典型测试工况对被试车进行测试,在满足测试要求的基础上,记录被试车空调系统能耗。

(3)按照各工况的权重系数计算出空调夏季加权平均功率消耗和空调冬季加权平均功率消耗。

(4)根据季节权重系数,计算出空调全年加权平均功率消耗。

(5)根据能耗评价指标计算出被试车能耗评价指标。

(6)对被试车能效进行评价。

我国幅员辽阔,干线铁路纵横交错,铁道车辆运行里程较大,载客上下车次数少,载客量相对稳定。而城市轨道交通车辆主要运行在城市内部和相邻城市间,运行距离相对较短,但车站较多,载客量偏多并且变化频繁。城市轨道交通车辆和干线铁道车辆(含高速列车)的各自特点决定了在计算能耗评价指标时分别采用不同的典型工况和计算方法更为合理。

(一)能耗评估方法

本章第 3 节详细介绍了铁道车辆空调系统能耗测试和计算的典型工况,在得到各个工况的空调系统能耗值后即可求得该车辆的能耗评价值。

空调夏季加权平均功率消耗、空调冬季加权平均功率消耗均采用加权计算方法得到。空调全年加权平均功率消耗由空调夏季加权平均功率消耗和空调冬季加权平均功率消耗组成。

空调夏季加权平均功率消耗计算公式为

$$P_s = \sum_{i=1}^{n} P_{s(i)}\, \alpha_{s(i)} \tag{7-58}$$

式中 P_s——空调夏季加权平均功耗,kW;

$P_{s(i)}$——空调系统第 i 个夏季工况能耗工况下的试验功耗,kW;

$\alpha_{s(i)}$——夏季温度权重系数。

空调冬季加权平均功率消耗为

$$P_w = \sum_{i=1}^{n} P_{w(i)}\, \alpha_{w(i)} \tag{7-59}$$

式中 P_w——空调冬季加权平均功耗,kW;

$P_{w(i)}$——空调系统第 i 个冬季能耗工况下的试验功耗,kW;

$\alpha_{w(i)}$——冬季温度权重系数。

由夏季加权平均功率消耗和空调冬季加权平均功率消耗可得空调全年加权平均功率消耗,计算公式为

$$P = P_s \alpha_s + P_w \alpha_w \tag{7-60}$$

式中 P——空调系统全年加权平均功耗,kW;

α_s、α_w——分别为夏季和冬季的季节权重系数。

能耗评价指标采用人均千公里能耗,在本章第 6 节介绍的指标构建方法中,用车辆定员代替客流量,用列车设计速度与时间的乘积代替列车行驶里程,则其计算值为

$$\phi = P \times \frac{1\ 000}{V \times R} \tag{7-61}$$

式中 ϕ——空调系统全年能耗评价值，(kW·h)/(人·1 000 km)；

V——车辆设计速度，km/h；

R——车辆定员，人。

空调系统全年能耗评价值除了与每个能耗工况的能耗值息息相关外，受车辆运营速度和定员的影响非常大。相同结构的车辆、空调，定员不同，空调系统全年能耗评价值差异很大，所以单纯以一节车进行能耗评价并不合理，建议以一列车为基准进行能耗评价。

人均千公里能耗作为轨道车辆空调系统能耗评价标准与旅客运量、行驶距离和车辆本身有关，虽然人均千公里能耗越低越节能，但不能为了单纯的节能而运载更多的旅客，还要考虑到旅客本身的舒适度，与其他指标共同进行评价。

（二）能耗试验要求

本章第 3 节详细介绍了铁道车辆空调系统能耗测试和计算的典型工况，在得到各个工况的空调系统能耗值后即可求得该车辆的能耗评价值。

在空调制冷能耗试验时，空调系统应处于稳定状态且置于制冷自动位，车内设定温度与气候试验室内温度的关系符合 GB/T 33193.1—2016 的规定，并将车内设定温度设为无偏置值，开始空调制冷能耗试验。在此之前，车内温度均匀性应满足设计要求，试验时间至少 90 min 且为完整空调制冷循环周期的整数倍。

在空调采暖能耗试验时，空调系统应处于稳定状态且置于采暖自动位，车内设定温度与气候试验室内温度的关系符合 GB/T 33193.1—2016 的规定，并将车内设定温度设为无偏置值，开始空调采暖能耗试验。在此之前，车内温度均匀性应满足设计要求，试验时间至少 90 min 且为完整空调采暖循环周期的整数倍。

试验周期内车内平均温度与车内设定温度的偏差控制在±0.5 ℃以内，相邻空调采暖循环周期内的空调消耗功率应一致，新鲜空气量与设计值的偏差控制在±5%以内。

如果车辆无采暖设备，以空调通风设备的消耗功率作为空调系统的采暖消耗功率。

三、线路运营试验评价

线路运营车辆获取空调系统能耗数据的方式主要是在线路运行中测试。在实际线路运营中获得的试验结果需要结合旅客运量、行驶距离、车内设定温度、新风门开度、线路特点等因素进行能效评价。

对于同类型的车辆，在其他因素相同或者接近的情况下，对获得的空调系统能耗数据进行直接对比可以找出更加节能、更加合适的车辆。获得线路运行车辆空调系统能耗数据应至少涵盖一个全周期，即采集的数据至少应跨度一年。

线路运行车辆获取空调系统能耗数据的主要方法有：直接读取、测试典型天和运用点的组合等。

（1）直接读取

在被试车上安装能耗测试仪器，读取规定时间内空调系统能耗数据。

(2)测试典型天

每个季节或者每个月选择一天或者多天作为典型天进行测试,以此为基础计算出该季节或者该月的空调系统能耗,以此进行计算,获得空调系统全年能耗或者某段时间能耗。进行典型天测试时,建议测试和记录的主要参数包括以下方面。

①空调新风、送风、回风参数测量;

②车内、外环境测量;

③每台空调机组的能耗记录;

④被试车运行车速测试记录;

⑤被试车内载客量(人流量)测试或统计记录;

⑥被试车的开关车门时间统计记录。

(3)运用点的组合

运用点的组合类似于热工试验室试验评价的权重法。根据被试车运用特点分成多种运用模式,每个运用模式分成多个运用试验点。测试每个试验点的数据,统计每个试验点的时间,即可求得被试车年度空调系统能耗或者某段时间的空调系统能耗。

上述三种获得线路运行车辆空调系统能耗的方式,最直接准确的是直接读取法。为了保证取得较好的效果,直接读取法需要的测试时间长。其他两种方法能缩短测试时间,可认为是直接读取法的简化。

四、利用空调台架试验台模拟热工试验室试验的评价

利用空调台架试验台模拟热工试验室的方法是将车辆的总负荷转化为等效模拟负荷,然后进行模拟整车空调系统能耗试验的测试方法,如本章第 5 节所述。空调台架试验台包括室内侧试验间、室外侧试验间、模拟箱、采集箱、电加热和电加湿设备等。该方法利用小型的环境空间实现整车空调系统能耗的测试研究。

利用空调台架试验台模拟热工试验室试验的评价和热工试验室试验的评价在本质上是相同的:相同的测试工况和相同的计算系数。因而不再赘述,本节着重说明二者的不同或者利用空调台架试验台模拟热工试验室试验的评价时应注意的地方。

利用空调台架试验台模拟热工试验室试验的评价和热工试验室试验的评价,两者的不同点在于热工试验室试验评价是在整车热工试验室进行的,而利用空调台架试验台模拟热工试验室试验的评价是在空调台架试验台上进行的,是通过加载负荷来模拟整车热工试验进行评价的。负载的计算和温度反馈点的布置是其能否准确模拟的关键。除此之外,一节车厢有多台空调机组时,其控制逻辑会更加复杂,这也是空调台架试验台应特别注意的地方。

五、综合评价

进行轨道交通车辆空调系统能源效率评价的最终目的是为了节约能源。最准确的空调系统能耗数值是通过测试运行时车辆空调系统能耗所得,但直接进行测试并不方便,也不便于对比,因而通过热工试验室试验评价是目前最为合理的评价方式。

通过热工试验室试验评价是在空调机组装车后进行的,在装车前为了检验选取的空调机组是否合适,需要进行空调机组试验台试验评价或利用空调台架试验台模拟热工试验室试验的评价。

这几种评价方式是相辅相成的，在不同的阶段发挥着不同的作用。同时，这几种方法都应根据最终运行时的空调系统能耗不断地更新测试工况和计算方法，以达到最佳匹配，实现全阶段的能源效率评价，达到节约能源的目的。

第八节　对轨道交通车辆空调能耗评价的进一步探讨

一、空调机组

空调系统是轨道交通车辆重要的耗能系统，经济性是空调系统性能优劣的重要指标。由于机组在额定工况条件下的工作时间很少，大部分的工作时间是在部分负荷下运行的，且压缩机启停频繁，额定工况下的能效比并不能真实反映空调机组的能效水平，季节能效比和全年综合能效比是评价空调系统综合节能效果的最佳方法之一，它不仅考虑了稳态效率，还考虑了变化的环境和启停损失等因素，是一个较为合理的方法。TB/T 1804—2017《铁道车辆空调　空调机组》提出季节能效比和全年综合能效比的考核指标，但无明确的试验方法，需要引用民用空调标准中的试验方法，但是轨道交通车辆的运用情况复杂，车辆跨区间运行，环境条件复杂多变，民用空调的季节能效比试验方法在试验温度点、气象参数区域划分和空调的使用情况方面均不适用于轨道交通车辆空调领域，所以迫切需要对轨道交通车辆空调季节能效比进行研究，并制定相应的试验方法标准，弥补相关研究领域的空白，促进轨道交通车辆空调行业向更加节能、高效的方向发展。

二、轨道交通车辆

对轨道交通车辆空调系统能效的评价目前尚处于起步阶段，还没有相应的国家标准和行业标准。将人均千公里能耗作为评价指标也是一种尝试，目前没有足够的样本量，因此还没有进行能级划分。

在计算轨道交通车辆整车空调系统能耗时，基于典型工况的权重法容易操作，是目前值得推广的方法。由于没有风洞试验室，使得该方法局限于静止工况。数值计算可以很好地弥补整车热工风洞试验室的缺乏带来的不便。部分国家已经将数值计算作为获得数据的手段写到了标准之中。采用数值计算和静止试验相结合的方式得到整车空调系统能耗将是未来发展的方向之一。随着获得空调系统能耗手段的丰富，更加准确和高效的评价方法也是未来需要研究的方向。

利用大数据技术获得各因素对能耗的影响，综合分析各因素对能耗的影响程度，有利于能效评价体系的建立，这也是今后需要研究和探讨的。

另外，在 2019 年 8 月颁布的 EN 50591：2019《Railway applications—Rolling stock—Specification and verification of energy consumption》中，将列车能耗与车辆运用状态[包括车辆载客运营状态（In-service with commercial operation mode）、车辆非载客准备状态（In-service without commercial operation mode）、车辆泊车状态（Parking mode）]相联系，通过统计列车在不同运用状态下的运用时长构建相应能耗试验的权重，从而更全面地评价列车空调系统在全运用周期内的能耗。未来我国在制定相关标准时，也应该多方面考虑实际的运用状态，多收集列车运用信息，从而构建全面的评价体系。

我国幅员辽阔，城市轨道车辆运用环境相差较大，而跨省列车也需要在不同的环境下运行，因此，未来在对列车空调能耗横向对比的基础上，应该结合其实际运用环境，通过设定针对不同运用环境情况的典型工况，对运用区域相似的列车进行纵向对比，并给出针对某一特定区域的评价标准。这样，将列车以后的实际运用环境考虑进来，能够更准确地反应其日后的能耗表现。

而对于线路运行中的轨道交通车辆，获得其线路运行车辆空调系统能耗数据主要有直接读取、测试典型天和运用点的组合等方法。对类型相同的车辆目前常采用的是直接对比法，在保证载客量、运营里程、运行时间、行驶路线和行驶速度相同或者接近的情况下，直接对某段时间或者多段时间获得的整车空调系统总能耗进行对比。采用直接读取和测试典型天内能耗数据获取线路运行车辆空调系统能耗数据也是目前常用的方法。运用点的组合方式获取线路运行车辆空调系统能耗数据较少采用，需要继续加强研究。

对于线路运行的轨道交通车辆的评价指标涉及的内容更多，评价指标需要结合旅客运量、行驶距离、车内设定温度、新风门开度、线路特点等进行选取。

第八章 发展趋势

随着社会发展和技术进步，节能环保、智能化、安全可靠、健康舒适成为未来轨道交通车辆空调发展的必然趋势，也是空调产品核心竞争力的具体体现。

第一节 节能环保

一、环保制冷剂

随着蒙特利尔议定书、京都协议、巴黎协定等一系列有关环境保护协议的签订，节能环保成为社会发展的追求目标之一，在轨道交通车辆空调领域主要体现为制冷剂使用限制、空调能耗和噪声污染等问题。环保制冷剂、节能技术、降噪技术的研发和推广应用直接影响着轨道交通车辆空调技术的发展。

国际社会于 1987 年通过了《关于消耗臭氧层物质的蒙特利尔议定书》，在该议定书中规定了氯氟烃（CFCs）和氢氯氟烃（HCFCs）物质的生产和消费，随后在历次缔约方会议中不断进行调整和修正，扩大了其限制范围。目前轨道交通车辆空调新产品已经不再使用 R22 制冷剂，使用较为广泛的制冷剂主要有 R134A、R407C 和 R410A，由于这些制冷剂还是存在轻微臭氧层消耗或温室效应问题，因此，它们属于过渡型制冷剂。液态二氧化碳（R747）具有优异的环保性能，特别是在热泵应用上具有良好的适应性，是第四代制冷剂替代技术的研究热点，目前在轨道交通车辆空调领域已有成功研制开发的案例，未来在轨道交通车辆空调领域内将有巨大的应用前景。

二、轨道交通车辆空调系统的节能

轨道交通车辆空调系统是辅助设备中最大的能源消耗系统，对轨道交通车辆空调节能技术的研究和应用具有重要意义。如何提高空调装置的能源利用率，降低空调系统能耗是目前的研究热点问题。变频热泵技术是提高空调装置能源利用率的最关键技术，目前变频热泵空调机组已经大量运用于城轨地铁车辆，2014 年开始在干线铁路客车上进行装车试验，对变频空调控制技术、变频空调热泵制热功能应用、变频空调故障自检功能设计、变频空调与既有铁路客车接口技术及变频空调应用的安全性、可靠性、节能效果进行了试验验证。目前铁路部门已经制定了干线铁路变频空调技术条件，并准备推广应用。

对于高速铁路动车组车辆用空调机组的节能，可结合列车运行线路和运营时间开度研究，现有的高速铁路线路主要是在北京以南，京广线以东，而其他区域的线路长度相对较短，高速铁路动车组的载客运营时间主要是白天，北京以南地区冬季白天的气温一般不会低于−15 ℃，热泵技术在动车组上应用具备良好的环境条件，采用热泵技术将大大提高采暖季节的能源利用率，促进轨道交通车辆节能且有更好的安全性，应用前景良好。

降低轨道交通车辆热负荷可以减少空调系统的能耗。采用隔热性能更好的保温材料可以减少车辆内外热量的传递，降低空调系统的热负荷；随着车辆旅客数量统计技术的发展，新风可实现精准控制，按照实际旅客数量供给新风，从而减少车辆空调新风热负荷。

降低空调机组重量也是实现轨道交通装备节能的重要途径之一。随着铁路客车运行速度的提高，列车轻量化一直是轨道交通车辆设计者追求的目标，除了使用新轻型材料外，优化设计方案、进行集成化设计、减少中间环节也是十分重要的，比如电网的高压电被引到列车后，需要先经过降压变为直流 1 500 V 或直流 750 V 后，才能直接向列车辅助用电设备供电，如果采用直流变频空调机组，则可以减少中间逆变环节，实现车辆减重；另外，空调部件的轻量化设计也是至关重要的，在考虑压缩机、风机和换热器减重的同时，也需要挖掘空调壳体轻量化设计的潜力。

轨道交通车辆空调系统对环境的噪声污染主要来自于空调机组冷凝风机工作时产生的噪声，采用低噪声风机、必要时降低风机运转频率及依靠结构设计阻断噪声传播途径，可以减少对环境噪声的影响。尽管目前空调系统对环境的噪声污染已经被控制在设计指标要求之内，但在空调降噪方面还需进行持续研究，进一步降低车内外噪声。

三、轨道交通车辆空调系统能效评价的仿真

轨道交通车辆空调系统能耗评价的仿真，其本质是通过数值计算得到空调系统的能耗值，继而得到空调系统能耗评价值。第七章对铁路空调系统的能耗数值计算进行了介绍，概要说明了关键部件的建模思路和过程，所提及的典型天法、正交试验法和权重法，均可得到轨道交通车辆空调系统能耗值。

伴随着节能环保技术的进步，对空调能效要求会进一步提高。对于已经成型甚至量产的车辆而言，进行节能改造是提高其能效的有效方法。但若能从设计之初就能预估整车空调系统的能耗值，这对于降低轨道交通车辆空调系统的能耗具有更大的价值。在此阶段，通过数值计算获得空调系统能耗值是一种行之有效的方式。除此之外，对于不方便进行试验测试的车辆，通过数值计算也是对轨道交通车辆空调系统实施能效评价的有利手段。轨道交通车辆空调系统能效评价的仿真在整车空调系统全寿命周期中会发挥越来越重要的作用，对于这方面的研究应当进一步加强。

随着 5G 通信技术和大数据应用技术的发展，空调能耗与各个变量之间的关系会更容易获取。结合正交试验法可以进行能耗仿真平台的搭建，输入相关固定或者变化的参数，亦可以对整车空调系统能效进行评价。目前已经搭建的车辆空调系统能耗仿真平台对空调参数的要求比较细致，能否采用空调机组的试验数据搭建整车空调系统能耗仿真平台也是今后需要研究和探讨的。

四、建立轨道交通车辆空调系统能效评价体系的建议

在全国推进生态文明建设的形势下，开展轨道交通车辆空调系统节能环保工作是落实生态文明建设的具体体现，对于轨道交通车辆空调系统而言，要研发和生产出重量轻、耗能少、能效比高的空调系统，为此，应尽快建立能效评价方法或标准，积极开展轨道交通车辆空调系统能效评价，提高空调系统能效利用率，促进轨道交通车辆节能环保技术进步。

目前的能效评价手段主要包括仿真计算、空调机组试验、车辆试验，从工程设计角度出发，

通过仿真计算能够得到接近轨道交通车辆空调系统实际能耗的数值，可以用于指导设计工作，但是，仿真计算的结果并不是空调系统真实的能耗数值，还不能用于空调系统能效的实际评价。

通过对轨道交通车辆空调系统进行试验可以得到实际的能耗数值，试验可分为环境试验室试验和非环境试验室试验，环境试验室试验是指所有试验均在环境试验室内进行。

进行环境试验室试验时，车辆外部的温度、相对湿度、电源的电压和频率均可被控制在设计要求的稳定状态，车内旅客散发的热负荷可以通过电加热器和电加湿器进行模拟，也能够保持稳定状态，这样，在环境试验室内进行试验时，就可以创造出一个车内、外环境和热负荷均稳定的条件，可复现每一个试验工况，且可以在相同的试验工况下测试出不同车辆装用不同空调系统的能耗，为车辆空调系统能效评价提供一个客观对比的平台。

目前我国还没有制定轨道交通车辆空调系统能耗评价的方法，试验工况也还在探讨中。欧洲在 2019 年 8 月颁布的 EN 50591：2019《Railway applications—Rolling stock—Specification and verification of energy consumption》中，将列车能耗与车辆运用状态（包括车辆载客运营状态、车辆非载客准备状态和车辆泊车状态）相联系，通过统计列车在不同运用状态下的运用时长构建相应能耗试验的权重，该方法中考虑了列车的运用状态及运用时长，比较贴合车辆实际运用情况，因此，该方法能够较全面地评价列车空调系统在全运用周期内的能耗。

EN 50591：2019 中将空调系统能耗与车辆运用的三种状态相结合，并考虑到在车辆不同的运用状态下空调系统热负荷以及运用时间的不同，将 16 个试验工况设计为 22 个工况条件，在不同的运用区域采用不同的试验工况和运用时间。其具体实施方式为：首先通过环境试验室或非环境试验室试验得出不同试验工况下空调系统的能耗值，然后再分别乘以对应试验工况的使用时间，最后对所有试验工况测得的空调系统能耗值进行求和，即可得到车辆在运用地区的全年能耗数值。EN 50591：2019 中规定空调系统的能耗指标要列入采购合同中，并在车辆被交付给用户时要进行验证，如果能耗指标达不到采购合同的有关规定，就会进行索赔。鉴于此，我国也需要尽快制定相应的轨道交通车辆空调系统能耗评价方法，以满足轨道交通车辆出口的需求。考虑到我国与欧洲的气候条件不同，且我国中东部与南部区域夏季使用空调的时间较长，因此，建议我国轨道交通车辆空调系统能耗评价的试验工况除了涵盖 EN 50591：2019 规定的试验工况以外，还要增加 15 ℃和 31.5 ℃的试验工况，适合我国轨道交通车辆空调系统能耗评价的试验工况见表 8-1～表 8-3。

表 8-1　轨道交通车辆空调系统载客运用模式试验工况

试验序号	车外平均温度 T_{em}(℃)	车外平均相对湿度(%)	车内设置温度 T_{ic}(℃)	旅客负荷率(%)	太阳辐射强度(W/m^2)	人均新鲜空气量(m^3/h)
1	−25(Ⅱ)	90[a]	22.0	50	0	10
2	−10	90[a]	22.0	50	0	15
3	0	90[a]	22.0	100	0	20
4	10	90[a]	22.0	50	0	20
5	15	90[a]	22.0	50	0	20
6	22	80	23.3	50	500	20

续上表

试验序号	车外平均温度 T_{em}(℃)	车外平均相对湿度(%)	车内设置温度 T_{ic}(℃)	旅客负荷率(%)	太阳辐射强度(W/m^2)	人均新鲜空气量(m^3/h)
7	28	70	25.0	100	600	15
8	31.5(Ⅱ)	65	26.0	100	650	15
9	35(Ⅱ)	60	27.0	100	700	15
10	40(Ⅰ)	46	27.0	100	800	10

注：[a]是热泵型空调机组的试验要求；(Ⅰ)和(Ⅱ)参见 GB/T 33193.1—2016 的气候分区；与 GB/T 33193.2—2016 附录 B 中试验程序的项点相比，增加了 15 ℃和 31.5 ℃两个环境温度点。

表 8-2　轨道交通车辆空调系统不载客运用模式试验工况

序号	车外平均温度 T_{em}(℃)	车外平均相对湿度(%)	车内设置温度 T_{ic}(℃)	旅客负荷率(%)	太阳辐射强度(W/m^2)	人均新鲜空气量(m^3/h)
1	无(Ⅰ) −25(Ⅱ) −40(Ⅲ)	90[a]	20.0	0	0	0
1	−10	90[a]	20.0	0	0	0
3	0	90[a]	20.0	0	0	0
4	15	80	20.0	0	0	0
5	22	80	20.0	0	0	0
6	28	70	25.0	0	600	0
7	31.5(Ⅱ)	65	26.0	0	650	0
8	35(Ⅱ)	60	27.0	0	700	0
9	40(Ⅰ)	46	27.0	0	800	0

注：[a]是热泵型空调机组的试验要求；(Ⅰ)和(Ⅱ)参见 GB/T 33193.1−2016 的气候分区；与 GB/T 33193.2−2016 附录 B 中试验程序的项点相比，增加了 15 ℃和 31.5 ℃两个环境温度点。

表 8-3　轨道交通车辆空调系统停车模式试验工况

序号	车外平均温度 T_{em}(℃)	车外平均相对湿度(%)	车内设置温度 T_{ic}(℃)	旅客负荷率(%)	太阳辐射强度(W/m^2)	人均新鲜空气量(m^3/h)
1	0	90[a]	22.0	0	0	0
2	15	80	—	0	0	0
3	28	70	25.0	0	600	0

注：[a]是热泵型空调机组的试验要求；序号 1 工况仅用于停车时要求加热的情况；序号 3 工况仅用于停车时要求制冷的情况。

对于空调系统在不同运用模式、不同试验工况下的使用时间，还需要通过进一步的调研来确定。因此，需要尽快制定轨道交通车辆空调系统能耗评价标准的实施计划，且需要制定出既适合我国国情又符合国外运用工况。对于出口欧洲或其他国家的轨道交通车辆空调系统可以参考 EN 50591:2019 中规定的试验工况进行试验，空调系统在不同工况下的使用时间可参照 EN 50591:2019 中的规定，也可由供需双方协商确定。

第二节 智能化

随着现代通信技术、计算机网络技术以及总线控制技术的发展，轨道交通车辆车载设备正在由数字化、网络化和信息化向智能化转变。

轨道交通车辆空调系统从最原始的人工开关控制变为列车集控，从对空调系统中的几个重要参数检测变为收集空调系统中的大部分运行参数，从本车控制、列车级控制变为远程监控。空调机组也从定频空调发展到变频空调，变频空调采用电子膨胀阀进行制冷能力调节，具有无启动冲击电流、制冷量调节平稳、车内控温稳定等特点，这些都是实现轨道交通车辆空调系统智能化的有利条件。

一、智能控制

随着 5G 通信技术的发展应用，车辆与车辆之间、车辆与地面控制中心之间的数据传输效率得到极大提升，充分利用先进的数据采集技术、大数据应用技术、模糊控制技术、神经网络控制等技术实现轨道交通车辆空调系统智能化控制的可能性大幅度提高。采用先进的数据采集技术，对车辆运用环境、运用状态以及空调系统的动态参数进行采集，并通过高效的数据传输系统将数据传输给车辆空调控制系统及地面控制中心。通过大数据挖掘技术，寻找最合理的控制参数。通过模糊控制、神经网络等控制技术控制空调系统处于最佳工作状态，从而达到节能和舒适的目的。

轨道交通车辆空调系统的智能控制主要是监控车内温度变化和车内乘客量的变化，当车内温度偏离设置温度时，空调机组会发出调节制冷(热)量指令，保持车内温度稳定在要求的设置温度范围内；监控车内旅客量主要是用于车内新风量的调节，城轨地铁列车存在早晚旅客高峰期，在旅客高峰期时车内需要供给的新风量最大，在旅客低峰期时，旅客数量可能还达不到高峰期时的一半，这时就需要将新风量降低，从而达到节能的目的。

轨道交通车辆空调系统的智能控制还包括列车到站或出发时的车内压力控制，当列车到站时应将空调机组通风机的转速降低，通过减少车内压力的方式保证车门能够打开。当全部旅客上车且车门关闭后，空调机组通风机的转速提高到正常状态，满足制冷(热)通风的要求。

二、智能维护和保养

5G 通信技术和大数据技术的发展，大力促进了智能监控和智能运维技术的发展和运用。采用 5G 通信的远程监控技术可以对空调机组的运行状态和故障信息进行实时记录，及时发现发生故障的空调机组和发生故障的零部件，这样空调机组生产厂家就可以及时与用户沟通，对故障进行紧急处理。

大数据技术可以统计分析得到空调机组容易出现故障的零部件，对于故障率高的零部件，一方面可以制定好故障处理方案，在列车停车时进行定期检查，发现状态不良及时处理，以避免和减少在列车运营时发生故障；另一方面可以从设计上、制造上或运用上找出故障的原因，有针对性地从源头上去解决问题，从而在新产品设计时避免使用故障率高的零部件，不断提高空调机组产品质量，减少故障的发生，提高系统安全性和可靠性。大数据技术还可以统计分析出空调机组零部件出现故障的周期，从而用于各零部件维护修理中的不同修程。对车辆修程内故障率低的零部件，进行常规检查和常规维护修理，而对故障率高的零部件，则进行重点检查和重点维护修理。通过对故障的分析和解决，可以减少实际运行中故障的再发生，在降低故障率的同时，空调机组的维护率和维护成本也相应降低。

第三节　健康舒适

乘客对列车乘坐舒适性的感觉主要取决于车内环境的品质，对车内环境的考察与评价，应从人体健康与舒适度两方面进行。对于高速列车而言，车辆密封性能更好，车内人口密度大、流动性强，车内环境品质的好坏直接影响到乘客身体健康，改善现有列车车内环境品质、提高车内空气质量成为亟待解决的问题。

我国轨道交通车辆空调机组除了对车内空气进行制冷、制热调节外，还要向车内提供足够量的新风，在新风入口处采用不锈钢迷宫型滤网对粉尘进行初级过滤，新风和回风混合后，通过粗效 G3 级无纺布滤网过滤掉粉粒，可以保证室内粉尘浓度不大于 0.5 mg/m^3，满足 GB/T 12817—2004《铁道客车通用技术条件》的要求，空气过滤只能降低车内空气的粉尘含量，不能解决空气净化问题。

目前，我国铁路客车空调机组还没有采用杀菌消毒的空气净化技术，以前很多单位都研究过在铁道客车内增设空气净化技术的方案，比如高压静电、光触媒、紫外线等，但都没能真正装车应用，由于轨道交通车辆是移动设备，存在高压静电的电压过高、紫外线灯管容易破损等安全隐患，因此，未来轨道交通车辆杀菌、洁净技术推广应用还需解决产品安全性和技术适用性问题。

我国高速列车具有运行空间跨度大、线路长的特点，列车运行时外部温度变化比较大，因此在现实中存在空调车厢内温度、湿度等设计不合理或根据外部环境变化调整不及时的问题，乘客在车内往往会产生过热或者过冷的感觉。目前列车上采用的舒适性空调，大多数是基于空气温度和湿度的控制，这种传统的等温控制方式是以车厢空气温度为作用点，并没有直接兼顾人体热舒适的感觉，存在传统温控型空调时间延滞性大、反应慢的缺点，造成乘客热舒适性较差。

若以热舒适性指标作为空调系统的控制对象，则可以实现空调系统作用点从车厢内空气到人体的转变，更能满足人体的热舒适需求，可有效提高环境舒适性。以热舒适性指标为控制对象的控制方式可以广义的理解为：人体新陈代谢率及服装热阻一定的情况下，通过控制空气温度、湿度、风速与平均辐射温度等热湿参数，将每个环境影响因素的变化都能迅速反映出来，以使人体获得更舒适的环境。因此，未来轨道交通车辆空调可在这一方向上开展进一步研究。

此外，智能控制和智能监控技术的发展，为大力提升轨道交通车辆的乘车舒适性提供了充分的技术保障。智能控制技术的应用，为车内舒适性参数的精准控制提供了技术支持；智能监控技术的应用，则可以保证车内舒适度的稳定性。随着降噪技术的应用，空调系统产生的噪声对车内环境产生的影响已经微乎其微，车内噪声主要来源于轮轨噪声和气动噪声，未来轨道交通车辆降噪技术需要重点解决轮轨噪声和气动噪声对车内环境的不良影响。

附录 1　国际单位制(SI)及其换算

附表 1-1　国际单位制的基本单位

物理量	SI 单位名称	SI 单位符号	附　注
长度	米	m	meter
质量	千克	kg	kilogram
时间	秒	s	second
电流	安[培]	A	Ampere
热力学温度	开[尔文]	K	Kelvin
物质的量	摩[尔]	mol	mol
光强度	坎[德拉]	cd	candela

附表 1-2　十进位制的倍数及分数字首符号

字首名称		字首符号	与单位相乘的倍数
英文	中文		
tera	太(拉)	T	10^{12}
giga	吉(加)	G	10^{9}
mega	兆	M	10^{6}
kilo	千	k	10^{3}
hecto	百	h	10^{2}
deka	十	da	10^{1}
dezi	分	d	10^{-1}
centi	厘	e	10^{-2}
milli	毫	m	10^{-3}
mikro	微	μ	10^{-6}
nono	纳(诺)	n	10^{-9}
pico	皮(可)	p	10^{-12}
femto	飞(母托)	f	10^{-15}
atto	阿(托)	a	10^{-18}

附表 1-3　压力单位换算表

压　力	巴 bar	帕 Pa	千克/米^{2} kg/m^{2}	工程大气压 at
1 bar(0.1 MPa)	1	10^{5}	1.01 972×10^{4}	1.019 72
1 Pa(1 N/m^{2})	10^{-5}	1	1.019 72×10^{-1}	1.019 72×10^{-5}
1 kg/m^{2}	9.806 7×10^{-5}	9.806 7	1	10^{-4}
1 at(1 kg/cm^{2})	9.806 7×0^{-1}	9.806 7×10^{4}	10^{4}	1

附表 1-4　压头单位换算

压　头	帕 Pa	毫巴 mbar	巴 bar
1 mmWg(1 kg/m^2)	9.806 65	$9.806\ 65\times10^{-2}$	$9.806\ 65\times10^{-5}$
1 mWg=100 cmWg(0.1at)	$9.806\ 65\times10^{3}$	$9.806\ 65\times10$	$9.806\ 65\times10^{-2}$
1 mmHg(1Torr)	1.33×10^{2}	1.33	1.33×10^{-3}

附表 1-5　温度单位换算表

已知温度	所求温度				
	摄氏温度(℃)	绝对温度(K)	华氏温度(°F)	兰氏温度(°R)	列氏温度(°Re)
摄氏温度 t(℃)	t	$t+273.15$	$\frac{9}{5}t+32$	$\frac{9}{5}t+491.67$	$\frac{4}{5}t$
绝对温度 t(K)	$t-273.15$	t	$\frac{9}{5}t-459.67$	$\frac{9}{5}t$	$\frac{4}{5}t-218.52$
华氏温度 t(°F)	$\frac{5}{9}(t-32)$	$\frac{5}{9}(t+459.67)$	t	$t+459.67$	$\frac{4}{9}(t-32)$
兰氏温度 t(°R)	$\frac{5}{9}t-273.15$	$\frac{5}{9}t$	$t-459.67$	t	$\frac{4}{9}t-218.52$
列氏温度 t(°R)	$\frac{5}{4}t$	$\frac{5}{4}t+273.15$	$\frac{9}{4}t+32$	$\frac{9}{4}t+491.67$	t

附表 1-6　功率单位换算表

功　率	(千克·米)/秒 (kg·m)/s	千瓦 kW	公制马力 Ps	千卡/秒 kcal/s
1 (kg·m)/s	1	9.810×10^{-3}	1.333×10^{-2}	2.343×10^{-3}
1 kW	1.02×10^{2}	1	1.360 0	2.39×10^{-1}
1 Ps	7.5×10	7.35×10^{-1}	1	1.76×10^{-1}
1 kcal/s	4.27×10^{2}	4.184	5.690	1

附表 1-7　功、能、热量单位换算表

项目	焦耳 J	千焦 kJ	千瓦时 kW·h	千卡 kcal	千克·米 kg·m
1 J	1	1×10^{-3}	2.78×10^{-7}	2.39×10^{-4}	1.02×10^{-1}
1 kJ	1×10^{3}	1	2.78×10^{-4}	2.39×10^{-1}	1.02×10^{2}
1 kW·h	3.6×10^{6}	3.6×10^{3}	1	8.6×10^{2}	3.67×10^{5}
1 kcal	4.19×10^{3}	4.19	1.16×10^{-3}	1	4.27×10^{2}
1 kg·m	9.8	9.8×10^{-3}	2.72×10^{-6}	2.34×10^{-3}	1

附录 2　1 个标准大气压力下空气的物理性质

附表 2　湿空气的密度、水蒸气压力、含湿量和焓

空气温度 t (℃)	干空气密度 ρ (kg/m^3)	饱和空气密度 ρ_b (kg/m^3)	饱和空气的水蒸气分压力 $P_{q \cdot b}$ (mbar)	饱和空气含湿量 d_b ($g/kg_{干空气}$)	饱和空气焓 i_b ($kJ/kg_{干空气}$)
−20	1.396	1.395	1.02	0.63	−18.55
−19	1.394	1.393	1.13	0.70	−17.39
−18	1.385	1.384	1.25	0.77	−16.20
−17	1.379	1.378	1.37	0.85	−14.99
−16	1.374	1.373	1.50	0.93	−13.77
−15	1.368	1.367	1.65	1.01	−12.60
−14	1.363	1.362	1.81	1.11	−11.35
−13	1.358	1.357	1.98	1.22	−10.05
−12	1.353	1.352	2.17	1.34	−8.75
−11	1.348	1.347	2.37	1.46	−7.45
−10	1.342	1.341	2.59	1.60	−6.07
−9	1.337	1.336	2.83	1.75	−4.73
−8	1.332	1.331	3.09	1.91	−3.31
−7	1.327	1.325	3.36	2.08	−1.88
−6	1.322	1.320	3.67	2.27	−0.42
−5	1.317	1.315	4.00	2.47	1.09
−4	1.312	1.310	4.36	2.69	2.68
−3	1.308	1.306	4.75	2.94	4.31
−2	1.303	1.301	5.16	3.19	5.90
−1	1.298	1.295	5.61	3.47	7.62
0	1.293	1.290	6.09	3.78	9.42
1	1.288	1.285	6.56	4.07	11.14
2	1.284	1.281	7.04	4.37	12.89
3	1.279	1.275	7.57	4.70	14.74
4	1.275	1.271	8.11	5.03	16.58
5	1.270	1.266	8.70	5.40	18.51
6	1.265	1.261	9.32	5.79	20.51
7	1.261	1.256	9.99	6.21	22.61
8	1.256	1.251	10.70	6.65	24.70

续上表

空气温度 t（℃）	干空气密度 ρ（kg/m³）	饱和空气密度 ρ_b（kg/m³）	饱和空气的水蒸气分压力 $P_{q \cdot b}$（mbar）	饱和空气含湿量 d_b（g/kg干空气）	饱和空气焓 i_b（kJ/kg干空气）
9	1.252	1.247	11.46	7.13	26.92
10	1.248	1.242	12.25	7.63	29.18
11	1.243	1.237	13.09	8.15	31.52
12	1.239	1.232	13.99	8.75	34.08
13	1.235	1.228	14.94	9.35	36.59
14	1.230	1.223	15.95	9.97	39.19
15	1.226	1.218	17.01	10.6	41.78
16	1.222	1.214	18.13	11.4	44.80
17	1.217	1.208	19.32	12.1	47.73
18	1.213	1.204	20.59	12.9	50.66
19	1.209	1.200	21.92	13.8	54.01
20	1.205	1.195	23.31	14.7	57.78
21	1.201	1.190	24.80	15.6	61.13
22	1.197	1.185	26.37	16.6	64.06
23	1.193	1.181	28.02	17.7	67.83
24	1.189	1.176	29.77	18.8	72.01
25	1.185	1.171	31.60	20.0	75.78
26	1.181	1.166	33.53	21.4	80.39
27	1.177	1.161	35.56	22.6	84.57
28	1.173	1.156	37.71	24.0	89.18
29	1.169	1.151	39.95	25.6	94.20
30	1.165	1.146	42.32	27.2	99.65
31	1.161	1.141	44.82	28.8	104.67
32	1.157	1.136	47.43	30.6	110.11
33	1.154	1.131	50.18	32.5	115.97
34	1.150	1.126	53.07	34.4	122.25
35	1.146	1.121	56.10	36.6	128.95
36	1.142	1.116	59.26	38.8	135.65
37	1.139	1.111	62.60	41.1	142.35
38	1.135	1.107	66.09	43.5	149.47
39	1.132	1.102	69.75	46.0	157.42
40	1.128	1.097	73.58	48.8	165.80
41	1.124	1.091	77.59	51.7	174.17
42	1.121	1.086	81.80	54.8	182.96
43	1.117	1.081	86.18	58.0	192.17

续上表

空气温度 t (℃)	干空气密度 ρ (kg/m^3)	饱和空气密度 ρ_b (kg/m^3)	饱和空气的水蒸气分压力 $P_{q \cdot b}$ (mbar)	饱和空气含湿量 d_b (g/kg$_{干空气}$)	饱和空气焓 i_b (kJ/kg$_{干空气}$)
44	1.114	1.076	90.79	61.3	202.22
45	1.110	1.070	95.60	65.0	212.69
46	1.107	1.065	100.61	68.9	223.57
47	1.103	1.059	105.87	72.8	235.30
48	1.100	1.054	111.33	77.0	247.02
49	1.096	1.048	117.07	81.5	260.00
50	1.093	1.043	123.04	86.2	273.40
55	1.076	1.013	156.94	114	352.11
60	1.060	0.981	198.70	152	456.36
65	1.044	0.946	249.38	204	598.71
70	1.029	0.909	310.82	276	795.50
75	1.014	0.868	384.50	382	1 080.19
80	1.000	0.823	472.28	545	1 519.81
85	0.986	0.773	576.69	828	2 281.81
90	0.973	0.718	699.31	1 400	3 818.36
95	0.959	0.656	843.09	3 120	8 436.40
100	0.947	0.589	1 013.00	—	—

附录 3　空气流速在 0.5 m/s 以下的空气相对湿度

附表 3　空气流速在 0.5 m/s 以下的空气相对湿度

干、湿球温度差(℃)	干球温度计的温度值(℃)																	
	0	+2	+4	+6	+8	+10	+12	+14	+16	+18	+20	+22	+24	+26	+28	+30	+32	+34
0	100	100	100	100	100	100	100	100	100	100	100	100	100	100	100	100	100	100
0.2	95	95	96	96	96	97	97	97	97	98	98	98	98	98	98	98	98	98
0.4	89	90	91	92	93	94	95	95	95	95	96	96	96	96	97	97	97	97
0.6	84	86	87	88	89	90	91	92	92	93	93	94	94	94	95	95	95	95
0.8	78	81	83	84	86	87	88	89	90	90	91	91	92	93	93	93	94	94
1.0	73	76	78	80	82	84	85	86	87	88	89	89	90	91	91	92	92	92
1.2	68	71	74	76	78	80	82	83	85	86	87	87	88	89	89	90	90	91
1.4	63	66	70	73	75	77	79	81	82	83	84	85	86	87	88	88	89	89
1.6	57	62	65	69	72	74	76	78	79	81	82	83	84	85	86	87	87	88
1.8	52	57	61	65	68	71	73	75	77	79	80	81	82	83	84	85	86	86
2.0	47	52	57	61	65	68	70	73	75	76	78	79	80	82	83	83	84	85
2.2	42	48	53	57	61	65	67	70	72	74	76	77	79	80	81	82	83	83
2.4	—	43	48	53	58	61	64	67	70	72	74	75	77	78	79	80	81	82
2.6	—	38	44	50	54	59	62	65	67	69	71	73	75	76	77	79	80	80
2.8	—	—	40	46	51	55	59	62	65	66	69	71	73	74	76	77	78	79
3.0	—	—	—	42	47	52	56	59	62	65	67	69	71	73	74	75	77	78
3.2	—	—	—	38	44	49	53	57	60	63	65	67	69	71	72	74	75	76
3.4	—	—	—	—	41	46	50	54	58	60	63	65	67	69	71	72	74	75
3.6	—	—	—	—	—	43	47	52	55	58	61	63	66	68	69	71	72	73
3.8	—	—	—	—	—	40	45	49	53	56	59	62	64	66	68	69	71	72
4.0	—	—	—	—	—	—	42	46	50	54	57	60	62	64	66	68	69	71
4.2	—	—	—	—	—	—	39	44	48	52	55	58	60	62	65	67	68	70
4.4	—	—	—	—	—	—	—	41	46	49	53	56	58	61	64	65	67	68
4.6	—	—	—	—	—	—	—	39	43	47	51	54	55	60	62	64	65	67
4.8	—	—	—	—	—	—	—	—	41	45	49	52	54	58	60	62	64	65
5.0	—	—	—	—	—	—	—	—	39	43	47	50	53	56	58	60	62	64
5.5	—	—	—	—	—	—	—	—	—	—	45	46	49	52	55	57	59	61

续上表

干、湿球温度差(℃)	干球温度计的温度值(℃)																	
	0	+2	+4	+6	+8	+10	+12	+14	+16	+18	+20	+22	+24	+26	+28	+30	+32	+34
6.0	—	—	—	—	—	—	—	—	—	—	—	41	45	48	51	53	55	57
6.5	—	—	—	—	—	—	—	—	—	—	—	—	41	44	47	50	52	54
7.0	—	—	—	—	—	—	—	—	—	—	—	—	—	40	43	46	49	51
7.5	—	—	—	—	—	—	—	—	—	—	—	—	—	—	41	43	46	48
8.0	—	—	—	—	—	—	—	—	—	—	—	—	—	—	—	39	42	45
8.5	—	—	—	—	—	—	—	—	—	—	—	—	—	—	—	—	38	42
9.0	—	—	—	—	—	—	—	—	—	—	—	—	—	—	—	—	—	39

参考文献

[1] 中华人民共和国国家质量监督检验检疫总局,中国国家标准化管理委员会. 工业氧:GB/T 3863—2008[S]. 北京:中国标准出版社,2008.

[2] 中华人民共和国国家质量监督检验检疫总局. 地铁车辆通用技术条件:GB/T 7928—2003[S]. 北京:中国标准出版社,2004.

[3] 中华人民共和国国家质量监督检验检疫总局,中国国家标准化管理委员会. 医用及航空呼吸用氧:GB 8982—2009[S]. 北京:中国标准出版社,2009.

[4] 国家市场监督管理总局,中国国家标准化管理委员会. 公共场所卫生管理规范:GB 37487—2019[S]. 北京:中国标准出版社,2019.

[5] 中华人民共和国国家质量监督检验检疫总局,中国国家标准化管理委员会. 铁道客车通用技术条件:GB/T 12817—2004[S]. 北京:中国标准出版社,2004.

[6] 中华人民共和国国家质量监督检验检疫总局,中国国家标准化管理委员会. 城市铁路交通车辆组装后的检查与试验规则:GB/T 14894—2005[S]. 北京:中国标准出版社,2005.

[7] 中华人民共和国国家质量监督检验检疫总局,中国国家标准化管理委员会. 热环境的人类工效学　通过计算 PMV 和 PPD 指数与局部热舒适准则对热舒适进行分析测定与解释:GB/T 18049—2017[S]. 北京:中国标准出版社,2017.

[8] 中华人民共和国国家质量监督检验检疫总局,中国国家标准化管理委员会. 铁道车辆空调　第 1 部分:舒适度参数:GB/T 33193.1—2016[S]. 北京:中国标准出版社,2017.

[9] 中华人民共和国国家质量监督检验检疫总局,中国国家标准化管理委员会. 高原地区室内空间弥散供氧(氧调)要求:GB/T 35414—2017[S]. 北京:中国标准出版社,2017.

[10] 中华人民共和国住房和城乡建设部. 地铁设计规范:GB 50157—2013[S]. 北京:中国标准出版社,2013.

[11] 中华人民共和国国家卫生健康委员会. 工作场所有害因素职业接触限值　第 1 部分:化学有害因素:GBZ 2.1—2019[S]. 北京:中国标准出版社,2019.

[12] 中华人民共和国铁道部. 高原铁道客车供氧系统:TB/T 3216—2009[S]. 北京:中国铁道出版社,2009.

[13] 国家医药管理局. 医用中心供氧系统通用技术条件:YY/T 0187—1994[S]. 北京:中国标准出版社,1995.

[14] 中华人民共和国国家质量监督检验检疫总局,中国国家标准化管理委员会. 公共场所卫生指标及限度要求:GB 37488—2019[S]. 北京:中国标准出版社,2019.

[15] 国际标准化组织. 全面通风用空气过滤器　第 1 部分:基于颗粒物效率(ePM)的技术规格要求和分类体系:ISO 16890-1:2016[S]. 2016.

[16] 国际标准化组织. 全面通风用空气过滤器　第 2 部分:分级效率和空气流动阻力测量:ISO 16890-2:2016[S]. 2016.

[17] 国际标准化组织. 全面通风用空气过滤器　第 3 部分:重量效率和空气流动阻力对比试验用捕获粉尘质量的测定:ISO 16890-3:2016[S]. 2016.

[18] 国际铁路联合会. 客车的通风、采暖和空调型式试验:UIC 553:2004 [S]. 2004.

[19] 英国标准协会. 铁路应用:干线铁路车辆空调　舒适度参数和型式试验:EN 13129:2016[S]. 2016.

[20] 英国标准协会. 铁路应用：城市和市郊铁路车辆空调　第 1 部分：舒适度参数：EN 14750-1：2006 [S]. 2006.
[21] 国家铁路局. 铁道车辆空调 空调机组：TB/T 1804—2017[S]. 北京：中国铁道出版社，2018.
[22] 美国供暖、制冷和空调工程师协会. 通风应达到的室内空气质量：ASHRAE Standard 62. 1：2010 [S]. 2010.
[23] 麦奎斯顿，派克. 采暖通风与空气调节：分析和设计[M]. 杜鹏久，译. 北京：中国建筑工业出版社，1981.
[24] 中华人民共和国国家质量监督检验检疫总局，中国国家标准化管理委员会. 铁道车辆空调　第 2 部分：型式试验：GB/T 33193. 2—2016[S]. 北京：中国标准出版社，2017.
[25] 中华人民共和国国家质量监督检验检疫总局，中国国家标准化管理委员会. 轨道车辆空调机组：GB/T 19842—2005[S]. 北京：中国标准出版社，2005.
[26] 中华人民共和国国家质量监督检验检疫总局，中国国家标准化管理委员会. 工业用二氟一氯甲烷(HCFC-22)：GB/T 7373—2006[S]. 北京：中国标准出版社，2007.
[27] 中华人民共和国国家质量监督检验检疫总局，中国国家标准化管理委员会. 单元式空气调节机：GB/T 17758—2010[S]. 北京：中国标准出版社，2011.
[28] 中华人民共和国国家质量监督检验检疫总局，中国国家标准化管理委员会. 轨道交通　可靠性、可用性、可维修性和安全性规范及示例　第 2 部分：安全性的应用指南：GB/T 21562. 2—2015[S]. 北京：中国标准出版社，2016.
[29] 中华人民共和国国家质量监督检验检疫总局，中国国家标准化管理委员会. 轨道交通　可靠性、可用性、可维修性和安全性规范及示例　第 3 部分：机车车辆 RAM 的应用指南：GB/T 21562. 3—2015[S]. 北京：中国标准出版社，2016.
[30] 国家市场监督管理总局，中国国家标准化管理委员会. 轨道交通　机车车辆设备　冲击和振动试验：GB/T 21563—2018[S]. 北京：中国标准出版社，2018.
[31] International Electrotechnical Commission . Railway applications—Rolling stock equip ment—Shock and vibration tests：IEC 61373：2010[S]. 2010.
[32] 国家市场监督管理总局，中国国家标准化管理委员会. 轨道交通　电磁兼容　第 3-2 部分：机车车辆设备：GB/T 24338. 4—2018[S]. 北京：中国标准出版社，2018.
[33] 国家铁路局. 铁道客车及动车组空调装置运用试验方法：TB/T 2433—2019[S]. 北京：中国铁道出版社，2020.
[34] 中华人民共和国铁道部. 铁路客车防寒采暖试验方法：TB/T 1676—1991[S]. 北京：中国铁道出版社，1991.
[35] 中华人民共和国国家质量监督检验检疫总局，中国国家标准化管理委员会. 外壳防护等级(IP 代码)：GB/T 4208—2017[S]. 北京：中国标准出版社，2017.
[36] 滕兆武，王刚. 车辆制冷与空气调节[M]. 北京：中国铁道出版社，1981.
[37] 欧阳仲志，张光伟，葛连德. 青藏铁路客车供氧方案的探讨[J]. 铁道车辆，2002，40(6)：28-29，44.
[38] 欧阳仲志. 青藏铁路客车供氧的必要性和制氧设备探讨[J]. 铁道车辆，2003，41(5)：30-33.
[39] 刘刚，欧阳仲志. 青藏铁路客车空调新风量参数的确定[J]. 铁道车辆，2003，41(12)：24-27.
[40] 欧阳仲志. 我国铁路客车空调技术的回顾与展望[J]. 铁道车辆，2013，51(12)：70-74.
[41] 李瑞淳. 我国铁路客运重大移动设备 50 年的发展与进步[J]. 铁道车辆，2013，51(12)：1-11.
[42] 赵荣义，范存养，薛殿华，等. 空气调节[M]. 北京：中国建筑工业出版社，2009.
[43] 张宝霞. 铁道车辆制冷与空气调节[M]. 北京：中国铁道出版社，2013.
[44] 张艳萍，毛如香，马喜成，等. 地铁车辆多压缩机定频空调与变频空调的比较[J]. 电力机车与城轨车辆，2014，37(6)：73-74，84.

[45] 欧阳仲志. 动车组和轨道客车节能研究[J]. 铁道车辆,2015,53(8):17-21.
[46] 康伟,崔军胜,王绅宇,等. 轨道交通车辆空调系统智能控制与大数据应用[J]. 城市轨道交通研究,2020,23(4):134-136.
[47] 李剑,刘美堂,高福学. 城市轨道交通车辆变频空调系统节能及舒适性分析[J]. 城市轨道交通研究,2015,18(5):99-103.
[48] 张曙光. CRH2 型动车组[M]. 北京:中国铁道出版社,2006.
[49] 石静雅,苏永清,岳继光,等. 轨道交通能耗影响因素分析及能耗评价体系的建立[J]. 铁道运输与经济,2008,30(9):46-49.
[50] 石静雅. 关于上海城市轨道交通能耗指标体系的建立与分析[D]. 上海:同济大学,2009.
[51] 郑玲芳. 上海市轨道交通规划环评能耗指标体系初探[J]. 环境科学与技术,2013,36(12):402-405.
[52] 甘伟新. 客车空调的节能途径探讨[J]. 铁道车辆,2000,38(3):32-34.
[53] 陈焕新,刘蔚巍. 铁路空调客车负荷的确定[J]. 中国铁道科学,2002,23(5):62-66.
[54] 丁力行,郭卉,包劲松,等. 列车空调动态负荷研究[J]. 铁道学报,2001,23(6):110-113.
[55] 陆强,杨美传,蒲思培. 列车空调制冷系统的仿真与分析[J]. 制冷与空调,2011,25(5):471-474.
[56] 陈夏. 舒适性空调列车能耗分析与节能优化研究[D]. 南昌:华东交通大学,2012.
[57] 周立立. 动车组空调制冷系统运行仿真与故障分析[D]. 成都:西南交通大学,2014.
[58] 于文华. 高速列车空调系统能耗计算与预测分析[D]. 成都:西南交通大学,2014.
[59] 陈焕新,张俊,廖胜明. 提速对计算空调列车热负荷的影响[J]. 长沙铁道学院学报,1999,17(3):95-98.
[60] 孙帮成,李明高,安超,等. 高速列车节能降耗关键技术研究[J]. 中国工程科学,2015,17(4):60-82.
[61] 薛艳冰,王烈,陈志荣. 广深客运专线动车组能耗计算与分析[J]. 轨道运输与经济,2011,33(7):39-42.
[62] 陈涛. 高速列车运行能耗测算方法及其影响因素量化分析[D]. 北京:北京交通大学,2011.
[63] 田永洙. 动车组的运用与能耗之间的关系分析[J]. 现代制造技术与装备,2014(3):51-53,74.
[64] 崔力心. 高速铁路与其他交通方式节能减排比较研究[D]. 北京:北京交通大学,2010.
[65] MARCOS D,PINO F,BORDONS C,et al. The development and validation of a thermal model for the cabin of a vehicle[J]. Applied Thermal Engineering,2014,66(2):646-656.
[66] MARACHLIAN J,BENELMIR R,BAKKALI A E,etal. Exergy based simulation model for vehicle HVAC operation[J]. Applied Thermal Engineering. 2011,31(5):696-700.
[67] LI W,SUN J. Numerical simulation and analysis of transport air conditioning system integrated with passenger compartment[J]. Applied Thermal Engineering,2013,50(1):37-45.
[68] 王彦鲁,张笑慰,刘忠庆,等. 地铁车辆空调系统能耗计算平台搭建[J]. 城市轨道交通研究,2020(10):95-98,104.
[69] 刘忠庆,欧阳仲志,王彦鲁,等. 轨道交通车辆空调机组能耗试验方法研究[J]. 铁道车辆,2019,57(8):5-8.
[70] 王彦鲁,刘忠庆,张笑慰,等. 数值计算地铁车辆空调系统全年能耗[J]. 铁道车辆,2019,57(5):1-5.
[71] 欧阳仲志. 铁道客车空调机组能效评价方法研究[J]. 铁道车辆,2019,57(12):1-5.